全国革命老区县发展史丛书·广东卷

阳西县革命老区发展史

阳西县革命老区发展史编委会　编

SPM 南方出版传媒　广东人民出版社
·广州·

图书在版编目（CIP）数据

阳西县革命老区发展史 / 阳西县革命老区发展史编委会编. —广州：广东人民出版社，2021.5

（全国革命老区县发展史丛书·广东卷）

ISBN 978-7-218-14654-6

Ⅰ.①阳… Ⅱ.①阳… Ⅲ.①阳西县—地方史 Ⅳ.①K296.54

中国版本图书馆CIP数据核字（2020）第237266号

YANGXI XIAN GEMING LAOQU FAZHANSHI

阳西县革命老区发展史

阳西县革命老区发展史编委会 编

出 版 人：肖风华

责任编辑：李 敏 罗 丹 温玲玲

装帧设计：张力平等

责任技编：周星奎

出版发行：广东人民出版社

地　　址：广州市海珠区新港西路 204 号 2 号楼（邮政编码：510300）

电　　话：（020）85716809（总编室）

传　　真：（020）85716872

网　　址：http://www. gdpph. com

印　　刷：广州市浩诚印刷有限公司

开　　本：715mm × 995mm 1/16

印　　张：19.25 插 页：8 字 数：250 千

版　　次：2021 年 5 月第 1 版

印　　次：2021 年 5 月第 1 次印刷

定　　价：78.00 元

如发现印装质量问题，影响阅读，请与出版社（020-85716849）联系调换。

售书热线：（020）85716826

广东省编纂《革命老区县发展史》丛书
指导小组

组　长：陈开枝（广东省老区建设促进会会长）

副组长：林华景（广东省老区建设促进会常务副会长）

宋宗约（广东省农业农村厅二级巡视员、广东省老区建设促进会副会长）

刘文炎（广东省老区建设促进会副会长）

郑木胜（广东省老区建设促进会副会长）

姚泽源（广东省老区建设促进会副会长兼秘书长）

谭世勋（广东省老区建设促进会副会长）

廖纪坤（广东省农业农村厅总经济师）

办公室

主　任：姚泽源（兼）

副主任：韦　浩（广东省农业农村厅扶贫协作与老区建设处处长）

柯绍华（广东省老区建设促进会副秘书长）

伍依丽（广东省老区建设促进会副秘书长）

微信扫描二维码
您立即获得本书作者的
相关资料。

阳江市编纂《革命老区县发展史》丛书
指导小组

组　长：杨大欣（阳江市老区建设促进会会长）

副组长：关则敬（阳江市老区建设促进会第一副会长）

成　员：陈宝德（中共阳江市委党史研究室主任、阳江市档案局局长）

洪礼志（中共阳江市委农办专职副主任、阳江市扶贫办公室副主任）

梁王焱（阳江市老区建设促进会副会长兼秘书长）

林恩葆（阳江市老区建设促进会原副会长）

《阳西县革命老区发展史》
编委会

总序

在举国欢庆新中国成立 70 周年前夕，中国老区建设促进会王健会长请我为《全国革命老区县发展史》丛书作序，作为一名在老区战斗过并得到老区人民生死相助的老兵，回首往事，心潮澎湃，感慨万千，深感义不容辞，欣然应允。

中国革命老区，是以毛泽东为代表的中国共产党人在领导人民推翻帝国主义、封建主义和官僚资本主义三座大山，争取民族独立和人民解放伟大斗争中建立的革命根据地，在这片红色的土地上，诞生了无数可歌可泣的革命英雄儿女，为后人树起了一座不朽的丰碑，她是新中国的摇篮，是党和军队的根。

在艰苦卓绝的战争年代，老区人民把自己的命运与中华民族的命运紧紧地联系在一起，与中国共产党和人民军队的命运紧紧地联系在一起，他们生死相依，患难与共。我曾亲历过战争年代，并得到过老区红哥红嫂的救助，切身感受到发生在身边的一幕幕撼天动地的革命故事，在那极其艰难的条件下，老区人民倾其所有、破家支前，不怕艰难困苦，不怕流血牺牲。“最后一碗米送去做军粮，最后一尺布送去做军装，最后一件老棉袄盖在担架上，最后一个亲骨肉送去上战场”，这是当时伟大的老区人民为建立新中国做出巨大牺牲的真实写照，它将永远镌刻在中国共产党、中国人民解放军、中华人民共和国的历史丰碑上。他们的光辉业绩永载史册，他们的革命精神必将影响一代又一代的革命新人，造就一代又一代的民族脊梁。

在社会主义革命和建设时期，革命老区和老区人民响应党的号召，面对落后的面貌、脆弱的经济、恶劣的生态环境，他们本色不变，精神不丢，自力更生，艰苦奋斗，干一行爱一行。始终坚持“革命理想高于天”，自觉做共产主义远大理想的坚定信仰者和忠实实践者，勇于向恶劣的自然环境和贫穷落后宣战，他们在各条战线上为国建功立业，用平凡的双手创造了一个又一个不平凡的奇迹，彰显了老区人的崇高精神和人格力量。

在改革开放的伟大进程中，老区人民解放思想，勇于创新，发奋图强，攻坚克难，老区的经济社会建设取得了辉煌成就。特别是在改变中国的面貌、中华民族的面貌、中国人民的面貌、中国共产党的面貌的伟大实践中发挥了至关重要的作用。老区人民既是改革开放的参与者，也是改革开放的推动者。

艰苦练意志，危难见精神。老区人民在近百年的革命战争、社会主义建设和改革开放的伟大实践中，孕育形成了伟大的老区精神：爱党信党、坚定不移的理想信念；舍生忘死、无私奉献的博大胸怀；不屈不挠、敢于胜利的英雄气概；自强不息、艰苦奋斗的顽强斗志；求真务实、开拓创新的科学态度；鱼水情深、生死相依的光荣传统。这是党和人民宝贵的精神财富、丰厚的政治资源，是凝心聚力、振奋民族精神的重要法宝，也是社会主义核心价值观的重要内容。

中国老区建设促进会怀着强烈的政治责任感和历史使命感，组织全国各地老促会人员克服困难，尽心竭力编纂《全国革命老区县发展史》丛书，记录老区的光辉历史和辉煌成就，传承红色基因，弘扬老区精神，是功在当代，利及千秋的一件大事。手捧这部丛书的部分书稿，读着书中的故事，倍感亲切，深感这部丛书具有资政、育人、存史的社会功能，有着重要的时代和历史价值。它是不忘初心、牢记使命的源头活水，是赞颂共产党、讴歌老区人民的一部精品力作，是弘扬老区精神、传承红色记忆的丰厚载体，是一项继承优秀传统文化、弘扬革命文化、发展社会主义先进文化，坚定“四个自信”的宏大文化工程。它必将成为一种文化品牌，为各界人士了解老区宣传老区支持老区提供一部有价值的研究史料。希望读者朋友们能从中了解并牢记这些为党和民族的利益不断奉献的老区人民，从中得到教益，汲取人生奋斗的精神动力。

新时代赋予新使命，新起点开启新征程。让我们更加紧密地团结在以习近平同志为核心的党中央周围，坚持以习近平新时代中国特色社会主义思想为指导，增强“四个意识”，坚定“四个自信”，做到“两个维护”，弘扬老区精神，铭记苦难辉煌。为实现“两个一百年”奋斗目标，实现中华民族伟大复兴的中国梦作出新的更大的贡献！

迟浩田

2019 年 4 月 11 日

2017年6月，中国老区建设促进会组织全国各地老促会启动编纂《全国革命老区县发展史》丛书，按照“建立中国共产党、成立中华人民共和国、推进改革开放和中国特色社会主义事业”三大里程碑的历史脉络，系统书写革命老区百年历史，深入挖掘革命老区红色文化资源，这对于充实丰富中国革命史籍宝库、在新时代传承红色基因、弘扬革命精神、强固根本，对于激励人们在新的历史条件下夺取中国特色社会主义伟大胜利，实现中华民族伟大复兴的中国梦具有重要意义。

丛书编纂以习近平新时代中国特色社会主义思想为指导，以《中国共产党历史》《中国共产党的九十年》等重要文献为基本依据，以党的领导为核心，以老区人民为主体，以老区发展为主线，体现历史进程特征，突出时代发展特色，坚持辩证唯物主义和历史唯物主义相统一、历史真实性与内容可读性相统一的原则，书写革命老区从站起来、富起来到强起来的光辉革命史、不懈奋斗史、辉煌成就史，把老区人民的伟大贡献、伟大创造、伟大成就、伟大精神充分展示出来，形成一部具有厚重历史特征和鲜明时代特色的精品力作。这是一部培根铸魂、守正创新，既为历史立言，又为时代服务，字里行间流淌着红色血脉、催生着革命激情的传世之作。丛书的编纂出版将成为讴歌党讴歌人民讴歌时代、传播红色文化、为革命老区和老区人民树碑立传的重要载体。

丛书按照编年体与纪事本末体相结合、以编年体为主的编写体例确定框架结构；运用时经事纬、点面结合的方式记述史实；坚持人事结合、以事带人的原则处理人与事的关系；采取夹叙夹议、叙论结合以叙为主的方法展开内容。做到了史料与史论、历史与现实、政治与学术统一，文献性、学术性、知识性相兼容。

为编纂好《全国革命老区县发展史》丛书，打造红色文化品牌，中国老区建设促进会认真组织积极协调，提出政治立场鲜明、史料真实准确、思想论述深刻、历史维度厚重、时代特色突出、编写体例规范、篇目布局合理、审读把关严格、出版制作精良的编纂出版总要求，力求达到革命史籍精品的精神高度、思想深度、知识广度、语言力度，增强丛书的权威性和社会影响力。各省（区、市）、市（州、盟）、县（市、区、旗）老促会的同志，以强烈的使命感、责任感和紧迫感，勇于担当，积极作为，认真实施，组织由老促会成员、专家学者等参加的十余万人编纂队伍。编纂工作主体责任在县，省、市组织协调、有力指导、审读把关。各方面人员以高度负责的精神和科学严谨的态度，满腔热情地投入工作，为丛书编纂出版作出了重要贡献。丛书编纂工作还得到了党和国家有关部委、地方各级党委政府及有关部门的大力支持和积极参与，社会各界也给予了热情帮助。中共中央政治局原委员、中央军委原副主席、原国务委员兼国防部长迟浩田上将，对老区人民怀有深厚感情，对革命老区建设发展十分关注，欣然为《全国革命老区县发展史》丛书作总序。

丛书由总册和1 599部分册（每个革命老区县编纂1部分册）组成，共1 600册。鉴于丛书所记述的史实内容多、时间跨度长和编纂时间紧，不妥之处，敬请批评指正。

中国老区建设促进会

中共沙扒特别支部旧址

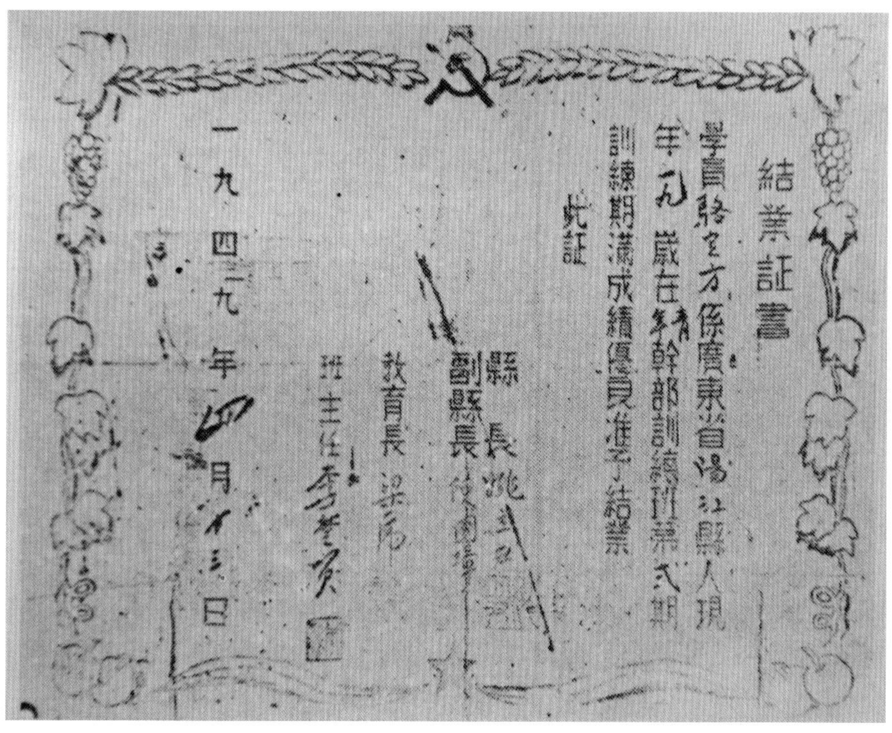

結業証書

學員駱[illegible]方係廣東省陽江縣人現年九歲在青幹部訓練所第弍期訓練期滿成績優良准予結業

此証

縣長 姚

副縣長

教育長 梁

班主任

一九四九年四月廿三日

青年干部训练班发给学员的结业证书

人民解放军向阳江追击逃敌

1949年10月25日，二野四兵团十四军军长李成芳（前左二）和粤中纵队二支队司令员兼政委郑锦波（前左一）进入阳江城

阳江县各界群众庆祝阳江解放

陈历遗作《出击之夜》（陈历家属收藏）

陈历遗作《光明到来》（陈历家属收藏）

2001年6月，原广东人民抗日解放军粤中纵队第四团团长陈全（中）、革命战争时期原漠南县（阳江西区）路南区委书记梁文坚（左二）到冲口仁和村八元堂纪念馆指导工作

1988年4月3日，中国共产党阳西县委员会、阳西县人民政府在织篢糖厂成立

2004年12月，原广阳支队第八团团长赵荣（前左一），八团党委委员、阳江解放后的第一任县长姚立尹（前中）和老游击队员在冲口仁和村指导工作

1988年7月8日，阳西县城奠基典礼在织篢镇马鞍山举行

阳西县城一角

革命老区村塘口镇同由村委塘湾村，是阳江县第一任县长姚立尹的故乡，当年村里不少青年走上了革命道路

塘口镇同由村竹松书院旧址，阳江解放前姚立尹和村民常在此研究革命工作

革命老区村边海村原是儒洞河入海口上的一个小岛，耕地极少，经过两代人的艰苦奋斗、围海造田，增加了耕地3 000多亩

织篢镇鸡乸塱村，是广阳支队第八团税站人员工作过的地方，青草渡就在河对岸

革命老区织篢镇石埗村文化广场

广东人民抗日解放军独立团当年驻扎在儒洞镇南垌村，在石龟山发起反顽战斗。如今这里是南珠新村

新圩镇旧仓小学（1945年2月姚立尹在此加入中国共产党）

塘口横山小学。1940年秋，党组织在阳江西区横山乡建立据点，安排廖绍琏任横山小学校长。当月，中共横山小学支部成立，林元熙任支部书记。奋兴中学党小组由横山党支部直接领导

2016年6月15日，阳西县第三届荔枝旅游文化节在革命老区南垌村召开

上洋镇石门革命老区渔港

阳西县程村镇吊桩养蚝基地，“三山”战斗大岗岭战场遗址就在此附近

位于上洋镇革命老区村附近的龙高山，当年游击队常在此活动。现这里建起了万亩荔枝、龙眼、西瓜基地

新圩镇东水村一带是广阳支队第八团一部西征时战斗过的地方，如今这里盛产茶叶、竹笋等农产品。2015年，东水山荣获“广东十大茶乡”称号，东水红茶获评“广东十大名茶”荣誉称号

主峰海拔868.8米的龙高山，是织篢、上洋、溪头游击队当年战斗过的地方，如今建成风力发电基地

儒洞镇长角水库附近是当年游击队战斗的地方。2017年初，阳西县统筹帮扶资金5 828万元和珠海市横琴新区对口帮扶资金1 110万元，共6 938万元，入股广东粤电阳西双鱼（长角水库）光伏发电项目，可获25年分红收益

革命老区程村镇新湖水库于1958年冬动工，1960年初基本完成土坝工程，之后续建配套。该水库共有土坝26座，总长1 961米，集雨面积17平方千米，总库容3 068万立方米，灌溉面积1 447公顷。库渠与马潭水陂相连接，成为引蓄结合的工程

在新圩革命老区田安村的土地上建起阳江市（阳西）博德精工建材厂房

在沙扒革命老区的土地上建起了高位池养殖基地

2014年2月25日，阳西县第一届五彩薯文化节在溪头镇革命老区举行

2014年5月18日，阳西县首届上洋西瓜推介会在上洋镇举行

2005年沙扒镇被列为全国第一批发展改革试点小城镇。第一批全国发展改革试点小城镇共有118个，广东省有5个镇名列其中。现沙扒镇已建成旅游名镇

织篢镇冲口村是抗日战争时期的老区村，现在已成旅游名村

程村镇黄茅岭村当年是堡垒户陆荣富的家乡。1948年8月，国民党清乡团包围黄茅岭村，“围剿”武工队，放火烧毁整个村，村民无家可归，流离失所。阳江解放后，人民政府帮助村民重建家园

S282线沙扒镇书村路段

G15沈海高速公路阳西路段

深茂铁路阳西站

目录

Contents

序言

最近一百年，是人类发展史上发生巨变的一百年，更是中国发展史上值得纪念的一百年。

在这一百年中，中国人民从俄国十月革命的炮声中觉醒，仁人志士组建中国共产党，带领人民进行艰苦卓绝的革命斗争，推翻“三座大山”，建立中华人民共和国。接着，中国开展轰轰烈烈的社会主义建设实践，继而实行改革开放，建设中国特色社会主义，取得了举世公认的丰功伟绩。

诚然，革命斗争的胜利和建设发展成就的取得，离不开老区人民的支持、奉献与流血牺牲；离不开老区光荣革命传统的传承。遍布大江南北的革命老区，是共和国大厦坚实的红色基石。地处广东西南沿海的阳西县——这个拥有87个老区行政村、856个老区自然村的新建县，也是这些基石中虽普通但却闪耀在漠阳地域上的一部分。在革命战争年代，阳西县老区的革命者和老区人民，为争取民族的独立和家乡的解放，谋求人民的幸福，付出了巨大牺牲，作出了重大贡献，他们崇高的理想和革命精神是我们建设新时代中国特色社会主义的宝贵精神财富和动力。

我们永远不会忘记，在中国共产党诞生之前的1920年，今阳西县境内（下称阳江西区）程村陇石沙岗村青年郑家康赴法国勤工俭学，后转赴苏联莫斯科中山大学读书、工作，于1924年加入中国共产党；回国后，在中共特科的领导下从事党的地下工作，1934年被国民党残忍杀害。1925年国共合作时期，织篢礼竹坑村青年王德符在阳江加入中国共产党，成为阳江西区农民运动的领袖，后在1927年国民党反革命大屠杀事件中，与阳江的敖昌骙等15位烈士一起，在广州黄花岗为革命捐躯。在白色恐怖时期的1928年，阳西革命者面对死亡的威胁，毅然在织篢圩成立阳江西区首个地下党支部，并在此播下了革命的种子。

在硝烟弥漫的年代，阳西县所在的区域是原阳江县第一支人民抗日武装的诞生地，也是阳江县人民民主政府、广东人民抗日解放军广阳支队第八团（简称“广阳支队第八团”）的诞生地，还是阳江县人民武装斗争的大本营。在隐蔽斗争时期，遍布阳西境内的中共地下交通站，是中共粤中区委和香港、江门等地党组织的秘密交通线、生命线，也是地下党和游击队安全隐蔽的港湾。在公开武装斗争时期，这里是游击队的休息站、医疗站和补给站。在解放战争后期，这里是群众积极“反三征”的赤色阵营，也是支持、配合人民解放军追击逃敌、解放大西南和海南岛的大后方。

我们没有忘记，两阳（阳江、阳春）党组织和党组织的领导均在这片土地上战斗过，还有一批批青年在这里走上革命道路。他们与国民党反动派进行了艰苦卓绝的斗争，面对敌人残酷的“围剿”，他们机智勇敢，不畏牺牲，经历了无数次的战斗，创下了如河垌石龟山反顽自卫战、“西征”、“三山”战斗、儒洞战斗、石仔岗战斗等光辉战例，为推翻国民党反动统治、为阳江人民的翻身解放作出了重要贡献。

新民主主义革命时期，在阳西这片土地上，有50多名革命志士为共和国的诞生、家乡的解放而英勇捐躯。其中阳西籍的革命烈士有26名，为支持革命而献身的人民群众（包括武工队、游击队员亲属）有20多名；遭受过国民党反动派暴行的革命群众有数百名，还有无数的老区群众在暗中支持地下党组织和人民武装。

在社会主义建设时期，阳江西区人民，尤其是老区人民在中国共产党的领导下，继续发扬革命先辈不怕牺牲、艰苦奋斗的光荣传统，以百折不挠的革命精神与自然灾害作斗争。1955年，毛泽东主席在关于带领群众抗击自然灾害的边海党支部的专题报道上写下批语，使边海党支部成为新中国农村党支部的一面旗帜。改革开放以来，特别是党的十八大以来，阳西人民在县委、县政府的领导下，大力发扬敢为人先的创新精神，投身建设家乡、建设小康阳西的伟大实践中，在南海之滨绘出秀美山川和人民安居乐业的崭新画卷，全县在经济社会、文化生态环境等方面均取得辉煌成就。阳西先后获得中国小刀中心、中国剪刀中心、中国蚝乡、全国村务公开民主管理先进县、全国科技进步先进县、广东省双拥模范县、广东省林业生态县、广东省山歌之乡、中国调味品之都等多个荣誉称号。织篢镇石埗村（老区村）党支部、程村镇红光村党支部被中共中央办公厅和组织部评为全国先进基层党组织，成为改革开放后农村基层党组织两颗熠熠生辉的明珠。

在老区建设方面，党和国家对阳西老区的建设给予大力支持，为老区基础设施和公共事业建设投放了大笔资金。县委和县人民政府也一直把老区建设放在十分重要的位置上。特别是党的十八大以来，各级党委和政府进一步明确指导思想，把老区建设作为新一轮扶贫工作的首要任务列入重要议事日程，领导老区广大群众，有组织、有计划地进行以全面建设小康社会为目标的精准扶贫工作，并制定很多优惠政策和措施，使老区面貌发生了重大变化。但由于历史原因和自然条件的局限，一些老区村的经济尚欠发达，人民生活尚未富裕。为此，我们要牢记习近平总书记的谆谆告诫，“不能忘记历史，不能忘记那些为新中国诞生而浴血奋战的烈士英雄，不能忘记为革命做出重大贡献的老区人民”，“革命老区是党和人民军队的根。我们永远不能忘记自己是从哪里走来的，永远都要从革命的历史中汲取智慧和力量”。习总书记强调，加快老区发展，使老区人民共享改革发展成果，是我们永远不能忘记的历史责任，是我们党的庄严承诺。编纂《阳西县革命老区发展史》，目的就是让人们从革命的历史中汲取智慧和力量，激励老区人民继续谱写老区建设发展的新篇章。

谨以此书献给阳西老区人民和全县青少年朋友，献给全社会一切关心支持老区建设的人们。

《阳西县革命老区发展史》编委会

2019年7月

第一章 区域和革命老区概况

阳西三面依山，南傍大海。陆地区域轮廓酷似马蹄形，端坐在阳江西部。

在革命战争年代，阳江西区人民在中国共产党的领导下，开展武装斗争，经历了血与火的考验，彰显了坚韧不拔不畏牺牲的革命精神。阳西县现有8个镇，其中5个镇为老区镇，3个是有老区村的镇，共有856个自然村被评定为老区村。

第一节 区域基本情况

一、地理概况

阳西县位于广东省西南部，地处北纬21°28′10″～21°54′37″，东经111°20′06″～111°48′45″。地域东接江城区、阳东区，北邻阳春市，西与茂名市电白区交界，南临南海。区域面积为1 451.7平方千米，其中陆地面积为1 171.7平方千米，海域面积为280平方千米。

区域地形特点是西北高东南低，西北部山高，东南大部为丘陵地带。望夫山脉横贯于阳西县西北部，主峰鹅凰嶂海拔为1 337米；东南部有龙高山（古称郎官山），主峰海拔为868.8米；东面有罗琴山，最高山峰海拔为448米。沿海地区和主要河流的中下游地区有小块冲积平原。沿海分布有丰头岛、青洲岛、双山岛、大树岛、树仔岛、白州岛和牛鼻岛7个岛屿，最大的岛屿是丰头岛，面积为20.6平方千米。

阳西境内有丰头河、织篢河、儒洞河、程村河、上洋河、白石河等河流50条。丰头河发源于鹅凰嶂北麓，流经塘口、织篢、程村、溪头等镇，从丰头岛注入海陵湾；全长61.6千米，集雨面积657平方千米。织篢河为丰头河一级支流，发源于新圩癞痢嶂南，流经新圩、织篢等镇，于青草渡汇入丰头河；全长34.3千米，集雨面积268平方千米。儒洞河是阳西县与茂名市电白区的界河，发源于鹅凰嶂西南麓，向南流经茂名市电白区的望夫，阳西县的新圩、儒洞等镇，经沙扒港流入南海；全长52千米，集雨面积697平方千米（属阳西县境的有341平方千米）。程村河为丰头河一级支流，发源于罗琴山西北侧，流经程村镇境，于树子岭口汇入丰头河；全长22千米，集雨面积100平方千米。上洋河发源于崩口岭东5.5千米，流经上洋镇境，至河北港出南海；全长10.3千米，集雨面积85平方千米。白石河发源于龙高山第一尖，流经上洋镇境，至河北港出南海；全长16千米，集雨面积105平方千米。

阳西境内地貌大体可分为沿海地带和山区地带两大部分。从程村镇的近河到溪头镇的散头咀岸段属洋边海沿岸，洋边海为一深入陆地的溺谷河口湾，沿海地段主要为冲积平原。程村、织篢、儒洞等镇的沿海地带有大片红树林及海滩分布，滩涂辽阔、平坦。从溪头镇散头咀至沙扒镇一带，主要由3个月牙形沙湾连接而成，连接处呈半岛岬角状，是典型的山地溺谷岸段，滩涂类型有岩礁、砾石和沙滩。县域沙滩岸段占海岸线总长度的40%，较长的沙滩岸段是溪头镇散头咀至双水沙滩、上洋镇河北至白沙湾沙滩、沙扒镇月亮湾沙滩。沙扒镇到儒洞镇岸段的特征与洋边海岸段相似，属儒洞河口岸段。山区地带分布于新圩、塘口镇境内以及程村、织篢两镇的西北部。这些地方山地多，地势高。

阳西地处亚热带和边缘热带的过渡地带，属亚热带季风气候区，年平均气温23℃，无霜期年均340天以上，气候温和，雨量充沛。

二、历史沿革和行政建制

（一）历史沿革

据史志记载，秦嬴政三十三年（公元前214年），秦始皇在岭南设置三郡，阳西地域属南海郡。

汉武帝元鼎六年（公元前111年），区域属合浦郡高凉县。

三国吴赤乌元年（公元238年），区域属高凉郡广化县。

南北朝刘宋元嘉九年（公元432年）到隋开皇十年（公元590年），阳西地域独立为宋康郡。

唐武德四年（公元621年），阳西境改为杜陵县。

宋开宝五年（公元972年），杜陵、恩平二县并入阳江县，阳西地域属阳江西境地。宋仁宗庆历八年（1048年），阳江改称南恩州，阳西境为南恩州所属。

明洪武元年（1368年），废南恩州，阳江、阳春各为县，属肇庆府管辖。明洪武二十七年（1394年），于阳西境内设双鱼守御千户所，建双鱼城。

清沿明制。雍正八年（1730年），阳江县丞署置双鱼城，双鱼守御千户所改设巡检司。同治六年（1867年），阳江县升格为直隶州，阳西地域仍归阳江统辖。宣统三年（1911年），阳江县复隶肇庆府，阳西地域属阳江县。民国时期阳西区域属阳江县辖地。

中华人民共和国成立初期，阳江、阳春属粤中行政区；1952年7月，改属粤西行政区（1956年2月，粤西行政区改称湛江专区）。1983年，阳江、阳春又改属江门市。1988年2月，阳江、阳春两县从江门市分出，新建为阳江市，属地级市建制。旧阳江县析为江城区、阳东区、阳西县。

（二）行政建制

1921年至中华人民共和国成立初期，阳西境域是阳江县第三、六、七、十区地域。1952年7月13日前，阳江县属粤中区管辖，7月14日后划归粤西区管辖。

1953年土改结束，阳西境域有7个区，分别是阳江县第

十二、十三、十四、十五、十六、十七、十八区。1958年1月至1961年3月，阳江、阳春同属湛江专区两阳县。1961年至1983年，阳西境域属湛江专区阳江县，1983年改属江门市阳江县。1963年，阳西境域有8个人民公社：分别是织篢公社、程村公社、溪头公社、上洋公社、儒洞公社、沙扒公社、新圩公社、塘口公社。蒲牌公社1965年从织篢公社分设。1979年，上洋公社分设河北公社。1983年，当地撤销公社体制，重建区、乡行政体制，原河北公社合并回上洋区，人民公社、大队全部改为区、乡（小乡）建制。1987年2月，实行区改镇，属于阳西境的有8镇1乡，分别是织篢镇、程村镇、溪头镇、上洋镇、儒洞镇、沙扒镇、新圩镇、塘口镇和蒲牌乡。1988年1月，国务院批准阳江建市分县，划原阳江县西部8镇1乡为阳西县；中共阳西县委和阳西县人民政府于4月3日成立，驻地为织篢镇。1993年11月，蒲牌撤乡建镇。2003年10月，蒲牌撤镇，划归织篢镇。同期，儒洞镇的前步、乌石头、来福园、渡头4个行政村划给沙扒镇管辖。阳西县现辖8个镇，即织篢镇、程村镇、溪头镇、上洋镇、儒洞镇、沙扒镇、新圩镇、塘口镇。织篢农场、阳江盐场、阳江林场儒洞分场、南山海矿场等省、市属企业也在辖区内。

2018年底，阳西县有基层党委13个，党支部573个，党员18 257名。有11个居（渔）委会、138个行政村、1 451个自然村，总人口54.34万人。

三、资源与经济社会概况

阳西依山傍海，物产丰饶，拥有丰富的土地、矿产、旅游、海洋资源。阳西有耕地2.17万公顷（1公顷=10 000平方米），-10米等深线以内浅海滩涂2.8万公顷，25°以下低坡度山地3万公顷；有林地5.7万公顷，森林覆盖率为49.1%；有稀土、石英硅砂等30多种矿产。海岸线长126.6千米，岛岸线长24.2千米，有可建30万吨级泊位的丰头深水港、15万吨级泊位的阳西电厂配套煤码头，以及沙扒国家一级渔港、溪头国家二级渔港、上洋河北省二类渔港。有阳西咸水矿温泉（4A级旅游景区）、沙扒海天旅游度假邨（3A级旅游景区）、沙扒月亮湾、程村红树林、大垌山净业寺、东水山等特色旅游景区。阳西县城城区面积为19.4平方千米，距广州280千米，距湛江184千米。阳西丰头港与国家一类口岸阳江港隔海相望；水路到香港180海里，到澳门140海里。G228国道、G15沈海高速公路贯通全境，与沿海高速公路、深茂沿海铁路、国家一类口岸阳江港连成海陆交通网络，交通运输十分便捷。

阳西是中国小刀中心、中国剪刀中心、中国塑料吹膜级色母粒生产基地、国家级近江牡蛎吊养标准化示范区、国家级绿色食品对虾养殖标准化示范区、中国蚝乡，连续五次获得“广东省双拥模范县”荣誉称号，并被评为全国村务公开民主管理先进单位、全国科技进步先进县、广东省村务公开民主管理示范县、广东省林业生态县、广东省山歌之乡、中国调味品之都等。

2018年，全县实现地区生产总值235.32亿元；地方公共财政预算收入7.44亿元；农村常住居民人均可支配收入16 515.9元，城镇常住居民人均可支配收入25 887.2元；全县接待游客292万人次，旅游总收入25.8亿元。

第二节 革命老区概况

阳西县是原阳江县西部地区，是两阳地区三个重要革命根据地之一。2013年全县有8个镇，其中织篢、塘口、程村、上洋、儒洞5个镇为老区镇，新圩、溪头、沙扒3个镇是有老区村的镇。全县的老区行政村有87个，老区自然村有856个，老区农户有50 112户，人口为218 539人，耕地面积为13 792.8公顷，山地面积为21 960.8公顷。其中抗日战争时期老区自然村有21个，老区农户为815户，人口为3 374人，耕地面积为328.16公顷，山地面积为775.1公顷。

（一）织篢镇

全镇有老区的行政村21个，老区自然村254个，老区农户12 100户，人口50 336人，耕地面积4 459.7公顷，山地面积6 239.3公顷。其中抗日战争时期老区自然村18个，老区农户682户，人口2 769人，耕地面积304.96公顷，山地面积746.8公顷。

老区村庄有：

属冲口行政村的有冲口、仁和、冲表、飞鹅头、麻公坑、梨山、塴仔、石头田、高坟岭、包角村。

属牛岭行政村的有鸡笼仔、大塘尾、交椅窝、山窑坑、鸡笼笃（今鸡龙村）、旧村、黄竹窝、连塘口、张公芦、藤芦、新村、北雪、上草、下草、高木、木湖街、石旺、凤地、牛岭铺、乌石坑、双田垌、河角仔、山尾、细寸、石挞、长江岭、马湖村。

属星光行政村的有大塱、大垌、旧屋山、星光、白石仔、陂头面、对面、米田、山尾、元山岭、坑旺、石竹头、上塘、下塘、黄竹角、高岭、土瓜、叠石、崩山、朱尾冲村。

属山塘行政村的有大坡垌、秧地坡、上坪、芦垌、岗尾垌、新村、儒兰、黄茅、住仁堂、宝垌、田心、龙溪、山塘仔、西畔、下塱、高陂头、大龙、长垌、官仓、塘角仔、陆安村。

属河南行政村的有河南、东风、沙田口、旧楼仔、由仔朗、大塘尾、朱岭、乌石坑、长兴、黄牛石、光顶山、长联、漂竹、光尾寨、蒲芦咀、大河、崖婆岭、朝阳寨、潮洲坪村。

属联安行政村的有荔枝山、石头埗、庙湾、对坑、麻丝营、石克、牛刨岭、牛皮坡、旱坑、莲塘、七星垌、大地、鹿舞垌、大榕树、水湖氹、胡尾、牛路坡村。

属东村行政村的有上东、下东、坑尾、沙迳、石岗尾、胡屋、岭背、罗村、大坑、角仔、油平岭、石塘、竹园、木头坑、朱玉窝、茅元山、小茅村。

属塘村行政村的有旧宅、乌石、治罗岗、菩提坑、白石岭、上塱坪、扫杆岭、塘榜、三丫冲、竹围、土地坡、田头屋、茅田坡、东边坑、狗连地村。

属谷围行政村的有宝鸭、丹埠、南滘、鸡髀塱、大地、谷围寨、沙雪岭、张屋、西韶、苦草、陈进、新塱、沙坡仔村。

属石埗行政村的有石埗、官河、屋背塘、水沟、战口、河角仔、清湾、田庄、茶山、牛尾石、麻良、珠垌村。

属太平行政村的有礼竹坑、高垌、上石碇、下石碇、上高兰、下高兰、车仔、长坪、陂头降、马路、村仔岭、下企石村。

属上塱行政村的有白石栋、木碌坑、白石坑、银铺、看牛塱、笔架岭、貓狸坑、竹坡仔、凉水井、上寨、湴坑、牛栏岭村。

属联牲行政村的有牲元、大陂、猪槽坑、大元、新庄、马头、长桂园、潮田、牛路水、松树山、新寨村。

属长江行政村的有朱栏、黄皮车、蚂蟥、细垌、长江、田垌、长江坡、鸦塘、高朗、压境、新桥环村。

属胶庠行政村的有屋地墩、大湖尾、放灯、坑仔、坡仔、铺仔、方田、松树园、由仔、旱塘村。

属坭河行政村的有平垌、高寨、红光、田陂、四新、瓦窑门、大岗坑、林竹处村。

属大泉行政村的有剑泉、渡头仔、龙溪、黎碧堋、朱沙岗、新村、苏坑村。

属蒲牌行政村的有推车岭、新村、苦草、三家、塘背、大元、水尾洞村。

属平南行政村的有高原、凤尾、龙头山村。

属大环行政村的有鹤斗村。

属仓新行政村的有马岭村。

（二）塘口镇

全镇有老区的行政村15个，老区自然村197个，老区农户8 409户，人口31 781人，耕地面积2 411.8公顷，山地面积4 329.4公顷。其中抗日战争时期老区自然村3个，老区农户133户，人口605人，耕地面积23.2公顷，山地面积28.3公顷。

老区村庄有：

属同由行政村的有牛尾南、秧地岗、塘湾、永丰、同由圩、旺垌、塘基、上太平山、下太平山、龙岭、新屋、黄皮垌、双坑、沙秧地、车田、高坑、上元、三章、里村、新兴、工厂、大陂、揽根村。

属热水行政村的有福口垌、石及、大塘、党窝、热水、贵塘、石龙、官田面、新安、龙山、书房、连塘、乌坭坑、松树下、留塘、万安、叶厂坡、长山仔、大榄头、元岭、牛地岭、黄竹垌、白石垌村。

属高新行政村的有河新、窝仔、书房下、万垌、高山、万龙、龙坑、增子冲、更口垌、坑尾、石古垌、席草塘、旱地坡、打罗山、勒竹垌、垌一、垌二、楞塘、学塘、罗村、新田村。

属旧寨行政村的有油麻更、高仔、冷水坑、下村仔、丰树角、蒙村、西边、塘屋、塘尾、旧寨、中心山、山腰光、高村、新高、下寨、垌仔、汶子水、大坡、新更村。

属由高行政村的有分水、上塘、南冲、环子、翻垌、由高、更口、上吨、围巷、红建、新村、高车、先垌、地尾、永安、山更、车塒、车坑村。

属牛南行政村的有营仔、坳背、木堆、蔗塒、南坑、石头田、高木根、罂仔窑、及巷、松塘、水围寨、牛尾石、荷木迳、神景、高田、斑鸠田、对面寨、元木坑村。

属横山行政村的有万村、米仔根、罗屋、时地岭、大坑、秧地坡、竹山、车头岗、横山圩、连湖、大河车、黄桐、崖岭村。

属平北行政村的有石元头、山坑、合怀、沙田坡、李垌、下由仔、上由仔、塘土、中心、水汶垌、连塘村。

属竹迳行政村的有白石头、联兴、大坝、由岭、竹迳、学塘、大坡头、罗皮坑、添众、横山寨村。

属上垌行政村的有六兰、白坟、轩村、南龙塘、油甘根、牛角龙、木头田、紫林田、周云垌、河木坑村。

属马山行政村的有马山、屋背冲（今英南村）、梅花地、凤头计、塘仔坑、葵垌、上林冲、下林冲、东坑村。

属周南行政村的有石古塘、长山旱、白坟仔、婆山、黄村仔、地塘仔、枫树平、长田尾村。

属下垌行政村的有杨桃村、瓦屋仔、竹头塘、六仔塘、大丰、儒长垌、沙光村。

属车湖行政村的有光底、大垌、上塘角、下塘角、车轮、更平村。

属平西行政村的有彭垌村。

（三）程村镇

全镇有老区的行政村15个，老区自然村128个，老区农户7 665户，人口34 853人，耕地面积1 963.5公顷，山地面积2 491.8公顷。

老区村庄有：

属坡尾行政村的有站背、下店、大岭坳、元岭仔、黄桐表、上王竹、下王竹、关塘、坡尾圩、上光、中伙铺、白石、南泵、新村、马草坑、得水塘村。

属莲湖行政村的有莫屋田、石湖洞、苏村仔、黄茅岭、大湴仔、岗谷平、企山仔、荒坑、下陂塱、大安、三丫河、油铺、龙村、吊望脚村。

属黄什行政村的有澳仔、大窝、黄什、大元顶、军屯、新圩仔、大沙、冼村、角塘、大田尾、大光平、黄什圩、凉汶岗村。

属长芙行政村的有石咀、上计岗、下计岗、蟹贡、迁田岗、岗背、地塘屋、大塱坡、芙塘、屋仔、瓦窑头、塱仔村。

属罗岗行政村的有埠头仔、罗屋岗、围厂、屋仔、围山、辽下、基围头、鸡头岗、占屋、咸水塞、向南、麻浊村。

属莲花行政村的有白坟地、周村、木洞、滴水塘、李村、塘寮、南新、水口河、荔枝山、塘面、山心村。

属荔谭行政村的有平山、羊坑、勒竹、红木角、司路、地塘尾、茶地尾、黑石鼓、新村村。

属平原行政村的有元村、下大岸、麻沙、东村、湴坑、水汶、上大岸、黄桐树村。

属平中行政村的有垌心岗、横河仔、大水湖、禾仓、上店、大车、寨仔村。

属中西行政村的有三角岭、塱心、关村、车仔、七碟岗、大溢仔、三车村。

属中北行政村的有岸村、龙运岭、磨刀水、十字路、獭岭、青山坡、庙背村。

属豪光行政村的有豪山、戴屋、长城、边海村。

属胡荔行政村的有沙田坑、龙符、荔枝埂、光德里村。

属石龙行政村的有沙岗、文山塱、陈屋村。

属程村行政村的有牛皮氹村。

（四）上洋镇

全镇有老区的行政村12个，老区自然村94个，老区农户9 097户，人口39 771人，耕地面积2 192.1公顷，山地面积5 798.8公顷。

老区村庄有：

属菩堤行政村的有菩堤、凤田、河岩铺、水井洞、新村仔、河村、河沟、马田塘、龙窝、塘仔山、蓝地、地塘下、大路田、梨园、便塘、油铺、勒山、溢坑、大岗、同兴、杉木山、坟面、桸尾、河堤朗、村仔、大洞、河朗、旱塘、会众坡、大河垌、蔗朗村。

属周新行政村的有北冲、周文底、白云坡、元头、后坡、周村、竹园、下底山、大田头、坑仔、墩仔头、瓦窑、茅田村。

属庚山行政村的有铜古岭、南门冲、上长坡、燕子岭、庆东、合岗、双丁岭、泥陂、同新、庚山村。

属石门行政村的有岭脚、洋志、新安、石门、盐田、湖仔村。

属石桥行政村的有石桥、石碇坡、鸡罩坡、石桥仔、七星岗、栋仔村。

属那西行政村的有那西、中间坡、元志坡、三坑、垌仔、新楼村。

属福湖行政村的有挖仔、红坎头、福湖、龙尾坡、刘坑洋村。

属南堡行政村的有南堡、蒲山、面前山、龙尾坡、新村仔村。

属双鱼行政村的有双鱼、茂墩、麒麟寨、三眼屋村。

属上塘行政村的有高洞、上塘、生牛陂、瓦窑头村。

属双城行政村的有双城、坡头、三岗岭村。

属上洋行政村的有新村村。

（五）儒洞镇

全镇有老区的行政村12个，老区自然村69个，老区农户6 420户，人口31 194人，耕地面积1 641.2公顷，山地面积714.9公顷。

老区村庄有：

属大村行政村的有大村、文口海、铺泉、龙角坡、成美园、儒六山、石庙仔、宫坡、寨仔、后铺村。

属河垌行政村的有牛尾忽、大路下、大众陂、苏木坑、下河、文教团、深水、崩塘村。

属新桥行政村的有巴斗、巴斗仔、老代、长角、大建、代仔、大车村。

属南垌行政村的有南垌、里河、上石碇、下石碇、白毛田、南山、外村村。

属驹龙行政村的有白石坑、上龙牙坑、下龙牙坑、龙尾、屋仔坡、驹前村。

属石楼行政村的有石楼、下坡、田头、山猪斗、瓦窑门、独洞村。

属福安行政村的有福安、河仔、田头、搭枧、尖岗、鸡笼村。

属新村行政村的有新村、登高山、后山头、町前、坡尾村。

属边海行政村的有田心、手网、上屯、下屯、白坭村。

属寿场行政村的有寿场、老村、高园、坡脚村。

属三教行政村的有三教、三教坑、水正、红东村。

属蓝田行政村的有马山村。

（六）新圩镇

全镇有老区的行政村6个，老区自然村79个，老区农户3 043户，人口14 155人，耕地面积611.4公顷，山地面积1 687.4公顷。

老区村庄有：

属旧仓行政村的有新圩垌、旧仓圩、瓮塘、铺子寨、旱禾地、石挞、高岗、面前岭、太平、栋岭、坡咀、坡荀石、新铺、塘掩、白石垌、仓一、仓二、水口、寨垌、冲仔口、雀鸪塱、鱼跳、公岭、垌仔岭、上村仔、石仔岗、石角、更背、白沙塘村。

属东水行政村的有大垌、里坪江、里坪电、西坑塘、茅坡、龙溪、照田坡、南华、东华、河尾、禾仓坪、三斗种、沙坪、深冲、龙骨田、葵水尾、田仔面、河坪、龙眼根、川龙、黄花地村。

属古井行政村的有新村、莲垌、沉田尾、坳仔、莲垌尾、白头塘、长坑、独树坑、田头公、大陂、田头屋、塘田村。

属田安行政村的有新塘、田安、福安、新禾、进禾、乐安、永安村。

属田心行政村的有白沙塘、田心、新屋、黄茅、新一、新二村。

属溢陂行政村的有马王坑、溢陂、王过坑、棉花岭村。

（七）溪头镇

全镇有老区的行政村2个，老区自然村23个，老区农户958户，人口4 052人，耕地面积55.8公顷，山地面积9.5公顷。

老区村庄有：

属金星行政村的有篱仔垌、大庙坳、下界田、大山田、大坡、上金钵、金钵、王茅、垌尾、新屋、桥头、南山垌、上牛眠地、下牛眠地、新村仔、香厂、金塘、草塘、高垌、根竹头、田背村。

属十八村行政村的有蚊子坑、下坡坑村。

（八）沙扒镇

全镇有老区的行政村4个，老区自然村12个，老区农户2 420户，人口12 397人，耕地面积457.3公顷，山地面积689.7公顷。

老区村庄有：

属前步行政村的有前海、东坑仔、福坞、上南命、下南命、前步村。

属渡头行政村的有垄顶、潭仔、麻翁、高树下村。

属来福园行政村的有来福园村（原书村上部）。

属乌石头行政村的有乌石头村（原书村下部）。

第二章
掀起红色革命的风潮

20世纪初叶，阳江西区受封建军阀和土匪控制，可谓兵匪横行，在地方官僚和土豪压迫之下，人民生活在水深火热之中。五四运动爆发后，先进的革命思想开始通过各种渠道传入阳江，涌现出郑家康等革命先驱。1924年，国共两党合作后，阳江的中共组织和革命团体纷纷建立起来，境内工农运动迅猛发展，反帝反封建的革命浪潮汹涌迭起。

第一节 阳江西区的早期革命活动

1925年11月，黄学增、罗济奇、敖昌骙、谭作舟等一大批共产党人、革命青年、国民党左派人士先后来到阳江，开展革命活动。

1925年12月，中国共产主义青年团阳江支部成立。1926年3月初，中国共产党阳江县支部成立，敖昌骙为书记，隶属中共广东区委。在党组织的领导和推动下，阳江各地工人、农民、青年、学生、妇女运动迅猛发展。

1926年秋，阳江县总工会成立，会员有4 000多人；建立工人纠察队。同年11月，阳江县农民协会成立，会员有12 000多人；建立农民自卫军，农军有800余支枪。组织起来的工人、农民以及社会各界力量，汇成强大的革命洪流，冲击着帝国主义、封建主义及资本家势力。工人、学生联合纠察队封锁港口，缉获英、日仇货（指敌对国家的货物）；在阳江县总工会发动下，闸坡、沙扒渔工开展罢工斗争，迫使资方给在1925年10月8日台风中遇难的渔工家属发放救济金；在有农会、农军的乡实行减租减息的反剥削斗争。革命斗争取得初步成果。

在阳江西区，革命浪潮高涨。沙扒渔业工会组织700多名渔业工人，开展反帝反封建斗争。六区太平乡礼竹坑村的王德符，1926年7月加入中国共产党，后被派往广州农民运动讲习所学习；结业后，被派回阳江领导农民运动。他以国民党阳江县六区（织篢）党部常委身份做掩护，从事革命活动，担任六区农民协会（简称“区农协”）常委、六区农民自卫军队长。1926年冬至1927年春季，他多次带领农军上街游行，号召农民起来打倒土豪劣绅，开展减租减息运动，使农民运动迅速发展。六区先后有同由、下垌、牛南、热水、车湖、由高、旧仓、周南、岗平、牛岭、白水、金华、宋家寨、兴社、彭洞、水南、长田尾、车田、塘口、白石寨、礼竹坑、禾甲、甲乡、石港、蓝袍、双水、马村、那坳等30多个乡村成立农会。在区农协的领导下，阳江西区同时还成立农军，建立3个中队。各乡村农会也纷纷组织起农军，阳江西区农军人数达200多人。各农会农军在党组织的领导下，和农村封建势力展开斗争。在农村积极推行“二五”减租，替受苦受难的农民申冤。溪头白水乡地主冯三槐，以欠租为由强行把佃户许执养的耕牛拉走，并把许执养的老婆打伤致死。农会发动会员、群众与冯三槐斗争，逼他赔偿许执养的损失。塘口乡土豪邱容车和邱俊辉，霸占农民的柴草岭，农会要求县长对这类土豪进行惩办。农会运用正义权力，进行有理有节的斗争，为受苦的农民申冤，打击了地主土豪为非作歹、欺压农民的行为，农民权益得到一定的保护。

工会、农会的发展壮大，反帝反封建、反压迫反剥削运动浪潮的高涨，令封建反动统治势力十分恐慌。1927年4月12日，蒋介石在上海发动反革命政变，实行暴力“清党”。4月15日，阳江的反动势力发动反革命“清党”，大肆搜捕共产党人和革命志士。几天内，中共阳江县支部书记敖昌骙与委员谭作舟等二三十位革命志士相继被捕。同日，由于叛徒告密，王德符在织篢被捕，押往阳江城。4月20日，沙扒渔协常委梁学贤被捕。5月3日，黄德符与敖昌骙、谭作舟、陈必灿等共16名共产党员、革命志士一同被押送广州。1928年9月5日，除张乐华被判无期徒刑，后病死于狱中外，黄德符、敖昌骙、陈必灿等15位在阳江被捕的共产党员、革命志士在广州黄花岗英勇就义。这便是著名的“阳江十六烈士”。在反革命“清党”期间，溪头白水乡农军队长冯自福，被当地地主豪强用牛粪灌死；同乡农会主席冯成汉，遭敌人毒打头部、胸腹部，致内脏大出血而死；农运骨干王德礼，在织箦太平被捕，后被反动派用火活活烧死。此外，阳江西区还有多名农会积极分子被捕坐牢，部分会员远走他乡，长时间未敢返回，党组织遭到严重破坏。阳江西区的革命斗争转入地下，革命陷入低潮。

第二节 阳江早期党组织的建立

一、中共织篢圩支部成立

在阳江“4·15”反革命大“清党”中，一大批共产党员和工农运动骨干陆续被捕或惨遭杀害，阳江的党组织和革命力量遭受严重摧残，阳江笼罩在一片白色恐怖之中。

1927年8月7日，中共中央在汉口秘密召开紧急会议（即八七会议），会议制定继续进行革命斗争的正确方针，中国革命从此开始由大革命失败到土地革命战争兴起的历史性转变。阳江的党组织坚定地执行八七会议确定的方针，在白色恐怖中，继续秘密发展中共党员、共青团员、工会会员、农会会员，恢复党的组织并发展群众组织，积极筹备武装起义，阳江革命斗争开始出现新的局面。

在外地的阳江籍中共党员面对恐怖局面，并没有被国民党的反动大屠杀所吓倒，毅然回到阳江，重燃革命烈火，开展新的斗争。早在上海参加中国共产党的许高倬与在广州参加共产党的廖绍琏，于1927年8月从广州一起乘船回到阳江。同期，在香港的中共党员冯宝铭已由中共广东省委派回阳江组织农民武装。

冯宝铭联系上许高倬和廖绍琏，3人根据中共广东省委的指示精神，酝酿恢复阳江的党组织，并积极行动，分头落实。冯宝铭和廖绍琏到织篢太平乡找到中共党员郑就兴，由郑就兴带到塘口同由圩会见塘口一带农会负责人姚若士，又在县城联系上工人运动骨干欧业勋等10多人，积极做好发展党员、恢复阳江党组织的工作。

同年11月，冯宝铭去香港向中共广东省委汇报工作。不久，许高倬按照中共广东省委的指示精神，组织成立中共阳江县委，许高倬、冯宝铭先后为县委书记。全县有党员10多人。

此后，冯宝铭和廖绍琏参加广州起义，冯宝铭参加赤卫队，廖绍琏参加政工队。广州起义失败后，国民党反动势力更为猖獗，政治环境更加险恶，冯宝铭、廖绍琏分头撤到香港，再由香港转返阳江，继续开展党的秘密活动。

中共阳江县委成立后，一方面寻找失去联系的党员，另一方面抓紧发展党员和建立基层党组织。在县委的领导和党员的努力下，基层党组织得到发展，革命工作得到推进。

1928年2月，冯宝铭通过关系，转移到北惯丹载村丹山小学（今丹载小学），以教师身份做掩护开展工作。

经过几个月的努力，党组织先后吸收陈昆才等人入党。党组织先后在四区、六区等地培养发展党员。1928年4月，阳江县已建立4个基层党支部，其中就有中共阳江县六区织篢圩支部，郑就兴任书记。

这4个支部共有党员22人，工农民团分子占60%，知识分子40%。至8月，阳江县共有党员40名。

二、白色恐怖下的党组织活动

在白色恐怖的恶劣环境下，织篢圩党支部和各地一样，开展活动越来越困难。1928年8月，支部书记郑就兴参加阳江县委召开的会议，会议的主要内容是：第一，郑锦源做政治报告，总结地下斗争的经验教训，分析严峻的斗争形势，提出在党的领导下继续开展革命斗争的要求。第二，县委常委冯宝铭报告阳江县城支部关于反帝和经济斗争的工作。第三，决定由县委常委冯宝铭、敖华衮指导有关同志，在警察中做思想工作，同时分工冯宝铭负责指导工运工作。

1928年秋的一个晚上，阳江县党组织布置丹载村的群众组织“公益会”的成员，到村边竹林举行传统的“焚香宣誓”仪式，借以加强团结。事毕，群众返村。新任国民党民团团长许基谓闻风生疑，入村搜查丹山小学。当时，党员教师谭履谦卧室里有党的公开刊物《红旗》和用于印刷宣传品的油印机，幸未被搜到。

民团团丁走后，党组织召开紧急会议研究决定，县委常委冯宝铭、许基旭等县委领导成员当晚立即撤离，其他人员暂行疏散。

冯宝铭、许基旭转移后，中共阳江县委在丹载的活动中止。

其间，阳江县城理发行业的共产党员，继续坚持党的地下工作。反动当局很快就注意上他们以及理发工会，展开搜捕共产党员的行动。得到风声，郑锦源于当年冬撤离阳江，返回香港。冯国治被反动派逮捕，被判处有期徒刑5年。

同期，许基旭从澳门回到阳江，多次会同许会新、陈昆才秘密研究如何坚持党的地下斗争。因活动不够隐蔽，许基旭、许会新与陈昆才被国民党反动派逮捕。陈昆才因与教会有关系，由教会进行保释，保释后离开阳江，到东莞虎门当教师。数日后，国民党反动派又到丹载村搜捕许名飞，许名飞得讯逃避。国民党反动派便把许名飞的父亲捉去坐牢。一年后，许名飞家人卖掉田产，才把他父亲赎回来。许基旭、许会新家无田产可卖，国民党反动派又查不到证据，只能将他俩与许名飞的父亲一同释放。

至1929年2月，因中共阳江县委的主要领导成员已经撤离阳江，党员连续被捕，中共织篢圩支部和其他支部也停止活动。

第三章

高举团结抗日的旗帜

抗日战争全面爆发后，阳江党组织在烽火的历练中恢复健全并发展壮大，阳江西区人民在党组织的领导下，开展轰轰烈烈的抗日救亡运动。1945年2月，两阳党组织在阳江西区成立两阳抗日武装筹备领导小组，随后建立人民抗日武装队伍，开展抗日武装斗争并进行艰苦卓绝的自卫反顽斗争。

第一节 党组织的重建和开展抗日救亡运动

一、恢复健全党组织，建立抗日团体

全国抗战爆发后，中共广东党组织按照《中央关于目前形势与党的任务的决定》精神，加强党对各地抗日运动的领导，努力恢复、健全被破坏的党组织。

1937年10月，根据中共中央指示，撤销中共南方临时工作委员会，成立中共南方工作委员会（简称“南委”）。

1938年4月，根据中共中央和中共中央长江局的指示，撤销南委，重组中共广东省委。省委重组后，全省各地以建立党的组织为中心工作，对各级党组织进行改组。决定广州以外的珠江三角洲地区各县党组织，由中共广州外县工作委员会（简称“外县工委”）领导。同月，王传舆（黄文康）、容兆麟受外县工委委派到阳江，开展抗日救亡运动，重建和发展党组织。王传舆把一批在抗日救亡运动中起骨干作用的青年作为发展党员的对象，在“青年群社”阳江分社等进步抗日团体中成立马列主义学习小组，组织这些青年学习马列主义理论。

经过教育和培养，1938年4月，林驳树、林克（林西伯）、陈奇略3人加入中国共产党。此后，逐渐发展林元熙、陈玉泉、陈国璋、陈华森、林明通、陈葶、梁文坚、梁嗣和、程浩光等10多人入党。

1938年7月，中共阳江特别支部成立，书记为王传舆。从此，阳江党组织又开始恢复组织活动。

阳江县党组织重建后，党组织迅速扩大，在学校、农村等基层中建立党支部、党小组等，还在妇女群体中成立基层党组织。

由中共广东省委统一部署，1938年7月7日，各地同时举行抗日运动大检阅。阳江党组织决定由“青年群社”阳江分社发出倡议，联合各抗日团体、各学校师生，组织各界纪念“七七抗战”一周年集会。当日举行声势浩大的集会和火炬示威游行。这是党组织领导下的一次抗日示威大行动，也是阳江各界同仇敌忾投身抗日救亡的统一行动。这次大游行，促进阳江各界青年的团结，推动阳江抗日救亡运动的发展。暑假期间，阳江旅省大中学生、“青年群社”阳江分社等，以召开时事座谈会、学术研究会等形式，组织他们参加活动，并组成联合下乡巡回工作队，由王传舆带队，到织篢、塘口、儒洞、大八、合山等地宣传抗日，推动抗日救亡运动向纵深发展。

1938年6月，阳江县政府招考了一期女军训班，名为“妇干班”。王传舆派“青年群社”阳江分社女积极分子梁文坚、林素娴等考入妇干班。妇干班军训一个月后改名为妇女工作队，并下乡做宣传工作。9月初，因日敌机频繁轰炸阳江，死伤人数增多，妇女工作队被调回阳江城，改名为妇女救护队，承担伤员救护工作。此时，王传舆吸收梁文坚入党，梁文坚成为阳江第一个女党员。后来梁文坚又在妇女救护队成立了党小组。1939年日敌机轰炸减少，妇女救护队被解散，梁文坚调往阳春。

1938年10月，根据中共中央的指示，中共广东省委决定将工作的重点从城市向农村转移。

11月，根据中共广东省委的指示，中共阳江特别支部做出在农村建立据点，扎根农村，培养青年骨干和发展党组织，准备迎接战争的工作部署。

从1938年4月至年底，随着阳江党组织的重建，共产党员由4人发展至19人。此后，随着抗日救亡运动的不断深入，党的组织不断发展和壮大。

二、在抗日救亡活动中发展壮大党组织

1938年10月，日本侵略军占领广州和武汉以后，抗日战争开始进入战略相持阶段。

在抗日战争即将转入相持阶段之际，中共中央召开扩大的六届六中全会，确定党在战略相持阶段的任务。1939年1月上旬，中共广东省委为部署发展全省的抗日游击战争，在韶关召开第四次执委扩大会议。会后，决定将中共西南特委改为中共中区特委（即“中共中区特别委员会”），罗范群为书记，管辖新会、鹤山、开平、台山、恩平、阳江、阳春等地的党组织。

阳江党组织在中共中区特委的直接领导下，对党的工作做了调整。1939年2月，安排陈国璋离开两阳中学到南堡乡塘角小学任教，安排廖正纪离开阳江县城到儒洞大村明强小学任教。廖正纪参加乡“星火读书会”，并以此为阵地，团结青年群众，学习进步书籍，进行抗日救亡宣传工作。8月，陈国璋调到明强小学任教。在该校，陈国璋、廖正纪发展校长陈厚祥入党，成立儒洞党小组。

1939年2月，党组织通过统战关系，推动县政府组成农村巡回工作队，下乡进行抗日救亡宣传。党组织安排林元熙、陈华森、许式邦、何瑞廷、曾素伟等10多人参加工作队，并在队内建立中共临时支部，曾素伟为支部书记。农村巡回工作队先到织篢圩、织篢蛀园村等地，进行艰苦深入的宣传教育。党组织在工作队内以及织篢蛀园村、奋兴中学先后发展了一批党员。在党组

织的领导下，奋兴中学的学生到织篢和附近的农村开展抗日宣传工作。

1939年3月，中共阳江县立中学支部（简称“县中支部”）建立。11月，阳江县立中学迁往塘口上课，县中支部改任敖景森为支书，在塘口继续开展抗日救亡宣传活动。

1939年七、八月间，应溪头白水冯希湛邀请，经阳江党组织同意，“青年群社”阳江分社组建工作队到白水开展抗日宣传。工作队从农村巡回工作队调许式邦任队长，何瑞廷、曾素伟、关崇湘、梁名焕等参加；他们组成工作队临时支部，许式邦任支书。该工作队在白水开展抗日宣传活动至10月底结束。

8月，国民党阳江当局撤销“抗敌后援会”，设立“阳江县抗日动员委员会”（简称“动委会”），阳江党组织决定利用这一阵地开展工作，通过统战关系安排廖绍琏任该会总干事，陈玉泉任宣传干事，谭保赤任民运干事。

9月，动委会组织3个农村抗日动员委员会工作团（简称“农工团”），到农村进行抗日宣传活动，阳江党组织先后派一批党员和青年骨干参加。

这3个农工团分别活动于溪头、上洋、塘口、同由、大沟、平冈等地，深入开展农村抗日救亡活动，扩大党的抗日政治影响，培养一批积极分子，还发展一批党员。农工团在同由活动时，与姚立尹一起发动群众，建立动委会同由分会。此后，姚立尹主持该会开展群众性抗日宣传活动。后因形势变化，党员和青年骨干于1940年春节前后撤离。

1939年间，党组织转入基层、农村开展抗日救亡活动，取得良好的社会效果，党组织得到巩固和发展。大批青年在抗日救亡运动中成长为中共党员，建立多个基层支部、临时支部，在儒洞、奋兴中学建立党小组，在塘口建立工作点。

1940年3月，撤销两阳工委，分别成立中共阳江县委和中共阳春分委，张靖宇任中共阳江县委书记。

党的工作重心转向农村后，大批党员从县城转入农村开展工作。1940年秋，陈国璋调往阳春，安排廖绍琏到横山小学任校长。不久，组织调从中共广东省委学习回来的林元熙到横山小学任教，负责领导阳江西区一带的工作。不久，横山小学建立党支部，林元熙任支部书记，并在校内发展了几名学生党员。

1940年冬，织篢奋兴中学党组织发展李世谋等数人入党。

1941年初，建立织篢党支部，黄徽拔任支部书记。

党组织工作重心转向农村后，密切联系群众，积极传播马列主义，认真开展抗日救亡宣传，致力于党的建设，发展符合条件的农民骨干入党。

至1941年初，中共阳江县委在阳江西区有4个支部，分别是儒洞支部、织篢支部、织篢奋兴中学支部、横山小学支部。

在此期间，党在阳江西区的影响扩大，群众觉悟提高，发展了一大批党员。为日后阳江西区党的组织发展和武装队伍的建立打下了良好基础。

三、停止组织活动，隐蔽精干队伍

1941年1月，国民党顽固派制造震惊中外的“皖南事变”，掀起第二次反共高潮，全国形势急剧变化。随着国际法西斯势力的猖獗，日本帝国主义对解放区或游击根据地进行疯狂进攻、反复“扫荡”，国民党顽固派消极抗日、积极反共。中国人民抗日战争进入艰难困苦时期，国民党统治区的革命斗争进入低潮。阳江党组织根据中共中区特委的指示，执行中共中央关于在国民党统治区工作“隐蔽精干，长期埋伏，积蓄力量，以待时机”的方针，组织活动更加隐秘，要求党员职业化、社会化、群众化，致力搞好农村据点工作。在城市，一般情况下，停止发展组织，以巩固组织为重要任务。

1941年3月3日（农历二月初六）早上6时，1 000多名日军，乘橡皮艇从北津港登陆阳江，一路杀人放火，惨无人道，国民党当局没有抵抗，日军很快占领北津港和阳江县城，史称“三三”事变。中共阳江县委迅速做出应急措施，指示横山小学党支部林元熙、廖绍琏等人利用统战关系，组织起一支有30多人的武装抗日自卫队。几天后，日军撤离阳江。为避免过早暴露党组织的武装队伍，根据中共阳江县委的指示，横山小学党支部把组织起来的抗日队伍解散。

1942年5月26日，中共粤北省委遭国民党特务破坏。为避免各级党组织受到牵连而遭到破坏，中共中央南方局对广东地下党组织做出停止活动的指示。是年冬末，停止组织活动指示传达阳江以后，一部分党员与组织保持直接联系，一部分党员与组织保持间接联系，联系更加隐蔽。

第二节 建立人民抗日武装队伍

一、重组领导机构，恢复组织活动

1944年1月初，陈国璋和梁文坚从阳春调回阳江，阳江党组织工作由陈国璋负责。陈国璋把阳江原有的党员全部寻找回来，进行审查，先恢复党组织和党性坚强的党员的联系，为日后正式恢复阳江党组织活动打下基础。

1945年1月，中区正式撤销特派员制，重组中共中区特委。中区特委隶属中共广东省临委领导，管辖阳江、阳春、江门五邑地区和高明、新兴等区、县党组织。

1945年2月，中区特委委员周天行到阳江开展恢复党组织活动工作。陈国璋在沙扒、儒洞等地先后恢复刘沃林、陈厚祥等党员的组织关系，并安排刘沃林搞经济，为组织提供活动经费；安排莫维、黄碧珠分别到织篢旱田、甡园村小学任教师，负责联系两地党员，开展群众工作。

1945年3月初，中共中区特委决定由司徒卓任中共两阳特派员，直接负责阳江的工作。3月下旬，周天行、司徒卓在织篢冲口八元堂开会，由周天行宣布中区特委的决定：一是司徒卓接替周天行在阳江的领导工作，接管陈国璋掌握的地下党组织关系，陈国璋到部队工作。二是罗杰任中共阳江西区联络员，负责西区工作，接管沙扒、儒洞、织篢等地党员的组织关系。三是陈历

（陈天衮）调离织篢，秘密打入国民党阳江县党部社会服务部任职（后调入台山），做陈天奋的统战工作。会上还宣布地方党组织与武装部队党组织关系互不隶属。

经过短短几个月的工作，党组织全面恢复活动，各级领导机构得到加强。在审查工作中，进入武装部队的党员由部队党组织审查；留在阳江坚持地下工作的党员，经过审查，大部分恢复党组织关系。

阳江地下党恢复组织活动后，党组织迅速发展壮大。阳江西区在党组织的安排下，继1944年秋后建立织篢、冲口、旱田、金堡等秘密据点和交通站后，又建立沙扒、儒洞、蚌园、厚幕山（今红光村）等秘密据点和交通联络点，交通站点的负责人先后有邓其锋、庞瑞芳、陈贡等。

二、成立筹备小组，组织冲口起义

早在1938年秋，王传舆任中共阳江特别支部书记时，就曾派人进入珠环、大八山区察看建立抗日根据地的地形。1939年春，张靖宇任中共两阳特派员时也到山区开辟游击区，发展农民武装，为建立农村抗日根据地做准备工作。在两阳地区，党组织确定的斗争策略是撤离县城，向东西两翼发展：一翼由南鹏直进田畔、大八、珠环，一路去恩平清湾，一路到阳春蟠龙、先农，向北进入春湾后方；另一翼由闸坡沿海到沙扒、儒洞，转向织篢斜出横山，再到八甲、西山，然后进入春湾后方。两翼齐飞，形成进退、攻守机动回旋之势，进可以攻，退可以守。

1944年1月，陈国璋、梁文坚、陈佩瑜等从阳春调回阳江，陈国璋负责阳江党组织领导工作，梁文坚负责妇女工作，并接收梁嗣和的党组织关系。夏秋间，梁嗣和、梁文坚先后进入国民党县党部管辖的“阳江新生活妇女委员会”，分别任组织组和总务组的组长，以合法的身份做掩护，秘密开展党的工作。

7月，谢鸿照从恩平调来两阳，任两阳党组织指导员。接着，谢鸿照与阳江党组织负责人陈国璋和阳春党组织负责人郑宏璋，在阳春县先农乡屯堡秘密开会，研究漠东（阳春）、漠南（阳江）山区党员分布情况，决定尽快恢复他们的组织活动，研究组织抗日武装的实施方案，计划在阳春和阳江两县边界山区筹建两个抗日游击大队。会后，两县的党组织分头进行紧锣密鼓的准备工作。

阳江的组织武装工作分为东、西两路。东路以大八为中心，领导人是林昌铿；西路以织篢太平乡为中心，负责人为陈历等。1945年元旦，林昌铿回阳江城向陈国璋汇报和研究东路情况，深夜回家途中被捕，被搜出许多关于筹建武装队伍的文件资料。林昌铿被捕后，受尽严刑毒打，坚强不屈。东路的党员被迫分散隐藏，东路筹建武装队伍工作被破坏。陈国璋和梁文坚也从阳江城撤走。

1944年秋，陈国璋先到阳江西区的织篢、冲口，之后到阳春县的金堡，联系廖正纪、庞瑞芳、邓其锋、陈历、李世谋等中共党员商量筹建武装队伍的工作。派邓其锋、庞瑞芳分别到阳江西区的织篢、阳春县的河口建立交通联络站，沟通冲口、横山、金堡至先农的交通线。

与此同时，周天行到埠场小学接收黄徽拔的组织关系，并建立埠场联络点。周天行、谢鸿照到旱田村联系程浩光，安排程浩光带陈国璋到新圩旧仓，布置姚立尹对旧仓乡自卫队进行策反工作。

随后，党组织派陈历打入国民党六区（织篢）太平乡任副乡长。陈历设法控制乡公所的武装，筹资在冲口一带山区办起3个樟木油厂（挂“万记樟木油厂”招牌）。为方便出入联系工作，陈国璋当挂名老板。

在此之前，陈历已争取太平乡乡长陈天纪答应起义，陈天纪交枪10多支，并在老虎牢多次开会，动员青年参加起义。因南路张炎起义失败，消息传来，陈天纪因害怕而退缩，但他的枪还是交了，还帮助陈历当上太平乡副乡长。

陈国璋组织陈华森等在蒲牌乡的茅坪、土瓜、马仔窝岗以及阳春县龙门乡的上泷（今上双），以办樟木油厂为名，在山中搭起茅棚，秘密集结陈贡、陈碧、陈德伟等一批青年农民，准备随时接应起义队伍。

1945年2月，陈国璋带交通员关永从织篢到阳春河口圩“大有年”店交通站，传达党组织的决定：廖正纪、庞瑞芳夫妇参加阳春田寮村武装起义，廖正纪负责起义部队秘书工作，庞瑞芳负责起义部队妇女工作。2月18日，陈国璋、廖正纪、庞瑞芳、关永到达先农乡屯堡小学，和郑宏璋商议起义事宜。

2月19日晚，陈国璋、廖正纪、庞瑞芳、罗杰等10余人到达蟠扶乡田寮村黄选盛家，研究实施起义的具体细节。参加会议的还有广东人民抗日解放军台山部队的代表，中共恩平县委派出的清湾、朗底等地的代表。会议推举黄选盛为起义部队军事负责人，陈国璋为政治负责人。

第二天，到会的骨干分子分工带领人员前往各地，运送枪支弹药；廖正纪、庞瑞芳留在黄选盛家等待各路人员到来，进行编队起义。由于田寮村保长向敌人告密，20日晚上，敌人赶来包围黄选盛家。在被敌包围前，黄选盛派他的侄子护送廖正纪、庞瑞芳安全转移，而自己则被敌人逮捕，光荣牺牲。为此，田寮村武装起义夭折。

2月21日，谢鸿照、陈国璋、郑宏璋、罗杰、朱尚绚等一批参加起义领导工作人员，迅速撤离先农乡，转到蒲牌冲口。谢鸿照在冲口八元堂召开会议，分析起义夭折原因，认为主要是保密工作做得不够，防范措施不得力，被保长告密。会议宣布成立两阳抗日武装筹备领导小组，谢鸿照任组长，陈国璋、郑宏璋任副组长；成立党支部，谢鸿照兼任书记，决定由陈历负责阳江方面的筹粮、筹款、筹武器工作。

陈历通过太平乡长陈天纪，从太平乡公所和公偿处取出8支长枪、子弹一批，交武装起义筹备领导小组。江城的杨秉义收购散兵步枪12支，原计划送交阳春田寮村起义之用，因起义未成，他秘密把这批枪支送到织篢圩邓其锋交通站收藏。

三、组建抗日队伍，开展武装斗争

1944年11月11日，中共广东省临时委员会（简称“省临委”）和东江军政委员会联席会议执行中共中央的决定，把广东人民抗日游击队中区纵队分为两支部队，在珠江地区活动的部队称为广东人民抗日游击队珠江纵队（简称“珠江纵队”），在粤中地区活动的部队称为广东人民抗日解放军（阳江西区属粤中地区）。广东人民抗日解放军于1945年1月20日在鹤山县宅梧地区宣布成立，梁鸿钧任司令员，罗范群任政治委员，谢立全任副司令兼参谋长，刘田夫任政治部主任，并向社会各界发表《广东人民抗日解放军成立通电》。

人民抗日武装部队一进入粤中地区，就遭到国民党顽固派的军事围攻。为保存革命力量，把矛头对准日本侵略军，司令部决定避开国民党顽固派，执行省临委关于“逐步向西江、南路推进”的战略部署。出发前，司令部率主力部队500多人挺进恩（平）阳（阳江、阳春），建立云雾山抗日根据地，然后再向高雷方向发展。司令部决定，途经新兴时攻打县城国民党顽军一五八师后方指挥机关，其目的一是打击顽军嚣张气焰，二是补充部队的武器装备和给养。

1945年2月21日，从高明老香山根据地出发的广东人民抗日解放军进入新兴县境，途中获悉顽军已有防备，决定放弃攻打新兴县城计划，临时决定在蕉山村宿营。22日，遭顽军一五八师四七三团包围，广东人民抗日解放军当即奋起反击，在地形极端不利、军事力量对比悬殊的情况下，英勇战斗，顽强阻击。在战斗中，司令员梁鸿钧等59人牺牲，70多人被俘，解放军丢失轻重武器一大批，损失惨重。

司令部警卫连指导员林元熙（曾任中共阳江特别支部书记、塘口横山小学党支部书记）率领全连指战员，英勇奋战，冲破敌人包围，脱离险境。当他看到还有战友没有冲出敌人的包围圈时，再次只身返回，解救被困战友，在通过一片开阔地时不幸中弹，壮烈牺牲。在战斗中，阳江籍的共产党员杜世芬、黄德昭被俘，许式邦、曾传谈、何瑞廷被打散掉队，后返回阳江。

部队退出战斗后，兵分两路向恩平、两阳方向前进，经过一个星期的艰苦行军，到达恩平县石马村，两路军会合，再转到恩平清湾，宣布成立广东人民抗日解放军第五团。1945年2月下旬，司令部进入阳春县东北边缘的茶园乡，击退国民党茶园乡联防队，部队进行短暂休整，决定筹建广东人民抗日解放军第六团（简称“六团”）。

1945年3月13日，广东人民抗日解放军进抵阳江县境，司令部派出一团和司令部警卫连雄狮队攻打大八圩国民党顽军据点。因没有当地党员接应，攻打失败，后又发起阳春七星岭战斗。1945年3月18日，广东人民抗日解放军正式宣布建立第六团，任命黄昌熺（黄云）为团长，郑宏璋为政委，陈国璋为政治处主任。19—20日，六团在先农乡沙塘岗、龙塘等地集结，在先农乡组建2个连，司令部派参谋室代主任郭大同任六团军事指挥，梁文坚任六团政工队队长。

吴新、陈国璋到蒲牌冲口，接收冲口、旧仓、同由等地几个樟木油厂秘密组织起来的30多名青年，又吸收当地部分青年农民和青年学生，在织篢秘密组织起义部队，称漠南独立营；吴新任营长，陈国璋任教导员。漠南独立营在织篢鸡笼笃村（现鸡龙村）宣布起义，起义后加入六团编制。吴新协助郭大同负责六团军事指挥。

1945年3月下旬，六团到达旧仓，联防队向六团开枪。六团决定攻打旧仓，姚立尹做向导，带领部队冲入联防队驻地，联防队人员仓皇从后门逃窜。六团继而攻入乡政府和反动乡长陈世科的药店，收缴一些财物后撤离。攻打旧仓后，六团把漠南独立营整编为六团第二连，连长为陈良，副连长为陈朝波，指导员为姚立尹。

4月，国民党顽固派调动周边地方团队从电白望夫、阳春八甲、阳江塘口，分三路对六团进行围追堵截，企图一举将六团歼灭。六团为摆脱敌人的围追，急行军经旧寨山过河，到同由、东水山，再转入八甲大山仙家洞，披荆斩棘，穿越荒山老林，新生队伍经过连续七昼夜的艰苦行军，从龙门的上泷、下泷突破敌军的包围，转移回到阳春县先农乡。

司令部及一团、六团在两阳地区活动两个多月，群众对部队的政策已有较多了解；部队与地方党组织有了联系，情报工作逐步建立起来。部队对漠阳江沿岸各镇进行侦察，掌握了情况。1945年4月下旬，司令部在恩平岑洞开会研究，决定调集兵力把阳春境内（除县城外）漠阳江沿岸各反动区政府所在圩镇全部攻下来，打击顽军气焰；同时开仓济贫，发动群众，解决部队给养。

4月25日午夜，广东人民抗日解放军主力部队和第六团2个连共700余人，由谢立全代司令亲自指挥，打下国民党阳春重镇春湾，收缴了国民党广东省银行在春湾的仓库，“搜出国民党货币8亿元、港币58万元、武器物资一大批”[①]，解决了部队的经济与补给。天亮前，部队胜利撤出春湾。

杨秉义接受中共中区特委购买武器的任务，以防空哨所所长的身份和同僚的关系，到阳江自卫队佯称为家乡防匪购买武器。他由此购得手榴弹100个、步枪子弹3 000发，由交通员关永乔装成商贩，分批带到织箦交通站再送入部队。

1945年6月底至7月初，陈国璋接受司令部任务，带领罗杰到织箦筹备联络南路计划而离开六团，由台山第四团调来的赵荣接任六团政治处主任。

陈国璋奉命联络南路人民抗日解放军，第一次出发到电白，被山贼抓去，身上所带钱物被搜刮一空，脱险后回到漠南。第二次出发，陈国璋由织箦旱地村一名群众带路，乔装成“地理先生”外出“睇风水”。行经电白水东、吴川梅菉，再转回电白沙琅，几经周折，他才联系上当地的党组织和南路部队，建立织箦至沙琅的交通线，负责粤中与南路之间的交通联络。

1945年夏，郭大同从阳春出发，率领六团陈超、陈良两个连第二次到织箦、儒洞活动。在新圩与国民党一五六师四六八团潘立强部遭遇，在陂底发生战斗。六团在夜间突围，摆脱顽军后朝阳春方向转移，部队行进到潭勒乡河正荫村准备横渡漠阳江时，突闻打锣声，枪声四起，遭乡兵伏击。本来敌人没有什么战斗力，只是虚张声势，但六团一个新兵排听到枪声惊慌失措，四散逃离，脱离队伍。

六团队伍回到大垌与司令部会合，姚立尹奉命转回春南联

① 郑锦波：《一个老兵的自述与思考》，花城出版社2001年版，第101页。

络、接收失散人员。几天后，失散人员集结起来，组成小分队在当地坚持斗争，并在战斗中发展了10多名队员，壮大了队伍。郭大同行军到织篢时，因脚生疮，由陈历护送回冲口一农民家里治疗，痊愈后，由南路派来的交通员接往南路工作。这期间，队伍由吴新带领。

四、独立团石龟山反顽战斗

1945年7月初，日军从海南到湛江，再沿广湛公路向广州方向撤退。广东人民抗日解放军粤中纵队司令部决定，以六团为主，抽调有战斗经验的人，组成广东人民抗日解放军独立团（简称“独立团”）。由于六团团长黎明、副团长李龙英、政委郑宏璋、政治处主任陈国璋已去南路，于是组织决定由赵荣接任政治处主任，陈碧负责交通情报工作，政工队人员扩大，梁文坚继任政工队队长。独立团成立后，从漠东山区出发前往漠南地区，拟在漠南地区建成敌后抗日根据地。在前进途中，部队沿路宣传广东人民抗日解放军的宗旨和政策，扩大政治影响，动员各界人士共同抗日，并以广东人民抗日解放军独立团的名义张贴布告，散发传单。

1945年7月上中旬，大批日军沿广湛公路向广州撤退，从电白进入阳江境内。日军过儒洞、蒲牌、织篢、程村等地时，烧杀抢掠，奸淫妇女，无恶不作。日军在儒洞圩、儒洞福安村、织篢圩等地强奸多名妇女，并致其死亡。

独立团奉司令部命令奔赴织篢，选择有利地形截击日军。当独立团到达儒洞时，日军已经过境向阳江方向逃离，独立团便留在儒洞，驻扎南垌村。

日军开进阳江城后，国民党阳江县政府、国民党军一五六师及地方团队，不战而逃离阳江城，任由日本侵略军屠杀阳江人民和抢掠财物。

在此期间，国民党阳江县三区联防队、乡兵等反动团队300多人，反而企图袭击驻扎在儒洞南垌村的独立团。阳江三区的区长范忠向各乡下达密令，企图于1945年8月15日在儒洞南垌村包围消灭独立团。

范忠企图袭击独立团的计划，事先为陈历之兄陈天奋（民主人士）获知，他急忙告知陈历，陈历立即将情报送到独立团。与此同时，独立团团部也接到地下人员陈朝贡截获范忠图谋袭击的情报。

独立团领导接到情报后，立即制定作战计划，并于8月14日夜在儒洞河垌村石龟山（今属南垌村）附近的由子村、羊坑村一带的树林埋伏。

8月14日夜，范忠带领国民党阳江县三区联防队、乡兵等反动团队300多人，一路拖拖拉拉，走了一夜没走到蒲牌。到蒲牌后下了场大雨，敌人又进蒲牌圩避雨。等雨停了，敌人这才继续上路。等赶到预定地点，天已大亮。独立团一直等到第二天8点还未见动静，团长黎明以为敌人没来，又没能同前方指挥的副团长李龙英、副政委赵荣联系上，他吹响了收队的哨子。哨子一响，埋伏的独立团战士纷纷站起来。正在这时，范忠带着300名喽啰，大摇大摆走进埋伏圈；范忠骑着大洋马，趾高气扬地夹在队伍中间。猛听见哨子响，又见山头站出许多人，敌兵惊慌失措，掉头就走。独立团立即向敌人开火。敌人慌不择路，范忠的马扬起前蹄，直立起来，把范忠甩下地。范忠爬起来后，马也不要了，没命地向河垌方向逃窜。他逃到一片田垌中间，遇上沼泽，不得不连滚带爬，弄得满身泥巴，狼狈之极。范忠一路逃到大路下村，向一农家妇女借衣服换。那妇女给了他一件女上衣，他穿在身上，逃回织篢。独立团战士紧跟敌人背后勇猛追击：有的追到蒲牌，有的追到新圩。这一仗，独立团把敌人打得落花流水、抱头鼠窜，击毙一敌班长和士兵数人，缴获范忠一匹洋马，在群众中影响甚大。

范忠逃回织箦，人还没进区府，就在区府门口土地庙前的神台边大言不惭地向围观的观众吹嘘："独立团被我们消灭了，游击队不堪一击。"围观的群众笑他："范区长，你怎么穿了女人衣服？"范忠一看，才知自己出尽洋相，忙把头一低，钻进区府躲了起来。围观的群众有知道真相的，把范忠部队惨败的经过讲了一遍，群众开心地大笑，说范忠真有种，竟能颠倒是非，把白的说成黑的！后来，范忠的那匹洋马被送去了粤中纵队司令部。

这是独立团成立后取得的反抗国民党顽固派的首次胜利。这次战斗的总结报告现存中央档案馆。

五、陂底八甲脱险，恩平朗底会师

石龟山反顽战斗胜利后，独立团驻在新圩陂底，又遭国民党一五六师一部600余人攻击。独立团抢占山头有利地形进行还击，从黄昏激战至黑夜，顽军进攻未得逞，只好连夜撤走。翌日，独立团转移至阳春仙家垌，在仙霞庙中住宿。次日一早，政治处派政工队队长梁文坚带队下山工作：第一，打听八甲方面敌情；第二，向群众开展宣传工作，为日后开辟八甲新区打基础；第三，炊事班随队下山采购食物，同时派一个武装班做护卫。至中午，独立团遭八甲保警中队袭击，独立团的战士边战边退，最后安全撤出。1945年8月间，广东人民抗日解放军各团先后回到恩平朗底整训，准备北上迎接从延安南下的王震、王首道部队，共同创建五岭根据地。独立团奉命由两阳转回朗底，与司令部会合。司令部将广东人民抗日解放军6个团合并为3个团，其中独立团和原一团合并成一团，并拨一部分队伍到高鹤第三团，原六团团长黄昌熺担任一团副政委兼政治处主任。部队整编后开始正规化的军事训练。9月，广东人民抗日解放军北上，至高明县境，接到中共广东区党委通知，王震、王首道部队已经离开五岭根据地北返。抗日解放军于是停止开往粤北，返回恩平朗底。

4

第四章

迎接阳江西区解放

1945年10月，恩平朗底突围战后，革命力量进行分散隐蔽。1947年，恢复武装斗争，建立武装基干队——彭湃队。1948年3月，彭湃队扩编为漠南独立大队。5月，中共漠南县工委成立，发动群众开展轰轰烈烈的反“三征”运动。1949年2月，中共漠南县工委改为中共阳江县委，漠南独立大队扩编为广东人民解放军广阳支队第八团（简称“广阳支队第八团”“八团”），阳江县人民民主政府在塘口马山梅花地村宣告成立，1949年夏，采取组织“西征”、转移漠东、坚持漠南原地斗争三大策略，彻底粉碎国民党反动派为打通南逃通道的“扫荡”；紧接着，发动太平起义；10月，配合南下解放军在白沙阻击国民党残余部队南逃，取得阳江围歼战、解放全阳江的伟大胜利。

第一节 争取和平民主，开展隐蔽自卫斗争

一、革命力量分散隐蔽，老区群众掩护支持

1945年10月，广东人民抗日解放军中区部队大部分队伍回到根据地——恩平县朗底进行整编整训。当时，驻扎在朗底的中区部队有800多人。1945年10月22日，国民党广东当局调集国民党正规军四六八团、广东保警第八大队及恩平、开平、新兴、阳春、阳江5县国民党反动团队共3 000余人，分6路包围驻扎在朗底的抗日解放军。当日清晨发生战斗，中区部队被困于观音尖山上。晚上，中区部队分路冲出包围圈，于10月23日早晨转移到新兴县等地。①

1945年10月23日至24日，为应付急变的形势，中共中区特委先后在新兴县的和盛洞、大竹楼村召开紧急会议，传达中共广东区党委分散隐蔽的指示精神：中区部队各团立即返回原来活动地区，以班、排为单位分散隐蔽，设法保护干部、保存武器，疏散非战斗人员，部分战士复员，回乡待命。会后，各县武装奉命立即转回各地疏散，进行隐蔽斗争。

阳江西区，远离国民党阳江地区统治中心，是抗日战争时期两阳武装斗争活动的主要基地。早在1945年五、六月间，

① 郑锦波：《一个老兵的自述与思考》，花城出版社2001年版，第106—109页。

广东人民抗日解放军司令部，派出原阳江地下党负责人、后任广东人民抗日解放军第六团政治处主任陈国璋和阳春地下党员罗杰返回阳江西区开展工作。同年七、八月间，广东人民抗日解放军独立团在撤离两阳、转移到恩平县朗底与司令部会师之前，又将一连指导员姚立尹留在阳江西区。陈国璋、姚立尹、罗杰等在冲口村、同由村和沙扒一带活动，秘密做群众的宣传工作和上层人士的统战工作，为部队日后的分散隐蔽创造较好的条件。

1945年11月下旬，原广东人民抗日解放军第六团团长黄昌煹率领陈牧汀、邝伟莹、李碧（李如碧）、冯超、唐炳霖、陈朝波、黄其邦、梁文坚等30多名干部和地下工作者，秘密进入织篢地区后，黄昌煹转回阳春。12月中旬，独立团副政委兼政治处主任赵荣根据刘田夫来信指示，带领从朗底战斗成功突围的二三十名干部，进入阳江西区与先期进来的隐蔽人员会合。在司徒卓、赵荣、陈国璋的全面布置安排下，一部分同志由姚立尹安排在冲口、同由一带隐蔽，另一部分同志及枪支弹药通过地下党员罗杰、邓其锋、陈厚祥、刘沃林、李世谋、申正锦等利用各种关系分散隐蔽在织篢、沙扒、上洋、儒洞等地。

台山县富商刘步棠与黎逸亮合伙在沙扒开设二友盐业公司，当地官僚和封建势力争相攀附，因而刘步棠在阳江有相当的社会地位。沙扒二友盐业公司会计刘沃林，是从台山转来的地下党员，他利用刘步棠的社会影响和关系，分两批安排人员在儒洞、沙扒、织篢、塘口、电白等地隐蔽，以多种职业为掩护，还帮助收藏了大批枪支武器。其中，排长唐炳霖进入北额乡（1953年5月改称沙扒镇）乡公所，当乡兵、副班长，后转到儒洞警察所任副警长；冯超到二友盐业公司当厨工，后转为船工；黄其邦任寿场小学教师；陈牧汀夫妇到北额小学任教，陈牧汀不久升任该小学校长。儒洞地下党员陈厚祥利用他在大村小学当校长的特殊身份，通过社会关系，安排梁文坚到电白河仔口村当家庭教师；把李碧夫妇安置在儒洞小学教书。党组织还将无法找到工作的同志分别做了安排，把其中一部分安排到冲口、同由、织篢等地的地下党员和群众家里，或隐蔽在山上。此期间，先后进入阳江地区隐蔽的外地干部、战士有40多人，如黎明、赵荣、李碧、陈牧汀、黄其邦、范林等，大部分隐蔽在阳江西区。还有没有暴露身份的本地干部、战士20多人回家待命或回乡隐蔽、复员，如陈朝波、张启、陈碧、陈德伟、谢圣湘等。

恩平朗底突围战后，国民党当局对中区各游击活动区展开更加疯狂的“扫荡”。分散在各地活动的人民武装小分队，处境日益艰难，国民党军每到一地，建立反动武装，采取烧光、杀光、抢光的“三光”政策，制造白色恐怖，强迫人民武装“自首”，镇压进步民众，日夜搜捕、追杀原广东人民抗日解放军的将士及进步群众。国民党军四六八团团长潘立强亲率其主力，宣布“十杀令”，纠合反动武装大肆“扫荡”游击区。隐蔽人员所在的织篢镇冲仔表和仁和村遭到蹂躏，当地中共党员陈碧、李世谋的家被洗劫一空。由于敌人的疯狂追杀、围捕，一些隐蔽的同志遭到杀害。一时间，白色恐怖笼罩着阳江西区。

1945年12月，为适应隐蔽斗争的需要，进一步加强对隐蔽斗争的领导，中共阳江县委下设阳江西区、阳东区、江城镇党组织。考虑到隐蔽人员大多数隐蔽在阳江西区，县委派委员赵荣任该区党组织负责人。阳江西区下设织篢冲口党支部和儒洞党支部，冲口党支部书记为姚立尹，儒洞党支部书记为李碧。武装部队的党员和地方的党员按山区和沿海两片分别编入冲口和儒洞支部。部队党组织和地方党组织实行统一领导，便于对隐蔽人员和地方党员加强管理和指挥，有利于分散隐蔽斗争。

1946年2月下旬，上级下令：漠南地区的陈国璋、梁文坚，阳江城区的黎明（原独立团团长，石龟山反顽战斗后任阳江地下党县委书记）等共六七人撤离阳江，前往香港等候北撤。

部队战士和地下工作者进入隐蔽以后，由于缺乏经费，隐蔽人员经济很困难，特别是找不到合适工作的同志，没有收入，生活十分艰难。尽管地方党员多方筹集，有的把自己省吃俭用而省下的一点钱献出来，但杯水车薪，远远解决不了问题。地方党员和隐蔽人员起初还可以吃上稀粥，不久连稀粥也没有保障，加上正值寒冬腊月，衣单被薄，他们陷入饥寒交迫的窘境。隐蔽在深山、崖洞的人员更是艰苦，风吹雨淋，缺衣少粮，日子一长，就靠采摘野菜、野果充饥度日，以树叶、野草御寒。一些人得了病，无医无药，受尽病痛的折磨，有个别同志不幸病逝。

为维持生活，坚持隐蔽下去，党组织动员和鼓励隐蔽人员自力更生，依靠群众的掩护，开荒种地，搞副业、做苦工。梁福生、陈励、曹河等10多名战士，在当地村民的帮助下，扮成老百姓，从上洋双鱼村和电白神前村挑盐到阳春龙门、河口贩卖。他们为避开国民党军警的搜查，晚上在上洋双鱼、电白神前买盐，连夜挑到织篢冲口，白天休息，半夜再前往阳春山区将盐卖掉，这样一趟走六七十里地。由于路途远，担子又重，不少同志肩头磨肿，脚掌起了血泡，有的劳累过度得了病。如瘦弱的曹河病至吐血，但没有一人叫苦叫累，强忍着坚持下去。一部分隐蔽人员上同由山烧炭，当地群众教他们烧炭技术，还主动帮助他们销售（由于隐蔽保密的原因，他们不能直接挑炭外出）。

在极其艰苦的岁月里，当地群众给予隐蔽人员大力支持。他们冒险掩护成批的革命同志，有的变卖家产，有的向地主借债，千方百计解决同志们的生活困难。

织篢太平乡冲仔表村共产党员李世谋的母亲李三婶，就曾经将排长冯锦等10多位同志隐蔽在家中。李三婶是饱受封建地主剥削压迫的贫苦农民，对国民党反动派怀有刻骨仇恨，对革命充满希望和信心，极力支持儿子参加共产党游击队。她本人虽然不是党员，但一直为共产党和部队做着有益的工作。早在1945年夏，广东人民抗日解放军第六团军事指挥郭大同脚生疮，不能随队行军，就留在她家隐蔽治疗。她冒着生命危险，请来医生，多次前往织篢圩，请医买药为郭大同治病。经过她一段时间的悉心护理、照料，郭大同脚疮很快好转。当时，国民党反动派严禁群众与共产党员、游击队接触，容留共产党员的群众被蔑为“窝匪”，一旦被发现就会遭抄家坐牢甚至连命也会丢掉。但李三婶不顾个人得失安危，对待隐蔽的同志就像亲人一样，尽心尽力安顿同志们的住宿吃饭。她家虽然很穷，靠租种地主几亩（1市亩≈666.67平方米）土地维持生活，经常是有上顿没下顿，在这种困难情况下，要解决这么多人的吃饭问题实在不容易，但凭着对革命事业的热忱和对同志们的挚爱，她始终没有吐露半个难字。家里的粮食吃完了，她就向邻居、邻村的熟人借；近邻没有了，又向远亲求助，经常挑着近50千克的担子走四五十里山路，累得气喘吁吁，但她总是乐呵呵的。同志们见了十分感动，更加坚定了革命信心。共产党员陈碧为解决隐蔽在他家里的同志的生活问题，把家里仅有的一头耕牛也卖了。还有同由村一带的群众也主动为山上烧炭的同志运炭到织篢、龙门等地卖，又帮助买回粮食和油、盐等生活用品，设法送到战士们手中。

中共儒洞支部在渡头村有良好的群众基础，与在渡头村西边的二友盐业公司有良好的统战关系。因此，中共阳江县委决定在二友盐业公司召开县委特别会议。1946年2月上旬，趁渡头村群众酬神演戏，县委5位领导成员在地下党员刘沃林和群众的掩护下，以老板刘步棠的友人应邀来看戏为名，集中到二友盐业公司召开县委特别会议。会议深入学习中共广东区党委《对广东长期斗争的工作指示》《当前的斗争形势与工作指示》以及中共中区特委会议精神，总结前段分散隐蔽斗争的工作情况，研究现阶段的斗争策略，布置利用封建派系内部矛盾和群众关系，进一步做好隐蔽人员的隐蔽工作，坚持隐蔽斗争。

阳江西区不少村庄为革命取得胜利做出了很多贡献。据姚立尹回忆，在大革命时期，他家乡同由村的父老乡亲大力支持共产党游击队的武装斗争，村民有的通过社会关系为中共武装筹钱、筹粮，掩护革命战士；有的为部队带路、秘密输送情报；有的把子女送去部队参加革命等等。同由村群众为两阳武装斗争的胜利，为两阳的解放，做出了无私的奉献。其中，同由塘湾村的姚若士，在大革命时期就参加革命，参加过农军和农民运动，后来在同由乡联防队当文书，暗中支持共产党游击队，做联防队的策反工作；塘湾村的姚尹雄，经常为部队输送情报及急需物资，后不幸被捕，被反动派以通共罪残忍杀害于同由圩。这一老区的群众还踊跃参加革命，同由村秧地岗村姚九、姚若崧加入了共产党游击队；姚立尹的母亲薛桂莲，不幸遭反动派关押迫害，她一直坚贞不屈，始终认定自己的儿子走的是正路，干的是“大事”，她不但没答应叫姚立尹回来“悔过”，反而动员她的小儿子姚学尹和女儿姚尹莲参加了革命。在塘湾村，有一座“竹松书室”（客家古堡式建筑），1943年到1948年间，姚立尹、姚郱尹、姚若士等革命志士常在此开展革命活动，村民们不但没有向敌人透露他们的动向，还给予大力支持和帮助。

抗日战争胜利后，人民武装和党组织由公开活动转入分散隐蔽。尽管面临的政治环境十分恶劣，生活异常艰苦，但由于群众的拥护支持和地下党组织的大力配合，在阳江西区的隐蔽人员大都得到妥善安置，革命力量得到较好的保护。

二、宣传和平民主主张，开展武装自卫斗争

国民党反动派为消灭革命力量，以达到他们独裁统治的目的，对隐蔽人员进行疯狂搜捕，对掩护隐蔽人员的群众、复员人员加紧迫害。1946年2月下旬，隐蔽在两阳中学当教师的高州县某报主编梁芝模（进步人士）、李嘉（电白县坡心镇高圳车村人，1940年4月加入中国共产党，高州女师地下党支部书记）夫妇被国民党特务逮捕。国民党反动派以遣送梁、李夫妇回原籍受审为名，把夫妇二人押解到织篢大坎岭旁边的烟墩岭杀害。

1946年3月，国民党县警和各地联防队四处出动，搜捕共产党人和隐蔽人员，形势日趋险恶。特别是外地的隐蔽人员，不会讲本地话，临时找的工作又不熟悉行规，常引起别人注意，很容易暴露身份。在这种情况下，一些隐蔽人员再次被迫转移。

为了制止广东内战，实现广东中共武装部队北撤，中共中央、广东区党委经过多次激烈斗争，在“双十协定”的基础上，于1946年3月18日与国民党达成广东省东江纵队北撤山东烟台的具体协定。协定规定不撤退的中共武装人员复员，政府保证复员人员的生命安全、财产不受侵犯、就业居住自由。

但国民党当局不顾北撤协议中保证华南游击队复员人员安全的诺言，继续搜捕、杀害中共党员和复员人员。面对敌人的残酷迫害，当地党组织被迫转变原来以隐蔽为主的斗争方式，拿出武器开展武装自卫斗争，反抗国民党反动当局的镇压，以求得生存的条件和保护群众的利益。1946年4月中旬后，根据当时的形势和上级党的指示，原广东人民抗日解放军第六团团长、阳春县委副书记黄昌熺派武装干部陈庚进入织篢地区，将安置在冲口、仁和、鸡笼笃（今鸡龙村）等村庄的30多名复员人员集中起来，

建立游击队和秘密党支部，陈庚任支部书记，姚立尹、冯超、冯锦、梁福生任支委委员。游击队拿起收藏的武器到织篢、蒲牌、同由等地开展宣传活动，揭露国民党的暴政和内战阴谋，宣传共产党和平民主的政治主张。

1946年5月中旬的一天，陈庚带领4名游击队员趁群众赶集的机会，进入蒲牌圩进行和平民主宣传。排长梁杰单枪匹马直入国民党蒲牌乡公所，说明来意，送上传单，对乡府职员当面开展宣传教育。敌乡长惊恐万分，诺诺连声，待以上宾之礼，还通知所有乡兵把枪收起来，以免产生误会。

开展和平民主宣传活动一段时间后，游击队为反击国民党反动派搜捕、杀害革命同志和迫害人民群众，利用时机，主动打击敌人。负责分管武装斗争的中共阳江县委委员赵荣布置游击队去新圩陂底，惩戒该村地主、国民党反动派爪牙郑卓泰。队伍到陂底后，陈庚率领乔装了的手枪组于傍晚前去侦察，发觉郑卓泰早有防备，他们见有生人进村，立即鸣锣报警。此外，其屋外有碉堡和簕竹防护，防守严密，于是武装队伍便放弃惩罚郑卓泰的计划，改打同由保长邓汝琪。

国民党同由乡保长邓汝琪极为反动，在国民党反动派“清乡扫荡”中最为卖力，多次带兵搜捕山区隐蔽人员，迫害隐蔽人员的家属，勒索群众，无恶不作，打掉他可以起到震慑国民党反动派的作用。但邓汝琪的房屋相当坚固，为顺利攻入，游击队决定实行智取，派人扮成塘口乡兵给邓汝琪送信，以诱其打开大门。当时，武装队伍中，只有姚立尹是本地人，但邓汝琪认识他，他不便担任送信任务。陈庚会几句阳江话，于是由他亲自出马，前去叫门，但因口音不正，最终还是被狡猾的邓汝琪识破，并开了枪，游击队被迫改为强攻。邓汝琪见势不妙，慌忙从后院越墙逃脱，武装人员破门而入，缴枪2支，开仓分粮5 000多千克救济贫苦农民。

1946年6月上旬，为贯彻中共中区临时特委关于北撤的指示，两阳部队干部在织篢牛岭村集中开会。赵荣传达上级指示精神，研究在主力部队北撤的形势下武装斗争的任务，并布置陈庚、姚立尹带领留下的少数骨干，遵照“隐蔽精干，积蓄力量，长期埋伏，等待时机”的方针，务必在极端恶劣的环境下求得生存。留下坚持斗争的人员不能公开用解放军的名义，必须以“灰色面目”出现；党的组织系统和武装系统分开领导，互不统属，在武装队伍里停止党组织活动，党员保留党籍；武装队伍的一切军事行动，不与地方党组织直接联系。

1946年6月下旬，国民党广州行营主任张发奎下令，限期全面“肃清”人民武装，残酷迫害隐蔽人员的家属和掩护群众。织篢太平乡隐蔽点多次遭到国民党阳江县警和织篢“防剿”区联防队的“扫荡”，地下党员陈碧在织篢仁和村的家遭到数次洗劫、捣毁，陈碧也险遭毒手。1946年8月，复员回家的原广东人民抗日解放军第六团二连副连长陈朝波，在蒲牌大塱村被织篢自卫队逮捕，后被杀害。

在此期间，广东省各地坚持斗争的地区都遭受国民党的打击和迫害，坚持斗争的困难很大，因此，党组织决定从将要北撤的人员中抽一些人留下来，坚持斗争。在香港等候北撤的陈国璋主动提出放弃北撤，要求回广东坚持斗争。经上级批准，陈国璋留下，并被派往新兴县当特派员。

从1945年底到1947年春，是两阳地区的隐蔽斗争时期。

在阳江西区隐蔽的中共阳江人民武装和地下组织，在一年多的分散隐蔽斗争中，由于得到当地群众的掩护支持和帮助，以较小的牺牲，粉碎了敌人企图在3个月内消灭革命力量的“清乡”计划，基本实现“隐蔽精干，保存干部，保存力量”的目的。同时，党组织还通过开展学运、工运、统战和情报等工作，扩大党在人民群众中的影响，密切与群众的关系，建立一批活动据点，为后来全面恢复武装斗争奠定基础。

第二节 恢复公开武装斗争，发展游击区

一、恢复公开武装斗争，建立和发展游击区

早在1946年11月，中共广东区党委根据《中共中央对南方各省工作的指示》，做出恢复公开武装斗争的决定。但由于党组织在国统区的活动被封锁，两阳党组织没能及时得到有关信息。1947年1月，中共中区特派员谢永宽参加中共广东区党委在香港湾仔召开的区委扩大会议，得到恢复公开武装斗争的指示。1947年3月，谢永宽在恩平县热水村召开会议，传达恢复公开武装斗争的指示。两阳武装负责人陈全、冯超、马平、曹广、陈庚、陈枫等参加会议。1947年5月，谢永宽在恩平县教子山村再次召开中区各地武装负责人会议，进一步传达中共中央、广东区党委关于加快发展游击战争的指示和决定。

1947年3月至1947年11月，这个阶段是两阳地区恢复公开武装斗争阶段，或称“小搞”阶段。

公开武装斗争恢复后，粤中区县级以上党组织仍实行特派员制，地方党组织系统和武装系统分开领导，互不统属。阳江党组织隶属中共中区（或称中共粤中）特派员谢永宽领导；司徒卓任中共阳江县特派员，直接领导阳江党组织。

阳江西区党组织得到恢复公开武装斗争和加快发展游击战争的指示后，受到极大的鼓舞，迅速重新集结，扩大人民武装，以

适应新的斗争形势的需要。

早在1946年冬，阳江县党组织就指派姚立尹率领陈发、陈励、陈碧、林厚（林效）、康永、陈来、廖德等7名隐蔽人员，前往塘口与阳春龙门交界处的上泷村（今上双村），组织游击队伍（后称“春南武工队”），建立上泷游击基地。游击队伍活动于塘口、程村、横山、织篢、新圩、旧仓、黄什和阳春南部各地，并在龙门通往塘口的灰沙场和小水河等地段设税站收税，在程村、黄什等地建立活动据点，在屋背冲（今塘口镇马山村委英南村）建立交通站，在塘口梅花地村建立交通联络点，向阳江西区发展。

上泷根据地有良好的群众基础，游击队受到当地群众的拥护：村民杨大轩的母亲秘密邀集邻亲好友与游击队员见面；开明人士姚士泮将自己屋背6亩多田地无偿送给游击队耕种，并借耕牛、谷种给游击队使用；上垌和下垌保长曾繁德、姚士彬为游击队的活动提供各种方便。

为把上泷建设成一个牢固的游击活动基地，姚立尹带领的游击队员一边种田、筹粮筹款、开辟财源，一边为群众惩治土匪、维护治安，在龙门至塘口横山土匪出没最多的路段保护行人安全，对商客征收少量的保护税。游击队连续用3个赶集日向群众宣传，讲明共产党游击队维护治安的好处，保证过往商旅人身、财物安全，追回被抢货物等。此外，专门召集土匪、劣绅开会，申明立场和态度，特别是警告惯匪陈家友、钟三怀、李金祥等人，不许他们在游击队活动的地方胡作非为，否则要受到惩处。群众对此非常拥护。织篢布商易清不仅自己主动按规定缴税，而且还积极发动织篢其他商人向游击队缴税。

陈家友、钟三怀、李金祥等人劣性不改，多次在洗脚塘、拱桥等处聚众行劫，群众反映十分强烈。为挽救、改造他们，游击队对他们再三进行教育，提出警告，但匪徒阳奉阴违，屡教不改。游击队为保护群众利益，挽回影响，决定进行一次大清匪行动。1947年4月中旬，游击队一个小组在上泷洞角村首先将惯匪陈家友、钟三怀捕获，以广东人民抗日解放军第六团的名义，在蔗塱祠堂和营仔街等地方张贴布告，历数陈家友、钟三怀等恶匪的滔天罪行，然后将他俩押赴塘口乡营仔村附近处决。几天后，游击队到蝴蝶坡抓捕匪首黎幸锡，将他押到河边枪决。接着，游击队冒雨赶到阳春白土村将恶匪李孔敦等二人处决。不久，游击队派队员到龙门乡公所将曾在鹤眼迳村抢劫的陈水旺抓获。国民党龙门乡乡长出面向游击队求情，担保他以后改过自新。游击队出于统战工作的需要，加上陈水旺认罪态度较好，又有乡长担保，因而将其释放，此后陈水旺再也不敢胡作非为。

从此，这一带治安良好，游击队威信大为提高。群众很受鼓舞，自发组织起来，开展除匪保家行动，为害多年的土匪销声匿迹。游击队将设在通往龙门圩一线上的灰沙场税站搬至龙门圩大炮坪盐市场，每逢圩日派人入圩收税。

上泷游击队打击土匪、维护治安，不仅为开展税收工作创造了良好的条件，增加了经济收入，而且为人民群众提供了一个安定的生活环境，保护了群众的利益，使群众清楚地看到游击队的力量，增强跟共产党走和对敌斗争的信心及勇气；大批村民积极行动起来，自发组织民兵巡逻放哨，配合游击队抗击国民党反动派。群众外出做工或探亲访友，都自觉地去了解敌人情况，发现重要敌情，及时返回汇报。有一次，游击队在阳春、阳江两县交界的旧屋田村陈生地塘屋住宿，因叛徒出卖，织篢“防剿”区的联防队半夜将地塘屋包围了。游击队得到群众报信，提前转移上山，让敌人扑了空。

游击队在建立和巩固游击基地的同时，向阳江西区发展。发展过程中，游击队争取横山地方头面人物刘行棣和横山圩西平乡副队长郑志均的支持，很快在横山、黄什等地建立据点，发展农民林贵宾等多人参加游击队，并在塘口马山村梅花地建立地下交通联络点。

在开辟新区、恢复老区中，游击队特别留意对当地有影响的上层人士和军政人员，积极争取他们的支持，或拜访、或约谈，或寄去书信晓以大义，宣传共产党的政策，开展政治思想教育，使他们当中许多人改变反动立场，或明或暗与游击队建立关系。因而恢复旧区、扩大新区的工作进展迅速，影响日益扩大。国民党地方当局调集程村、黄什、塘口、岗美等地反动团队围攻上泷。游击队从横山圩西平乡副队长郑志均处得到情报，立即分散转移。其中，姚立尹、陈发等人由刘行棣带到程村乡坡尾保公所居住。当时坡尾保公所联防队正急急忙忙地集合队伍，有人问他们去干什么，乡兵说是去上泷打姚立尹。敌人做梦也没有想到，他们要捉的人就在眼前。

在阳江西区，进步青年纷纷参加游击队（武工队），积极支持革命斗争。据织篢镇石埗村委会水沟村老战士关照回忆：1947年恢复公开武装斗争后，姚立尹、陈碧等在漠南地区开辟游击新区，发展革命武装，扩大武装力量。水沟村位于龙高山的山脚下，是上洋游击区经山塘至溪头金星游击区的必经之路，是游击队经常活动的地方，陈碧、李世谋在水沟村发动进步青年参加游击队，该村的关海、关顶芬、关则畅、关仍以及邻近珠洞村的吴罗，先后参加游击队，组成一个游击小组。陈碧、李世谋在水沟村建立交通联络站，打通溪头金星游击区与上洋游击区的交通线路；关则畅是该交通站的负责人，负责情报传送和接待游击队员，掩护过往同志。在敌人疯狂“围剿”革命武装的艰难时期，陈碧、李世谋和游击队员白天隐藏在龙高山上，晚上到水沟、珠洞等村活动，老区群众为他们做了许多工作。1947年姚立尹带领游击队在水沟村扎营了一个星期，全村群众积极筹集军粮，尤其是关弟、轩婶、关典等村民，在缺少粮食的情况下，把家里的谷种都拿给游击队，使游击队度过了艰难困苦的时期。有一次，李世谋、陈碧、姚若崧等在水沟村开展革命宣传活动时，被国民党反动派包围。因村民及时报告，游击队迅速转移到莲塘岭，后又转移到珠洞村，最终逃出了敌人的魔掌。

由于有群众的支持和地方头面人士的掩护，游击队不但在上泷建立了稳固的基地，而且在阳江西南地区恢复了活动区域，并在阳江西区开辟了横山乡、塘口乡和阳春县几个乡游击基地，活动区域不断扩大，为“大搞”武装斗争打下良好的基础。

二、建立彭湃队，破仓分粮反“三征”

1947年9月，中共粤中特派员谢永宽委任李信为中共两阳特派员，负责统一领导两阳党的武装斗争。10月，李信开会传达粤中区关于地方党组织与武装队伍实行统一领导以及积极“小搞”，准备“大搞”的指示。此后，姚立尹率游击队（武工队）向阳江西区继续发展，进一步开辟新区，发动群众，开展反“三征”、破仓分粮的“小搞”武装斗争。

（一）智取古良税站，建立彭湃队

1947年11月上旬，上泷游击队趁国民党古良税站站长外出之机，派陈励率4名游击队员前往袭击古良税站。由于有几名事前受过教育且已争取过来的税丁做内应，游击队不费一枪一弹，顺利拿下税站，收缴日式新型步枪12支、子弹1 200多发。

在胜利的鼓舞下，经过潭簕乡河邦村党支部负责人林方和党员林儒逊发动，河邦村22名青年农民参加上泷游击队，队伍迅速壮大。党组织以上泷游击队骨干为基础，又成立一支有30多人的武装基干队，命名为彭湃队，队长为陈发，姚立尹负责该队全面领导工作。

（二）袭击西平乡公所，破仓分粮反“三征”

彭湃队成立后即攻打河口乡公所，缴枪5支、子弹一批，分粮5 000多千克救济贫苦农民。

1947年12月4日，彭湃队配合两阳武工队，智取马水圩，缴获长短枪16支、子弹一批，分粮4万多千克。

1948年1月中旬的一天晚上，下着毛毛细雨，彭湃队整装出击。冯洪化装成阳江县自卫三中队队长，带着莫钦仔、陈邦等“县兵”数人从金堡先行出发，各战斗组随后，行程10多千米，于当天午夜时分到达西平乡公所。西平乡公所设在横山圩。横山圩位于阳江西区的程村、塘口之间，远离敌人大部队驻地。

西平乡公所门前没有哨兵，只用粗竹围成长方形的一块空地。化装人员越过闸门，来到正门，发现正门紧闭，其右侧有一个大房间，微弱的灯光从窗口射出。从窗口往里看，几铺床位空着，只有一人在睡觉。若破门而入，恐会惊动里面的人开枪，还是把他叫醒为好。于是化装人员朝房里大喊：“喂！兄弟，谁值班？快开门！”那乡兵被吵醒，问道：“你们是哪一部分的，有什么事？”冯洪喝令：“我是县自卫三中队队长，因年关已近，土匪横行，到此执行任务！快把门打开，让我们兄弟在此吃饭、避雨。”乡兵拿灯往外看，果然是“县兵”来了，忙说：“你们没来电话，又没事先通知，乡长也不在呀！”见他正在犹豫，冯洪马上递给他一封“公函”，上面写着：“兹派我县三中队到你所执行紧急任务，请配合。”乡兵看过“公函”，问为什么不盖公章。冯洪喝道：“盖不盖公章你管不着，你啰唆什么？如慢点开门，我枪毙你！”乡兵慌忙走出房间，把大门打开。陈邦一个顺手擒羊，把乡兵抓住并缴了他的枪。接着，各战斗组冲入乡公所，到各个房间捕捉其他乡兵。这次战斗俘乡兵队长以下20多人，缴长枪15支、短枪1支以及弹药一批。俘虏经教育后被释放。

慑于游击队和群众运动的威势，国民党的一些乡长、保长和管仓员，为给自己留条后路或掩盖其贪污行为，主动要求游击队前去开仓。此举为游击队打击敌人、开展破仓分粮运动大开方便之门。

游击队出其不意，频频袭击国民党乡、保公所，破仓分粮的同时，还对那些在推行国民党“三征”中鱼肉乡里、为虎作伥、不接受教育的反动税警人员，坚决给予惩处，以儆效尤，使国民党在不少地方征不到粮、收不到税、征不到兵。

在破仓分粮的群众运动中，广大农民没有忘记子弟兵的给养问题。农民担谷回家后，主动按“五五”或“四六”比例，保存部分粮食，待部队进驻需要时，自觉拿出来当军粮；由此逐渐形成一种“藏粮于民”的供给办法，使武装部队的生活给养和存粮都得到较好的解决。在开仓分粮运动的推动下，各地群众也自发地组织起来，以“一拖、二欠、三抗”的办法抵制国民党的征粮、征税，不少青年则抗拒国民党的征兵，主动投身革命，使国民党的“三征”处处碰壁。

随着破仓分粮运动的不断扩大，各地党组织进一步加强群众组织的领导，引导工运、妇运和学生运动，与敌人开展斗争。1947年七、八月间，织篢奋兴中学校董改选，因反动派内部矛盾，校长谢彦谈被逼走，学校随之停课。织篢党组织利用这次事件，发动学生向校董事会示威，掀起学潮，迫使校方做出让步，接受学生的部分合理要求。这次学潮的胜利，使党在学生中的工作有了进一步的发展，各班组织班社，经常开展时事座谈，帮助提高学生思想认识。不久，国民党三青团三区队长梁明棠在奋兴中学散播反动言论，拉拢学生参加三青团。学校党小组立即采取反击措施，组织各班开座谈会，揭露国民党的腐败黑暗，鼓舞学生拒绝参加三青团。原来一些三青团成员认清形势，也不再重新登记，或主动退出，敌人白费心机，参加者寥寥无几。

第三节 放手大搞武装斗争，挫败国民党两次大“清剿”

一、成立漠南独立大队，打击地方反动势力

上级党组织为适应武装斗争的需要，从1948年1月起，先后从香港给两阳地区派来几批经过培训学习的军政干部。其中，先后有赵荣、邝炎培、张启光、罗秋云等人到阳江西区工作。

1948年2月，中共中央香港分局发出放手“大搞”武装斗争的指示，提出“普遍发展，大胆进攻，以进攻消灭敌人进攻”的总方针，粉碎敌人的“清剿”计划，配合人民解放军的战略进攻。

1948年3月，中共漠南县（地域以今阳西县为主）工委成立，原中共两阳特派员李信兼任中共漠南县工委书记，赵荣、姚立尹为委员。同时，两阳武装队伍集中在恩平县清湾整编时，成立漠南独立大队，姚立尹任队长，赵荣任政委；彭湃队整编为漠南独立大队彭湃连，张启光任连长，陈发任副连长，邝炎培任指导员。

中共漠南县工委遵照上级关于普遍发展、大胆领导群众开展斗争的指示，赵荣率领漠南独立大队从恩平清湾转回阳江西区，积极发展人民武装，伺机袭击反动势力，开展破仓分粮斗争。

（一）攻打横山乡公所，破程村乡粮仓

1948年3月14日，漠南独立大队攻打横山乡公所，乡兵闻风

而逃，缴枪20多支、子弹一批；此后又袭击黄什乡公所。袭击黄什乡公所时，有垌心岗村、大窝村民20多人参加。

程村圩有2座国民党粮仓，粮仓主任贪污大量粮食，因害怕坐牢，主动同漠南独立大队搭线，默许游击队破仓分粮，从而推卸责任。3月25日夜到26日，在漠南独立大队赵荣、姚立尹的组织和领导下，游击队一部分围困程村乡公所，围而不打；另一部分带领附近群众破仓分粮，一夜之间运走粮食20多万千克。参加分粮的群众达数千人。穷苦农民分到粮食热泪盈眶，感激共产党和游击队的救命之恩。事后，国民党派兵追查，抓走数十名参加分粮的农民囚于阳江监狱；后来，这些群众由隐蔽在县府机关内的大埔旅江支部营救获释。

（二）袭击同由保公所

1948年4月6日，漠南独立大队袭击同由保公所，缴枪2支，接着逼敌保长带路，前往镇压大地主邓其芹。邓其芹彼时已逃往织箦，漠南独立大队遂开其谷仓，分粮2 500多千克。织箦联防队及阳江驻程村保警中队闻讯赶来围攻漠南独立大队，阳春县警第二中队也来增援。漠南独立大队抢占山头制高点，给进犯之敌迎头痛击，激战数小时，毙敌3人，伤敌数人，漠南独立大队无一伤亡，天黑双方各自撤退。

漠南独立大队指战员英勇顽强，击退3倍于己的敌人数次进攻，群众为胜利所鼓舞，踊跃报名参军，漠南独立大队很快发展到100余人。

（三）横山武工组遇险

漠南独立大队转移时，在塘口梅花地村，留下罗秋云、刘行棣等6名武工队员，以宣传发动群众，筹集部队粮饷。1948年4月8日午后，织箦“防剿”区程村自卫分队50多人到梅花地村“围剿”武工组。群众急报，刘行棣等5人紧急离开林水旺的家，只有罗秋云因“打发冷”（疟疾）不能走。屋主林水旺（时年15岁）急忙帮助罗秋云隐藏在一间破屋的棚顶上，并为罗秋云收藏好手枪，使罗秋云避过敌人的搜捕。敌人抓不到武工组人员，就威吓群众，抢劫群众的财物，捉走屋主林水旺、林杏恩2人，进行严刑逼供，并要罚款。林水旺被打得皮开肉绽，但他宁死不屈，决不松口。敌人无法从他口中掏出一点武装队伍的秘密，过了10多天只好把他们放了。林水旺被誉为“少年英雄”。

二、粉碎国民党第一次“清剿”

自从实行“小搞”特别是贯彻“大搞”方针以后，阳江西区的武装斗争频频报捷，当地国民党反动派人心惶惶，不断向上反映情况。广东省国民党当局对此大为震惊，派保安副司令周万邦带领保安队数百人到两阳，连同两阳县警5个中队，一齐进攻游击区的人民武装。

1948年2月下旬，阳江西区游击队计划袭击沙扒盐警，在儒洞龙牙坑村实地侦察过程中被路过的赌徒发现并向国民党反动当局告密。游击队在袭击沙扒盐警战斗中失利，主动撤出，归途中战士盘尚初（阳春人）迷路误入书村，被该村反动保长陈秀山捉住并解往阳江，后在狱中遇害。

游击队安置好伤员后，不等敌人到来，立即绕道转回金堡，并打了金堡乡公所一个回马枪。由于金堡部分乡兵曾受过游击队的教育，因而没做多大抵抗就被缴了械。

与此同时，按照漠南部队领导的布置，周文奏、韦汉威到肖背迳村发动10余名农民积极分子起义。他们之前曾没收该村公偿的枪支，加上地下党员廖绍琏购买的3支长枪，使得队员们人人有枪。见时机成熟，他们于1948年3月初举旗起义。当夜，由周文奏、韦汉威等人带领，起义队伍到横山乡磨刀水村进行整编。

这时，横山又有几名群众参加革命队伍。为转移目标，分散敌军兵力，策应漠南主力作战，起义队伍向双捷、白沙移动。此举十分有效，敌人以为漠南部队又要打击其后方，连忙回兵江城。就在敌人被搞得晕头转向之时，漠南武装部队主力趁机渡过漠阳江，转移到漠东山区与漠东独立大队会师，集中到恩平县边境的清湾进行休整。敌人妄图一举歼灭漠南部队的计划落空。

1948年4月，国民党广东省七区保安司令刘其宽带省保安团一个营到两阳接替周万邦，纠集省保安团一部及两阳县警大队、各区乡团队共1 000多人，大举进攻阳江西区游击区。4月中旬，刘其宽将阳江、阳春的县警大队分别布置在织篢和河口，对金（堡）横（山）游击区形成两面夹击之势；然后，派主力长驱直入，大举进攻。漠南独立大队在金堡与横山交界的马山阻击来敌，激战数小时，当夜主动撤出阵地，安全转移到漠东，与漠东独立大队会师。

刘其宽纠集各地反动武装对游击区实行惨无人道的“清乡”“扫荡”，制造白色恐怖。1948年4月20日，国民党织篢“防剿”区主任江玉麟带100多名敌兵包围太平乡冲仔表村，企图捕捉该村游击队队员李世谋。敌人扑了空，便把李世谋的母亲李三婶绑起来，拉到村头严刑拷打，逼她供出儿子的去向。李三婶被打得皮开肉绽，鲜血直流，她咬紧牙关，宁死不屈，大骂反动派无耻。敌人无计可施，要把李三婶带走，群众怒不可遏，一齐冲上去辩理。敌人慑于群众的威力，只得放人，灰溜溜地走了。

1948年4月底，正当国民党反动派镇压群众最残酷的时候，中共粤桂边部队主力一部从南路东征赴粤中，到达茂名边境。刘其宽惊恐万分，怕老巢被捣，连忙率兵回守。敌人在阳江西区实施的第一期“绥靖”计划以失败告终。

早在1948年4月初，根据中共中央香港分局的指示，南路东征支队1个整编团3个营8个连，约800人，在广南分委委员欧初的率领下，从遂溪县北区下洋村誓师出发，于1948年5月，分批陆续抵达粤中。东征支队到达恩平朗底与广南军分委会师以后，把东征部队以连为单位分散开去，与两阳、新恩的地方人民武装相结合，统一组建为一个支队，命名为“广东人民解放军广阳支队”（下称“广阳支队”）。东征部队各连队分散给广阳地区各县武装，其中第六连（即茂电信连）归漠南独立大队编制。东征连队进入阳江西区，使漠南部队由原来一个连100余人增加到两个连200余人，人数翻了一番。

此后，部队转向国民党统治力量较强的织篢地区活动，直接威胁着国民党地方反动政权。1948年6月9日晚，国民党阳江县保警第二大队副队长庞华带领两个中队300余人进驻横山乡公所，意欲会合附近的敌人“清剿”漠南游击队主力。漠南独立大队趁敌立脚未稳，先发制人，连夜对乡公所发动猛攻，激战约5个小时。此仗因敌人据险顽抗，独立大队未能攻破乡公所，但击毙敌班长以下数人；庞华的脚被炸伤，不敢在此停留，第二天一早仓皇逃回阳江城。

接着，游击队攻打旧仓，将20多名敌兵全部俘获。

自此，漠南部队在丘陵地带与敌人周旋，以灵活的游击战术，击退国民党阳江县常备自卫队第六中队的进攻，击毙、击伤敌人多人，游击队许仔、林润牺牲，李学年负伤。

三、发展人民武装，粉碎敌人二期“清剿”

为扩大人民武装，中共漠南县工委和漠南独立大队遵照上级的指示，从主力部队中抽调一批骨干，与游击队一起组成若干个武工组，一部分深入阳江县六区、七区（阳江西区）活动。

（一）儒洞南垌村武工组建立党支部

1948年早春，为发展六区、七区的革命力量，游击队来到儒洞南垌村，在儒洞明强小学校长陈厚祥（共产党员）的支持和帮助下，建立南垌村游击队据点，并发动陈洪恩、陈国梧、温执多人入伍，组成武工组，并在武工组中建立党支部。

1948年3月以后，漠南独立大队又先后派李世谋、姚若崧、杨兆东、伍星辉、黄飞、何宗玉等同志进入旧仓、古井、蒲牌、上洋开展活动。姚若崧武工组在开辟上洋新区时，教育凤田村大地主汪饶石，使他交出3支手枪、6支步枪。此外，他们还培养了一批积极分子，发展李观绪、吴瑾瑜、梁定国等一批青年农民参加游击队。

（二）建立梅花地村武装队伍

1948年春，姚立尹派罗秋云等人到塘口梅花地村建立武装队伍，参加武装队伍的人员增加到21人。同时，经过争取、发动，横山等地支持革命的群众积极分子、保长、绅士等10余人，共捐长短枪30多支。

（三）成立织篢区工委

1948年6月，中共漠南县工委为加强对织篢地区工作的领导，调来东征干部陈明、吴恭、程启文、黄飞等10多人，成立织篢区工委，任陈明为书记，陈碧为副书记，吴恭、程启民、李世谋为委员。织篢区工委领导成员带领武工组分头到各地活动，进一步开展游击新区的工作。陈明等3人活动于旧仓、织篢一带；陈碧等人活动于儒洞、沙扒一带；李世谋等人活动于蒲牌及织篢南部；姚若崧武工组继续活动于上洋。经两个多月的发展，织篢、新圩、蒲牌、儒洞、上洋等地的大部分农村建立了游击据点，有的地方还联结成片。

（四）成立溪头武工组

与此同时，分工负责各地武工组工作的独立大队政治处主任梁昌东带领陈清、邝阳等人进入程村“三山”（根竹山、蚝山、厚幕山村）一带。不久，原活动在塘口、横山地区的罗秋云武工组，在塘口梅花地村突破国民党黎恩部的包围后，也转往“三山”一带活动。罗秋云先后带领胡斌、郑道琼、梁振初、刘绍兰、杨兆东、钟芬、周仔等干部战士逐步向溪头扩展。他们吸收当地两名积极分子，成立溪头武工组。溪头武工组共9人，积极开展反“三征”斗争，向地主、富农征收军粮物资和收缴武器，不到2个月，便筹到粮食2.5万多千克，黄金十余两（旧秤），为解决漠南主力部队经费做出了贡献。溪头武工组还通过统战工作，动员原国民党溪头乡乡长冯兆创携带长短枪20多支和挑选80多人参加游击队。经中共漠南县工委和独立大队批准，成立溪头区队，梁振初担任区队长，刘绍兰为副区队长，罗秋云任指导员。

（五）建立磨刀水村地下交通站

中共漠南县工委和独立大队派武工组开辟新游击区的同时，又派出邝炎培率领数名武装人员组成武工组在横山、金堡一带活动。经广泛宣传，群众十分支持游击队。由于群众的支持、保护，游击队无须等天黑下山，白天也可在村中活动，甚至吃住在群众家里。数月后，武工组的足迹遍布莫屋田、石糊垌、黄茅岭、大滥仔、梅花地、苏村仔、三丫河、下店以及金堡、河口一带的肖背迳、文头迳、葫芦颈、大塘等30多个大小村庄。武工组在一些大的村庄秘密建立农会，先后吸收一批农民积极分子参加武工组和农会，在横山乡磨刀水村刘瑞的家建立地下交通站。武工组还进一步教育改造地方头面人物刘行棣，把他的人马拉出来，联合组成一支约40人的武装队伍，刘行棣为队长，邝炎培为指导员。革命力量的发展，使金堡、横山老游击区更加巩固。

（六）加强情报工作

这期间，各地党组织加强对内线情报工作的领导，先后派共产党员和积极分子打入国民党的地方机构内部，建立“白皮红心”政权。阳江西区党组织利用儒洞封建势力陈翥先与陈熙棠之间的矛盾，派儒洞明强小学校长陈厚祥打入儒洞乡任副乡长，再通过陈厚祥安排共产党员陈典贤、陈成科担任大村两个保的保长。另外，织篢党组织争取群众的支持，使陈日曙、陈德藩和陈朝滔、陈德甫，分别当选为国民党太平乡第七保、八保的正、副保长。打入敌人内部的同志，利用工作之便，截获情报，购买、运送枪支弹药和医疗物品，有力地支持武装斗争。

儒洞乡边海村有一股势力较大的土匪，匪首陈观星，为匪10多年，其手下匪徒有四五十人，被国民党儒洞“防剿”区利用（发给枪支弹药），在织篢至儒洞之间大片村庄打家劫舍。为此，漠南党组织和武装部队决定争取改造他们。武工组通过陈洪恩的关系，在儒洞党组织和电白“国际队”的帮助下，对陈观星的队伍进行宣传教育。经过一段时间的细致工作，他们的思想立场有了改变，愿跟共产党走，听从游击队指挥，从而使阻力变为助力，把原来土匪占据的地盘变成武工组的活动区。

书村大地主、保长陈秀山，反动气焰十分嚣张，曾经向反动当局密报游击队攻打沙扒时掉队的战士盘尚初的行踪，以至盘尚初被杀害。由于陈秀山的阻挠和破坏，书村、渡头和沙扒一带迟迟无法开展工作，武工组多次遭到袭击，游击队员的生命安全受到威胁。为此，1948年 4 月上旬的一天早晨，独立大队在猛烈的火力掩护下，迅速攻占书村外的碉堡，村中乡兵纷纷投降，陈秀山乘乱逃跑。游击队打下书村后，对邻近一带的国民党保甲政权震动很大，寿场保长陈昌绍再也不敢妨碍武工组的活动，不敢向国民党告密，遇国民党军队来清乡，反向游击队密报。从此，武工组在书村、寿场一带得到群众的大力支持。

宋子文在广东的第一期“清剿”失败后，急忙抛出“肃清平原，围困山地”的第二期“清剿”计划，整编补充3个旅，配合其原来的15个保安团，向广东各地的游击活动区，实施更疯狂的“清剿”。

阳江西区是粤中敌人进攻的重点地区之一。继周万邦、刘其宽之后，1948年7月初，国民党广东省七区保安副司令倪鼎桓率省保安队3个营进驻两阳，同时纠集两阳县警4个大队及各地常备自卫队等2 500多人，分三路向漠南、漠东和恩阳边界的游击区发动进攻。其中一路由省保警一部配合阳江县警中队“扫荡”漠南游击区。敌人的第二次“清剿”，来势汹汹，所到之处，“见山封锁，见村包围，逢林打枪”，对游击区内的乡村逐家逐户进行搜查，甚至对有的乡村先后进行10多次搜索，妄图使阳江西区武装人员无藏身之地；同时，对游击区内的人民群众进行血腥镇压，许多无辜群众惨遭杀害，阳江西区人民武装和群众面临反“清剿”斗争的严峻考验。

（七）石仔岗村第一次突围战斗

漠南独立大队自攻打新圩旧仓联防队后就在旧仓石仔岗村一带活动。1948年9月6日，在抓捕新圩旧仓大地主、乡长陈宗纪时，其保镖走脱告密，部队行踪暴露，敌人从四面进攻。驻扎在望夫的电白国民党联防队黄徽部，首先前来进犯。漠南部队为避敌锋芒即朝东水山边转移，转移途中遭到国民党阳江县警敖华林中队和阳江县常备自卫队第六中队江玉麟部200多人拦截。漠南独立大队奋起还击，战斗至天黑，从容转移。这次战斗，漠南独立大队与敌人突然相遇，开始受到极大的威胁，由于领导指挥得当，变被动为主动，使部队化险为夷，避免人员伤亡。

部队离开石仔岗白石岭后转到新圩陂底，四周仍有敌情，为摆脱敌人的包围，漠南独立大队连夜冒雨攀登鹅凰嶂，天亮到达东水里坪村；第二天早上，转到织箦太平乡鸡笼笃村隐蔽。当地群众基础好，漠南独立大队处处受到保护，群众自觉为部队保密、放哨。不久，漠南独立大队日夜兼程，转入漠东山区，与吴孑仁政委率领的广东人民解放军广阳支队第六团会合。

1948年9月中旬，李信召集漠南、漠东两县工委和部队领导开会，分析所处的斗争形势，研究反“扫荡”、反“清剿”计划，做出3项决定：

1．成立两县人民武装临时指挥部，由赵荣任指挥，姚立尹任副指挥，两县工委书记李信为政治负责人，吴孑仁为副政治负责人，统率六团、漠南独立大队4个主力连，1个政工队，1个区队和1个经济工作队共400余人，以便集中力量破敌。

2．挺进平原，袭扰敌城郊或中小城镇，粉碎敌人围困阴谋，并就地解决部队给养。

3．加强思想政治工作，克服悲观消极情绪，增强必胜信心，动员全体军民把反“清剿”斗争进行到底。

会后，两阳人民武装挺进阳东珠环山区，开向春北；路经合水乡，在一座山上与强敌激战一天，晚上转往恩平清湾。不久，队伍又挥师向南，不料在阳东田畔受地方反动武装的顽固阻击而无法通过，部队再转回珠环。10月9日，部队从阳春上洒村转移到漠阳江北岸的东山、马浪塱。当晚8时多，指挥部一面派人找船，一面让队员准备过江。倪鼎桓接到情报，带领省保警两个连和阳江、阳春县保警两个中队及联防队400多人伏击两阳部队。经过激烈的战斗，两阳部队边打边撤，大部分人员跟着指挥部撤出，只有一个排因留下掩护队伍转移而短暂失去联系，数日后才回到部队。此役击毙敌兵8人，伤敌10多人，俘敌1人，走在前头的国民党阳春县警第五中队遭到沉重打击。

由于部队前段与敌人周旋了两个多月，日夜行军打仗，战士得不到休息，十分疲劳，有的边走边打瞌睡；有的因营养不良，得了夜盲症，靠别人牵着在崎岖的山路行走；有不少战士跌伤。部队必须休息一段时间，补充弹药，才能恢复战斗力。为此，指挥部将两阳人民武装撤离两阳，转移到广阳支队司令部活动的新、恩、阳边区山地休整。

（八）金横武工组刘谷、廖北松壮烈牺牲

敌人集中兵力围攻两阳部队主力的同时，对游击区进行疯狂的“扫荡”，到处烧、杀、抢，无恶不作。1948年8月20日，国民党阳江县双捷巡官张云光带领自卫队包围程村石湖洞，金横区武工组筹粮人员刘谷、廖北松拔枪还击，因寡不敌众被俘。敌人将二人押到程村晒谷坡，在烈日下曝晒示众两天，9月11日，刘谷、廖北松英勇就义。

（九）冲口石榴田事件

石榴田村是革命的堡垒村，漠南独立大队医疗组的8名东征部队伤病员隐蔽在该村陈德宇等村民家中。1948年9月，石榴田村遭织篢联防队突袭。因伤病员行动迟缓，病员组长马光为掩护病员，撤退时腿部负伤被捕。保垒户陈德宇为收拾文件和行李，转移不及时，也一起被捕。敌人用尽酷刑迫供，马光、陈德宇两人宁死不屈。后来敌人选择织篢圩日，押着陈德宇，用浸谷种的竹箩抬着马光“游街示众”，进行残酷折磨。马光沿路高唱《国际歌》，高呼：“打倒国民党反动派！”“共产党万岁！”沿路群众看到后无不感动落泪。当天，马光、陈德宇被敌人杀害于织篢牛坡。马光就义时年仅21岁。陈德宇牺牲后，他母亲将游击队藏在她家的手枪等，藏在竹篮内，秘密送到冲口地下组织，有关要求的话语她一句也没提。

1948年9月17日清晨，倪鼎桓亲率省保安部队一部，伙同阳江县常备自卫队大队长叶泽芳部以及上洋、溪头、港水等乡的自卫队共400多人从溪头、上洋两面围攻溪头区队。这时，来溪头区检查指导工作的中共漠南县工委委员、漠南独立大队副政委兼政治处主任梁昌东，正召集溪头区队领导成员在龙高山脚的大山田村开会，突然接到敌人围攻龙高山的情报，当即决定游击队避开强敌，向横山、金堡老区转移。

任务刚布置完毕，驻扎在龙高山东面山脚下的溪头区队就与敌人接上火。区队大多由当地人组成，且新兵多，没有打仗的经验，在敌人的攻击下，纷纷寻路疏散。梁振初、刘绍兰、陈清、杨兆东等人边打边往海边撤，乘渔船从海上转移到电白县放鸡岛。梁昌东从西面下山后，来到河垌庙，乘庙祝不注意，将短枪藏到神像后面，空手往织篢找地下交通站。梁昌东发现敌人在织篢严密搜查，处境危险，便绕过太平乡公所，到冲口仁和村，由群众带到大垌交通站。几天后，梁昌东派人假装酬神，到河垌庙取回枪支。区队指导员罗秋云和2名队员来不及撤退，隐藏在龙高山的密林中。敌兵怕死，遇到山高林密的地方，只是放枪喊话，不敢入林搜索。敌人不见有动静，就在山下将龙高山围住。罗秋云等3人被困在龙高山上七个昼夜，只能摘些酸梅子充饥，饿致全身水肿，幸得陈清、杨兆东等人扮成渔民，从放鸡岛回来救援才脱险。

敌人在进攻溪头区队的过程中，对龙高山两侧的上洋、溪头的群众进行报复性洗劫，杀害民兵及群众10多人，逮捕100多人。山塘一个村的房屋大多数被烧毁，财物被抢劫一空，被抓的群众每人被勒索一笔钱财后才释放。

武工组自进入溪头地区，短短几个月就筹得大批款项和粮食，并建立一支80余人的区队，做出了一定的成绩。但由于忽视群众工作，群众未得到充分的组织、发动；而且统战工作未做好，没有争取到开明的在职乡、保人员的支持。特别是武工组没有区别对待，一律强行收缴地主的武器，迫使这些人纷纷组织反动武装，联络国民党军队进行“围剿”。区队被打散之后，直到阳江解放，溪头地区的工作也未能得到较好的恢复。

敌人软硬兼施，威逼利诱中共部队“自首”。金横区武装队伍在程村三叉河遭敌人袭击，队长刘行棣经不起考验，在敌人的威迫下带少数不坚定分子向敌人“自新”，后部分队员逃散，指导员邝炎培将剩下的几名战士编成武工组就地坚持斗争。不久，陈观星也带着离队回乡的一些部属向国民党阳江县常备自卫队第七中队队长陈宏志“自首”。

龙高山、石榴田事件后，各地反动分子自以为得势，蠢蠢欲动，有些还与国民党当局勾结，招兵买马，组织乡、村自卫队，四处搜捕武工组人员、交通员、税收工作人员。为打击敌人的嚣张气焰，漠南各地武工组积极开展锄奸、打坏蛋活动。1948年9月中旬，国民党儒洞联防队密探陈文被杨兆东武工组抓获处决。当晚，倪鼎桓出动百余人将武工组驻地上洋坟面村包围，不见武工组踪影，便抓走群众48人，押至织篢监禁6天，勒索后放回。同月下旬，织篢区工委派锄奸组警告太平乡乡长陈天桥，罚稻谷1 500多千克、耕牛1头。各地通过锄奸行动，打击了地方反动派的嚣张气焰，初步稳定局势。

半年来，两阳、新恩等县由于连续遭受敌人的重点“清剿”，在山区外围的平原地带和交通要道附近，敌人重新建立一批“钉子”据点，使各游击区之间出现相互隔离的“空格”地带，严重妨碍游击根据地的建立。为此，1948年10月中旬，广东人民解放军广阳支队遵照上级“应加紧填空格，打下山地基础”“对于两阳、恩平一带山地，应特别重视”“以大部主力完成自己山地战略据点建立”的指示，重新整编队伍，把六团的廉江连、遂溪连及漠南独立大队的六连（茂电信连）抽回支队部组建主力营，走出山区，挺进平原，结合反“清剿”，开展以拔“钉子”、填“空格”为主要目标的外线作战。

中共广阳地委鉴于倪鼎桓在漠南地区“扫荡”的兵力强大，不宜大部队活动，因此，将漠南独立大队大部分队伍留在支队司令部，只选拔30余名精干的武装人员组成一个加强排，配备3挺机枪，开回阳江西区坚持斗争。1948年11月上旬，漠南独立大队加强排由赵荣、姚立尹率领突击渡过漠阳江，来到金堡肖背迳附近的大山脚。此时，梁昌东集中漠南武工队40余人在此开会，遭到省保警200多人的袭击。赵荣、姚立尹闻讯，立即率队占领有利地形阻击敌人，掩护武工队撤退。敌人见中共部队人少，发动多次猛烈冲击，指战员们顽强应战，毙伤敌数人，激战整日，至晚上突围，机枪手廖正来不幸被流弹击中牺牲。

鉴于漠南人民武装孤军作战突出，面对的又是强敌，广阳支队司令部为加强阳江西区的军事领导，从支队调冯超到阳江西区任漠南独立大队大队长，赵荣仍任政委，姚立尹改任副政委。当时，敌人的“扫荡”仍然很频繁，为避免暴露目标，不与敌人打消耗战，部队日间隐蔽，夜晚行军，远离村庄驻扎。但时间长了，后勤给养跟不上，部队伙食很差，战士长期吃不上肉类，餐餐吃青菜、萝卜干，加上夜晚要转移行军数里甚至几十里，导致他们的体质越来越差，一部分同志不同程度地患了夜盲、疟疾、脓疱疮、痢疾、水肿、生虱等一种或数种疾病。部队缺医少药，战士病情日渐加重。得病的战士行走十分困难，影响部队转移，部队处境十分被动。为改变这种被动局面，中共漠南县工委决定找个安全的地方隐蔽休整。隐蔽休整的地方既不易被敌人发现，又要便于找到给养；经研究，选择织篢黄竹塘山。该山位于织赁、上洋、蒲牌、儒洞交界，从以上几个圩镇进入黄竹塘，都要翻好几座大山，走几十里路。这个地方山高林密，峰峦连绵起伏，野兽多有出没，人迹罕至，便于部队隐蔽。然而，此时正值寒冬季节，黄竹塘山上更是格外寒冷，特别是在夜晚，山上大雾弥漫，寒风刺骨，本来穿着单薄的同志们更加艰苦，冷得无法入睡。为克服困难，战士们砍树搭棚，割草做被，烧炭取暖；采摘苦离蕴、三叉苦叶等草药治病。在这期间，以姚若崧为首的上洋武工组积极向商家筹粮筹款，购办猪肉、咸鱼等食物以及日用品、药物、衣服、子弹等，发动上塘的农民积极分子装作上山挖药、砍柴，设法运送到黄竹塘。战士们的身体渐渐好转后，自己动手上山打野兽，下溪涧捉鱼虾，改善生活。经过半个多月的疗养，绝大多数人员治好了病，身体恢复健康，子弹也得到补充。战士们生龙活虎，斗志昂扬。1948年12月中旬，除个别未病愈的战士留下继续治疗外，队伍下山开展战斗。黄竹塘后来便成为路南区的后方根据地。

部队重新公开活动后，敌人当即又派兵进行围攻。1948年12月下旬，国民党阳春县自卫大队大队长陈兆云勾结双捷联防队队长张云光，企图对游击队驻地肖背迳进行合围。游击队获悉情报，在程村莫屋田设伏，击退敌人，缴枪数支。数日后，漠南独立大队在织赁大岗坑村与国民党阳江六区联防主任江玉麟部120多人相遇发生激战，毙敌2人，伤敌4人。游击队队员司徒四子在战斗中误入敌阵被俘，后从织赁越狱逃脱。不久，国民党阳江县驻织赁联防队队长蔡尚宜率100多人向独立大队驻地织赁樟木坑村进犯，被独立大队击伤1人，联防队害怕逃走。1949年1月，漠南独立大队在织赁土瓜村与国民党阳江县常备自卫队第七中队陈宏志部50多人相遇，追击敌人10余里。

倪鼎桓在漠南独立大队转入织赁黄竹塘隐蔽期间离开两阳。

在长达半年的第二期反“清剿”斗争中，阳江西区人民武装部队和革命群众经受住了严峻考验，而倪鼎桓疲于奔命，只得称病溜走，敌人在阳江西区“第二期绥靖计划”仍以失败告终。至此，阳江西区人民的反“清剿”斗争，已由被动变为主动，革命形势越来越好；几次战斗之后，主力部队从加强排30余人很快又发展到100多人。

第四节 党政军的建设和发展

1949年元旦，新华社发表了毛泽东《将革命进行到底》的新年献词，预示着全国胜利即将到来。为适应新形势斗争的需要，根据上级的指示，阳江西区各级党组织加强自身建设，县区人民政权相继建立，并大力开展整军整训，加强部队建设和游击根据地建设，为迎接南下解放军解放家乡做好充分准备。

一、成立各级人民民主政府和广阳支队第八团

1949年初，党组织把原在漠南工作过，后来先后任新兴县特派员、阳东特区委书记的陈国璋，调回漠南工作。

根据中共广阳地委的决定，1949年2月上旬，撤销中共漠南县工委和阳江中心区委，重组中共阳江县委，赵荣为书记，姚立尹、陈国璋、梁昌东（梁昌东5月被调走，8月增补陈亮明）为委员。中共阳江西区归中共阳江县委统一领导。1949年2月下旬，在塘口梅花地村成立阳江县人民民主政府，姚立尹任县长，陈国璋任副县长。漠南独立大队扩编为广东人民解放军广阳支队第八团，赵荣任团长兼政委，冯超任参谋长，梁昌东任政治处主任。同时，成立八团党委，书记为赵荣，委员为姚立尹、梁昌东、冯超。八团辖两个主力连240余人，第一连连长为唐炳霖，指导员为林方；第二连连长为陈发，指导员为郑杰。

为适应新的形势，更好地领导人民开展斗争，中共阳江县委

撤销织篢区工委，将阳江西区划分为4个区，分别为金横区、路北区、路南区、罗琴区，各区成立区工委。

金横区工委于1949年2月下旬成立，下辖1个区队、4个武工队、1个税站和1个主要交通站；管辖范围含阳江西区的篢北、程村（北部）横山、塘口和阳春金堡等地。区工委书记为邝炎培，副书记兼组织委员为黎新培，武装委员为胡斌，经济委员为林儒逊；区队队长为胡斌，指导员为黎新培（兼）；第一武工队队长为邝阳，副队长为韦汉威，第二武工队队长为邹洪柱，第三武工队队长为黎运端，第四武工队队长为林儒逊；小水河税站站长为陈励；屋背冲（今塘口镇马山村委英南村）交通站站长为刘开松。各武工队活动范围包括现阳西境内的横山、程村、塘口、篢北、黄什等地。

路北区、路南区工委于1949年3月成立，区域大致以广湛公路为界。路北区工委书记为陈明，委员为吴恭、程启民、陈德伟；下辖1个区队、4个武工队、1个税站、1个主要交通站。区队队长为陈德伟，指导员为程启文；第一武工队队长为廖其瑜，第二武工队队长为陈朝滔，第三武工队队长为翁大英，第四武工队队长为陈德创，各武工队分别活动于太平、新圩、旧仓、蒲牌、塘口等地；织望税站（织篢至望夫的路上）站长为陈德河，大垌交通站站长为陈德河（兼）。路南区工委书记为梁文坚（女），副书记为陈碧，委员为李世谋、杨兆东，后增加曹河；下辖1个区队、4个武工队、1个主要交通站。区队队长为陈碧（兼）；第一武工队队长为李世谋（兼），第二武工队队长为杨兆东（兼），第三武工队队长为姚若崧，第四武工队队长为黄飞，各武工队分别活动于现阳西县的儒洞、北额（沙扒）、上洋、溪头、滑桥、港水、新圩、蒲牌、篢南等地；大路交通站站长为吴瑾瑜（后为梁定国）。区队90多人，4个武工队约80多人。

罗琴区工委于1949年五、六月间建立，罗秋云任书记，陈清为副书记，钟勋、敖卓魁为区工委委员。管辖范围含程村等地。

金横区、路北区、路南区工委成立后，于1949年四、五月间成立区人民政府。金横区的区长为邝炎培，副区长为黎新培；路北区的区长为陈德伟；路南区的区长为陈碧。

至此，阳江西区党组织和人民政权建设全面发展，漠南地区主力部队以及区队、武工队战斗力迅速增加，共有作战力量总人数约600人，活动范围连成一片，相当于今阳西县境域范围。

二、交通情报工作的开展

早在1944年冬，陈国璋、陈历等人在织篢由子坳村邓其锋家和冲口八元堂就建立了地下交通站，是抗日战争时期党组织在阳江西区最早建立的地下交通站。解放战争时期，党组织在阳江西区设立的交通站，有织篢交通站、冲口仁和村交通站、冲口八元堂交通站、沙扒二友盐场交通站、上洋大路村交通站（大路村今迁至上洋新村）、塘口屋背冲交通站、塘口大垌交通站等。到1949年春，交通站（点）发展到40余个，遍布阳江西区，交通联络员由原来的数人发展到60余人。

设在织篢由子坳村邓其锋家的交通站是阳江西区一个重要的中心站，负责人为邓其锋（1948年6月后由织篢党支部江玉岳负责）。该站长期是共产党和部队领导同志的重要隐蔽点和过往的接待站。织篢交通站在桥头街永福店设立备用站，又先后在南闸街“宝元栈”、上行街“满记店”“益利店”、中和街“永祥栈”等处建立交通点。

1946年9月，中共粤中区委调余经伟到阳江负责阳江西区的组织隐蔽工作，他在沙扒建立地下交通站，以便于联系香港地下党。沙扒交通站负责人为刘沃林，交通员为李康。1948年5月，中共广南分委在沙扒二友盐场成立中共沙扒特别支部（简称“沙扒特支”），粤中县级领导干部余经伟任支部书记，委员有刘沃林、李碧。沙扒特支隶属中共广南分委，负责广南分委同中共中央香港分局的情报交通工作，同时为阳江西区部队购运军用物资。余经伟以在沙扒开设“海昌”号鱼货店作掩护，刘沃林以经理身份，负责做当地上层人物的统战工作，同时联系中央广南分委在江门堤中路开设的“进记行”盐业商店交通站。李碧以护运员身份随船往返香港、江门、三埠、沙扒之间。购买的军用物资运抵沙扒后，由交通员李康以“收买佬”的身份作掩护，运往阳江西区游击区。有一次，部队缴获的日本机枪的子弹已用完，刘沃林奉命在江门利用社会关系购了800发这种子弹，由李碧押运到沙扒，再由交通员李康分两批送达部队。据统计，沙扒特支为阳江西区部队和武工队购买的军用物资有：各种子弹3 000余发，手榴弹50多枚，日本军用望远镜一个，医药用品及冬衣一大批。此外，还负责护送多批从香港回粤中的领导干部。1949年3月，沙扒特支被撤销。特支成员奉命到滨海总队参加武装斗争。

1947年春，建立塘口马山屋背冲村交通站。抗日战争胜利后，国民党实行白色恐怖，大肆捕杀抗日时期留下的游击队员。当时，姚立尹带少部分武装人员隐蔽在与阳西交界的阳春上、下双（泷）山区，坚持艰苦的斗争。屋背冲农民刘开崧是姚立尹的亲戚，对革命深表理解和同情，主动写信给姚立尹，表示支持之意。1947年春恢复武装斗争之后，春南武工队以上泷为基地，到塘口梅花地、横山一带开辟游击区时，就是以屋背冲村刘开崧的家为据点，并在此建立交通站，指派刘开崧为负责人。该站负责为部队联系老虎坳、大塘、轮水、阳春城、大垌、织篢、阳江城等地区，成为阳江西区游击区内交通网络的枢纽。屋背冲处于金横老区的山区，因此，阳江西区部队和地方武工队（组）常路过这里。每当有武装人员到来，刘开崧全家动手，为战士们烧水煮饭，缝补衣服，提供各种物品，成为游击队的接待站、供应站、服务站，在解放战争时期，屋背冲村交通站为阳江西区的武装斗争做出较大贡献。

1948年3月，国民党织篢邮政局因经济亏损维持不下去，改为民办的邮政代办所。织篢交通站几经努力，秘密取得经营权，由交通员叶茂椿出面做代办人，将邮政代办所设在南闸街宝元栈。从此，大大方便了阳江西区党的组织和部队与香港党组织、中共粤中分委、中共广阳地委的联系。香港党组织以“叶伯”代号寄来信件，内容表面上是谈生意，信背是密码，交通站译出后，直接或转由其他交通站送给党组织和部队。香港还通过邮政代办所寄来《华商报》《大公报》等进步书报刊和医药用品。此外，南路、粤中纵队、广阳支队、八团都经常有信件通过邮政代办所传送。1949年春，由于地下党经常通过邮政代办所将传单和警告信寄给织篢地区国民党机关及军政头子，引起国民党当局的怀疑。但查无证据，反动派只得撤销叶茂椿的代办权，将邮政代办所转给织篢“兆和店”柯卓权接办。交通站陈仁杰通过对代办所邮递员柯卓权进行教育，争取他的支持，使当地与外面的联系中断2个多月后，于1949年4月初得到恢复。

各交通站（点）和经过的交通线，绝大部分设在敌人眼皮底下，沿途关卡林立，因此，交通员都要具有革命胆量和机智勇敢。织篢交通站负责人邓其锋的妻子张艳珍，除承担接待过往干部和前来联络的其他站交通员之外，还经常为领导同志送信。她常把信纸搓成小纸条，夹在竹帽缝中，再扮成探亲或赶集的农妇，来往于冲口、旱田、太平等地方，多次出色地完成任务，受到领导的好评。屋背冲交通站负责四面八方的联系，情报传递任务艰巨，交通站站长刘开崧小心处理来往信件，有条不紊地分发到各个交通站，发挥总站的职能作用。该站日常处理的信件很多，交通员少，大多数信件都是刘开崧亲自传送的。刘开崧不顾年纪老迈，不管天气多么恶劣，从未误过送信的任务。特别是写有“+”号的要件、急件和写有“红河”（赵荣的代号）“肖兆”（赵荣、姚立尹的简称）等寄给领导人的信件，他更是不顾一切，按时亲手送达。由于屋背冲交通站重要，游击队员都注意该站的安全，尽量少到那里走动，以免暴露目标。但敌人的嗅觉十分灵敏，时间长了，也对该交通站注意起来。1948年夏，织篢“防剿”区派联防队包围了屋背冲，刘开崧来不及转移，连同群众10多人一起被捕，并被押到阳江城。审讯时，刘开崧自报是刘六安，是个普通农民。敌人见他一大把年纪，土里土气的，其他被捕的群众又众口一词，加上屋背冲保长刘自亨通过国民党内部关系说情担保，便释放了刘开崧。他刚离开监狱，敌人才发现放错人，到处通缉。以后，敌人每逢“清乡”“扫荡”，都派兵追捕刘开崧，他就和当地武工队一起上山隐蔽。即使在敌人镇压革命最残酷的时候，屡遭抄家，刘开崧也没有动摇过，他坚守岗位直到阳江解放，交通站完成历史使命为止。

1948年10月，金横区交通员陈焕，因执行任务被国民党反动派打死。1949年8月30日，金横区交通员关丽在执行任务中被国民党程村自卫队逮捕。敌人对他施行多种酷刑，直到将他折磨致死也无法得到半点秘密。1949年9月8日，关丽被敌人杀害于程村叶屋寨。

沙扒交通情报员李康，长期以担货郎的身份为掩护，搜集情报，采购军需用品；多次越过敌人的重重封锁线，将沙扒特支从香港、粤中取回的情报和枪支弹药，及时转送到阳江西区的党组织和部队。1949年2月沙扒特支撤回粤中后，李康转入路南区当交通员。在“雷团”（即国民党军雷勋部）“扫荡”期间，他隐蔽在沙扒盐场江二伯家治病，不幸被敌人逮捕。敌人将他押到儒洞寿场村，打得他遍体鳞伤。他虽病痛交加，奄奄一息，但始终没有屈服。敌人以为他快要死了，将他拖到一间祠堂的大厅里。李康以坚强的意志和毅力，乘敌人放松戒备之机，悄悄地从大厅里爬逃出来，终因身体虚弱，晕倒在一块番薯地里。第二天寿场村群众发现了李康，把他背回家中，喂水灌药，细心照料，数天后才把他救活，送他归队。原路南区委书记梁文坚对此念念不忘，在她的文集——《漠海留痕》收录的《阳江路南区军民的艰辛战斗》一文中，对寿场村群众冒险抢救地下交通员李康的事迹，赞道："多么坚贞不屈的战士啊！多么爱军拥军的群众啊！我们军民团结，做到生死与共，患难同当，有这样的军民关系，敢问天下谁能敌？"

路南区蒲牌武工队交通员骆弟，因龙岗村地主、国民党保长骆水木告密被织篢联防队逮捕，敌人用锁镣打得他皮开肉绽，鲜血淋漓，但他宁死不屈。敌人准备杀害他时，他得到国民党阳江县政府秘书陈华（共产党员）的搭救，被陈华以隐瞒未供为由，押回阳江城候审。阳江解放后，骆弟出狱。骆弟被捕后，路南区与八团领导联系中断。

广大交通员和老区革命群众，并肩作战，在那段极其艰苦的岁月里，不怕牺牲，机智勇敢，日夜奔忙，及时将文件、情报、物品送达目的地。他们是无名英雄，又是无畏战士，为抗战的胜利，为家乡的解放事业，做出了不可磨灭的贡献。

三、游击根据地的建设

为成立阳江县人民民主政府，中共漠南县工委和漠南独立大队开展一系列的筹备工作。1949年 1 至3月，梁昌东、梁文坚、李孔性先后在新圩凉水井、上洋坟面村和塘口梅花地村各举办一期青年骨干培训班，学习党的方针、政策和军政知识，为根据地建设培养了60多名干部。

1949年2月，阳江县人民民主政府与广阳支队第八团在塘口梅花地村宣布成立，当天，阳江西区约有500余名军民到梅花地村参加庆祝活动。随后，各区人民民主政府相继成立。1949年四、五月间，横山乡建立乡人民政府，还建立了横山乡的大部分村一级政权。为扩大影响，各地大量张贴县、区人民民主政府成立的布告、政令，阐明民主政府的性质、职能和义务。

各区人民民主政府成立后，即组织力量，从政治、经济、文化、社会治安等方面，大力加强游击根据地的建设，培养根据地人民群众当家作主的精神，为地区的解放事业与巩固民主政权做出了极大贡献。

（一）维护社会治安，大力开展清匪肃特工作

当时，土匪在一些地方活动猖獗，到处打家劫舍，谋财害命，偷鸡摸狗，无所不为。特务分子四处活动，企图破坏新生的革命政权，社会治安很不稳定。各级人民民主政府成立后，为维护社会治安，保护人民生命财产安全，大力开展清匪肃特工作。

活动在程村乡一带的殷大塴股匪30多人，表面上愿意接受教育、参加革命，实则尽做危害人民的事，到处行劫、强奸妇女，罪大恶极，群众异常愤恨，请求人民民主政府惩办。阳江县人民民主政府命令金横区人民民主政府与青草渡税站，坚决消灭这股土匪，以取信于民，维护社会治安稳定。这股土匪人多枪多，熟悉地理环境，强攻势必要花费很大气力，也难以彻底消灭。过去，游击队一直在争取改造他们，因而平时也多有接触；此次正好趁匪徒未知人民民主政府的意图，进行智取，以便一网打尽。金横区委书记兼区长邝炎培与青草渡税站正副站长张启光、陈励及手枪队员共6人，以商谈队伍改编为由，直入股匪驻地程

村下店村，侦察情况，伺机行事。区武装人员在村外布好埋伏，准备随时接应。晚上，他们乘匪徒在屋外的晒谷场开饭之机，突然拔枪喝令屋内的数名匪首举手投降，当中一名匪首企图顽抗，陈励眼疾手快，一枪击中其腹部，其余几名匪首只得缴械。与此同时，屋外的两名游击队员手持自制的驳壳枪，对正在吃饭的匪徒，大喝“不许动！”30多名匪徒的枪都搭在枪架上，手中没有武器，丝毫不敢反抗。村外武工队迅速冲入，将匪徒的枪械全部收缴，匪徒无一漏网。阳江县人民民主政府贴出布告，公布其罪状，处决4名匪首，其余匪徒经教育后解散。这期间，路南区人民民主政府在八团的支持下，也组织力量，对冒充解放军在儒洞至上洋南堡一带抢劫的陈观星股匪进行围歼，俘匪9人，缴枪10余支；经阳江县人民民主政府批准，处决了5名罪恶滔天的匪首，群众拍手称快。

（二）严惩特务分子

国民党反动派接二连三的“扫荡”行动遭到失败，便组织特务到游击根据地刺探军情，开展破坏活动，阴谋暗杀游击队领导人，妄图以此达到搞垮革命武装和民主政权的目的。1948年冬，国民党国防部二厅保密局委任郑卓泰为两阳暗杀团团长。同年12月中旬的一天夜晚，郑卓泰网罗20多个地痞流氓在国民党织篢镇镇长家歃血为盟，教唆他们效忠党国，暗杀共产党和游击队负责人。这个反动组织总部设在织篢桥头街旧天主堂内，各地有其下属机构，分别由当地的反动头目或流氓头子负责。受国民党暗杀团派遣，1949年6月初，儒洞的两个特务扮成农民模样，来到路南区人民民主政府和区队临时驻地南垌村，要求参队；其言行异常，引起战士们的怀疑。战士在对他们进行检查时，搜出手榴弹和匕首，经审问和地下党调查，证实是儒洞“防剿”区主任陈翥先派来行刺游击队领导人和伺机抢夺机枪的特务。经阳江县人民民主政府批准，将两人处决。金横区武工队也先后捕获进入游击区搞破坏的三名伪装成卖煤油、草纸及食品的国民党特工人员，经审问属实后，均予以处决。从此，国民党反动派特务再不敢轻易进游击区搞破坏了。

（三）发展农会、民兵等群众组织，开展“减租减息”斗争

在根据地建设中，各游击区大力加强农会、民兵等群众组织建设。各区委、区人民民主政府成立后，农会组织已公开化，且发展遍及全区大部分乡村。一般每个大的自然村或几个相邻的小村建立一个农会，每家每户至少有一人参加。如，横山乡有农会20多个，会员500余人；程村乡有农会10多个，会员300多人；路南区、路北区和罗琴区的农会会员也各有数百人。

各区、乡人民民主政府通过农会发动群众向地主借粮救荒，解决贫苦农民生活困难。1949年春，饥荒严重，很多贫苦农民无米下锅，大地主却囤积居奇，不肯借粮卖粮。民主政府领导农民互借互助的同时，组织群众和民兵向屯粮大户开展借粮度荒斗争。路南区委、区政府积极发动农民向地主借粮，行动迅速，声势很大。他们最先找上洋凤田村地主汪饶石开展说理斗争，由武工队担保，逼其借出4 000多千克稻谷；随后又在漂竹村召开群众大会，向地主陶业云借到2万多千克稻谷；接着，寿场、书村等地也行动起来，向大地主和屯粮户借粮5万多千克。一个月内，全区共借出稻谷15万多千克；金横、路北、罗琴等区也借到大批粮食，及时解决群众春荒断粮的困境，大大鼓舞群众的斗志。

在向地主借粮救荒斗争胜利的鼓舞下，各地又大力开展“减租减息”斗争。在群众基础较好的金横区，“二五”减租运动开展较为普遍，农民每交给地主或者公偿50千克租谷，则减交12.5千克。据估计，单是减租这一项，金横区农民每造就少交租谷5万多千克。实行“二五”减租政策，农民得到利益，地主也容易

接受，因而，实施中较为顺利。路南、路北和罗琴区人民民主政府也大量张贴布告，广泛宣传，为开展“双减”运动做思想上的准备。

（四）发动群众踊跃报名参军

各级人民民主政府，一方面发动群众大搞生产运动，恢复、活跃经济，调解民事纠纷，处理好人民内部矛盾，优抚军烈属；另一方面，发动广大群众积极响应党和政府号召，踊跃报名参军。一时间，父母送子女、妻子送丈夫参军形成热潮。国民党反动派对游击队员的家属进行百般迫害，封屋捉人，洗劫财物，无恶不作，妄图以此威吓群众，阻止青年参军。但不管敌人的手段多么残忍，也丝毫动摇不了群众支持亲人参加革命的决心。1949年夏，敌人包围搜查上洋菩提村，捉住游击队员吴观灿的母亲，毒打一顿，逼她把参加游击队的儿子叫回来，吴母严词拒绝。敌人恼羞成怒，立即抓人烧屋，抢劫财物，搞得鸡犬不宁，吴母5岁的幼儿受到严重惊吓，几日后夭折。面对敌人的野蛮镇压，吴母不仅没有屈服，反而对国民党反动派更加仇恨，又把二儿子送到部队。据不完全统计，1949年1月至5月，阳江西区参军人数达到500多人，其中通过武工组、区队输送入阳江西区主力部队和二支队的青年达300多人。

（五）建立税站，开展筹粮筹款，增加部队给养

随着根据地建设的加快和部队的发展，需要增加财政收入，筹粮筹款工作任务更重。1947年5月，武装部队在青草渡等处设站收税，公布征收条例，扩大征税范围，增加部队给养。1949年春以后，形势一片大好，各地纷纷派武工队对地主和商客开展征粮、征税工作。税收组的人员，机智勇敢，经常一两个人到敌人据点周围的圩中收税。比如，路南区武工队队长姚若崧，一天带一名武工队员进上洋圩收税时，见到一个乡兵持枪在圩边守卫，

姚若崧勇敢地迎上去，大声喝道：“你个乡兵听着，我是八团战士姚若崧，今天要来收税，赶快给我滚开，等收完税出来你还站在这里，就要你的狗命！”乡兵害怕，悄悄溜走。以后除敌人“清剿”期间外，每逢圩日，武工组都入圩收税。

广大税收工作者，为给部队多增收一点经费，不顾个人安危，深入虎穴进行收税，而且廉洁奉公，从没有贪占公家钱物。路南区武工队队长姚若崧专门负责税收工作，整天与金钱打交道，经常亲手用竹箩、米袋装好白银送去路南区委和八团，为部队给养提供重要保障。在自家房屋被国民党反动派烧毁，妻儿贫苦无依的情况下，姚若崧始终没有挪用过公家一分一文。他平日按照部队规定开支伙食费，粗茶淡饭，常穿一套打满补丁的旧黑布衣服，洗换时光着上身只穿条裤衩。路南区委领导曾多次要他用公家的钱买一套衣服换，姚若崧总是婉言谢绝。一次，他对劝他买衣服的同志笑着说：“现在部队很困难，等到革命胜利后再买也不迟。”他这么一套旧衣服，从1945年参加革命时起，一直穿到阳江解放。由于税收人员纪律严明，廉洁奉公，各项税率合理，当地群众十分信任和支持。据1949年统计，阳江西区全区的税站每月收到的各种税银为2万至5万元。税收已成为根据地主要的财政收入，不但较好地解决了阳江西区部队给养，而且还上缴部分给支队，支援广阳地区的武装斗争。

根据中共粤中分委《关于征粮工作的通知》，人民民主政权建立后的征粮筹款工作，结合各区实际情况，采取“富者多出，赤贫免征”的原则，主要向地主、富户征收，佃农、自耕农免征。对那些居住在国民党统治力量强的织篢、儒洞、上洋等城镇的大地主，游击队先发去通知，令其将粮食（或钱款）如数送到指定的地点，或派人员直接上门征收。大多数地主、富户表示支持民主政府的征粮政策，按通知缴纳。例如：织篢大地主黄桃溪的儿子、织篢“防剿”区主任黄元其，接到路北区委、区人民民主政府要他5天内交1 500银圆的军粮款通知书后，怕游击队上门找他算账，偷偷使人如数挑着银圆交给该区武工队；上洋地主、国民党参议员姚毓琼带头向上洋武工队交粮、交款并送枪。对那些顽固的反动分子，游击队则给予警告、惩罚。上洋大地主姚雁秋，别号“姚老虎”，他家有良田2 000多亩，分布在阳江、阳春两县，年收租谷10多万千克，但他拒不纳粮，声称要招兵买马，组织反动武装。如果不把姚雁秋制伏，不仅助长反动分子的嚣张气焰，而且上洋其他大粮户必然会跟着拒绝纳粮，征粮工作就难以开展。因此，路南区委决定对付他。武工队便派人扮成交租佃户，闯进大院，用手枪顶着姚雁秋腰部，将其擒拿。姚雁秋被押到山边，经严厉警告后，交出了3 000两白银和2支驳壳枪。上洋的地主听说姚雁秋被制伏了，再也不敢反抗，都乖乖地给游击队交军粮。1949年3月至9月，阳江西区征收军粮共25万多千克。

经过全区军民的不懈努力，阳江西区各根据地的建设日趋完善和成熟，使部队的作战、学习、给养有了一个巩固的大后方，对敌人的打击更加有力。人民民主政权民心所向，形成一股强大的政治力量，在政治上给国民党反动派以沉重的打击，加速国民党统治的崩溃。

第五节 全面铺开武装斗争

一、开展策反工作，太平乡武装起义

1949年2月，广东人民解放军广阳支队发出做好地方反动武装策反工作的指示，争取敌营垒中一些进步势力起义，壮大革命力量。

阳江西区党组织在太平乡的统战工作有较好基础，早在1944年秋，陈国璋在冲口一带筹备抗日武装时，派共产党员陈历打进国民党六区太平乡当副乡长。陈历当副乡长后，争取乡长陈天纪的支持，安插一批冲口一带陈姓族人入乡府和乡公所当差。陈天纪卸任乡长后，他设法让同族兄弟陈天桥当乡长，自己则幕后指挥。地下党员陈贡，与乡府人员熟悉，经常到乡府内走动，打听内情。因此，织篢地下党组织派陈贡对太平乡府人员进行策反。陈贡直接与乡府干事陈德甫（共产党员）联系，让他在内部多交朋友，以便于策反工作的开展。

乡兵班长熊光祖籍梅县，出生于贫苦农民家庭，从小父母双亡，靠叔父抚养成人，青年时当兵，行伍多年，在政权腐败、明争暗斗的国民党反动营垒里，报国的心愿无法实现。他初到织篢时，任织篢警察所警长；不久，职位被挤掉，到太平乡公所当队长、班长。

此时，熊光身患肺病，缺钱医治，又经常受到太平乡队副关均南的百般奚落，感觉前途暗淡。他目睹国民党统治的种种腐败黑暗，对革命深表理解和同情。阳江“六六”事变前夕，有爱国之心的熊光还率领部分乡兵和革命群众在蒲牌附近阻击过境日军。收队回来途中，他曾提醒陈贡要小心，说有人怀疑他是共产党员、参加共产党的军队。

经党组织研究和布置，陈贡找熊光谈话，晓以大义，指明出路，劝他弃暗投明，参加游击队，站到人民的一边。熊光异常兴奋，说他久有此心，只是无人引路以及担心家属没人照顾。陈贡转达党组织和武装部队领导对他的期望和关怀，对他的家属保证由党组织做妥善安排，并嘱咐他凡事要小心谨慎，不要轻易暴露自己，以免误大事。熊光没了后顾之忧，积极从中联络乡兵和职员。

本来是贫苦农民出身且不愿意替国民党卖命的乡兵，经过熊光、陈德甫、陈朝湛分头教育，都纷纷表示响应。不到2个月，乡公所中除几个反动头子不可争取，以及4个因年老又有家庭负担的乡兵外，其余23名乡兵及几名职员都已被做通工作。经请示，中共阳江县委和八团党委领导同意，定于1949年3月4日凌晨起义。起义前几天，八团派出人员进入太平乡公所，由熊光陪着观察乡公所的兵房、弹药存放的位置，以及乡长、乡队副队长的住所及周围的环境状况，对其主要人物的政治态度进行分析研究并做出具体处置办法。3月3日一早，织篢地下党组织派太平乡第七保副保长、统战对象陈德藩入织篢圩，负责摸清圩中敌情后到织篢高兰庙等候接应部队；布置本乡第八保保长、统战对象陈朝滔（起义后为路北区第二武工组组长）去大环、新桥环一带，积极分子陈朝泛、陈德心、陈朝水、陈德川分别去牛岭、冲口、仁和、星光，发动那里的群众，约定在起义时间到太平乡会集；由武工组带领数十名壮丁队员把住各个路口，防止外敌援救；让熊光、陈德甫暗中通知乡兵做好准备。

一切准备就绪，党组织派陈贡去找部队联系。正巧，这天八团在蒲牌土瓜村与来犯的儒洞“防剿”区联防队100多人发生激战。陈贡找到部队时，已近黄昏，战斗刚结束。八团领导听了汇报，认为时机成熟，立即派陈德伟带1个排，并配2挺轻机枪随同一起行动。考虑到陈贡未上过战场，八团参谋长冯超又特派一名警卫员跟随，以便接应。陈贡、陈德伟带领队伍来到高兰庙，陈德藩详细汇报织篢敌情，此时敌人对太平乡的情况丝毫没有察觉。夜深人静，游击队按预定计划悄悄进入太平乡公所，由乡兵带到乡队副房间。游击队员用手枪指着床上的关均南的脑袋，大声喝令：“不许动！”关均南从梦中惊醒，吓得浑身瘫软，脸色如土，跪在床上，双手连同被子举起，连连哀求饶命。在逮捕关均南的同时，另几名游击队员前去逮捕乡长陈天桥。陈天桥当晚回了织篢家中，游击队在他的房间搜出大批金银首饰。这时，附近村庄的四五百名群众，在民兵的带领下，有组织、有秩序地开仓分粮。23名乡兵和职员在熊光的率领下，携带32支长短枪以及大批弹药列成队伍，由接应人员带着开向大垌村进入游击区，光荣地加入八团。

太平乡武装起义，震撼了国民党阳江当局，给敌人一个沉重打击。太平乡起义之后，其他乡的乡兵、联防队也纷纷起义、投诚。

1949年5月3日，经金横区委策反，金旦乡副乡长黎道璇率金堡办事处乡兵15人携枪起义，加入金横区武工队；10月中旬，经路南区委策反，上洋联防中队队长姚乃熊率部向路南区投诚，交出长短枪79支、子弹一批，投诚人员全部遣散。

二、"三山"战斗击毙江玉麟

1949年春，为配合广东省斗争的形势，与粤中军分委率主力团进军"三罗"相呼应，中共广阳地委和广阳支队司令部命令所属部队迅速对敌发起春季攻势。遵照支队司令部的命令，中共阳江县委率八团离开山地，转向外线作战，向敌人统治力量较强的沿海进军，全力拔除游击区内的敌据点，巩固和发展游击根据地。

1949年3月11日，八团从塘口梅花地村出发，经横山沿黄什河南下，向程村东南沿海挺进。为把敌人引出巢穴，伺机歼击，部队一改以往夜行军的习惯，200多人的整齐队伍在大白天扛着枪，向沿海行进，大力宣传共产党和解放军的政策、纪律和当前革命斗争的大好形势。部队到达程村东南沿海的厚幕山村，当地群众杀猪、采蚝，热情慰劳。晚饭后，军民在该村小学操场上举行联谊晚会，锣鼓喧天，灯火通明，附近几个村庄的群众前来观看。

阳江国民党当局得悉八团动向后，即派县常备自卫队第九中队、驻织篢的常备自卫队第六中队及程村自卫队共300多人，向厚幕山进犯。1949年3月12日早上，敌人从程村圩出发，分兵左右两路，从大路和海边推进，左路为江玉麟第六中队，右路为柯添第九中队和程村自卫队；两路敌人来势汹汹，形成钳形攻势。八团获知敌人图谋，待敌军出动后，部队按作战计划撤出厚幕山村，立即抢占元岗村的大岗岭制高点，同时在左、右两翼的小山上派兵据险把守，伺机击敌。

常备自卫队第六中队率先向八团左翼阵地发动进攻，中队长兼织篢"防剿"区（阳江六区）主任江玉麟，是老行伍出身，曾任国民党正规军团级军职。他极其反动，"围剿"游击队十分卖力，原广东抗日解放军第六团副连长陈朝波就是他带兵逮捕杀害的。在江玉麟的威逼下，敌军边打枪壮胆，边向八团阵地围过来。江玉麟邀功心切，骑匹高头大马，挥舞着手枪在前头喝阵，逼士兵去送死。江玉麟的举动，被山上的指战员发现，一连连长唐炳霖见其如此嚣张，怒从心起，立即从战士手中抢过机枪瞄准他打了一梭子弹，江玉麟应声栽到马下，丢掉了性命。顿时，左路敌人乱作一团，纷纷败退。

此时，柯添中队在轻、重机枪掩护下，向八团右翼阵地发动疯狂进攻。二连指导员郑杰指挥战士顽强应战，打退敌人一次又一次的攻击，战斗异常激烈。为加强右翼阵地的力量，八团领导当即派排长许惕带领一个班前去增援。为抢时间赶去右翼阵地，全班战士沿着山脊，冒着敌人炮火猛冲。眼看就要到达阵地，突然，一排子弹打来，许惕不幸中弹英勇牺牲，时年仅22岁。

许惕牺牲，激起战士们的极大怒火："为许惕同志报仇，打呀！"喊杀声震天动地，阵阵猛烈的火力压向敌人。敌人被战士们强大的气势镇住了，停止进攻，退回对面山头用机枪盲目扫射。双方相持至黄昏，鉴于敌人武器精良，且占有有利地形，不利于硬拼，因此，八团乘天色微暗，从容撤离战场。敌军待中共部队撤离阵地后，扛着江玉麟的尸体，垂头丧气地撤走了。

1949年3月12日发生在与厚幕山、根竹山、蚝山3个相邻村庄中的大岗岭上的战斗，故称"三山"战斗或大岗岭战斗。"三山"战斗击毙国民党阳江县常备自卫队第六中队中队长江玉麟，政治影响很大，使织篢之守敌不敢轻易离开巢穴，极大地鼓舞了广大军民的斗志，揭开阳江西区武装斗争转守为攻的序幕。

"三山"战斗后，八团转到罗琴区，赵荣率一连二排攻破近河乡公所，缴枪10余支。接着，赵荣又率队拔掉双捷乐安保公所敌据点。与此同时，八团派队与金横区队长胡斌率手枪组袭击黄什乡公所，乡兵弃枪逃跑，缴枪10余支，子弹一批。

程村与阳春金堡之间有一条牛车路连通，途经下陂塱山谷，国民党反动派为打击人民武装的活动，在下陂塱山边险隘处建一炮楼，派一个10多人的自卫小队驻守。为扫除此障碍，下陂塱民兵在摸准敌人的活动规律后，对敌人进行突然袭击，将敌人打跑。此后，民兵据守炮楼，而国民党军再也不敢到下陂塱来了。

三、进上洋，袭儒洞

1949年4月23日，八团会合路南区上洋武工队和电白独立连（由原电白“国际队”发展而来）数百人，公开行军进入上洋，上洋乡兵退避一边。中共部队受到当地群众热烈欢迎，地方开明绅士姚毓琼杀猪犒劳部队。

上洋隶属阳江县七区，驻守儒洞的七区联防主任陈翥先和县常备自卫队第七中队长陈宏志得知消息，于4月23日晚率100多人企图偷袭在上洋的人民武装。

4月24日清晨，地下党员儒洞乡副乡长陈厚祥派人送来情报，称儒洞敌人将从海边偷袭上洋人民武装。八团领导当机立断，决定乘儒洞“防剿”区兵力空虚，袭击敌人的大本营。

正巧这天是儒洞圩日，八团派10名身藏短枪的干部战士，乔装成老百姓，由武工队人员做向导，夹杂在趁圩农民群众中首先入圩；大部队保持适当距离随后跟进。手枪组入圩后，大队人马也按计划进入战斗岗位。姚立尹率一队登上儒洞北侧的马山制高点，负责警戒阻击援敌；赵荣率领一队在外围包围；电白独立连和武工队直捣敌巢。

在部队进入战斗位置后，手枪组10个彪形大汉，突然出现在警察所门口，用手枪顶住警察岗哨的腰部，令其举手投降。游击队如从天降，敌警察不信眼前的大汉竟是游击队，还说“莫搞笑”，待转头看清是真枪时，吓得浑身哆嗦，连连哀求饶命。轻而易举地解决岗哨后，大队人马一拥而入，10多名警察还没明白过来到底是怎么回事，就被缴了械。圩中的乡公所也一枪不响，被用同样的方式解决了，剩下的第七区“防剿”区巢穴，此时也被游击队四面包围。“防剿”区驻所内只剩些文职和杂役人员，见游击队势力大，不敢抵抗，只得开闸投降。结束战斗后，八团没收联防队长陈宏志和“防剿”区主任陈翥先家藏的枪支。

此次智取国民党阳江县第七“防剿”区儒洞圩，缴获长短枪96支、子弹1 200发、军马1匹、单车1辆及其他物资一大批，还向地主、富户收缴军费100多银圆，开仓分粮济贫。

袭击儒洞圩时，儒洞河对岸的电白县江界乡自卫队开枪阻挠，在儒洞马山岭警戒的部队即令一连三排渡河还击，敌兵仓皇逃命，该排顺势捣毁江界乡公所，缴敌长枪3支、弹药一批。

四、武装斗争全面铺开，开展政治攻势

在主力部队不断进攻取得胜利的鼓舞下，各区武工队（组）积极行动，寻找有利时机主动出击，打击反动分子，牵制敌人，配合主力作战。一时间，阳江西区春季攻势烽烟四起。

1949年4月中旬的一天夜晚，邝阳带领赁北武工组进入织赁圩散发传单过程中，来到第六“防剿”区营房附近开枪喊杀，造成要进攻的气氛，把正在梦中的敌人惊得手忙脚乱，一敌班长还跌伤了脚。

路北区大力开展锄奸、打坏蛋活动，伺机打击国民党地方反动武装，使敌人防不胜防。1949年3月中下旬，区委书记陈明带领蒲牌武工组，抓获程村胡尾村保长何宗宪、织赁黄竹塘村保长李存，收缴他们家中私藏的枪支，分别作经济处罚，并给予教育警告。4月初，陈明与廖奇瑜上门收缴国民党蒲牌乡乡长叶运清

家中的长短枪各1支。蒲牌武工组深入新圩，新圩乡乡长李仁驹吓得连夜逃到织篢。武工组还制伏新圩乡自卫队副队长，开辟新圩的工作局面，并组织人员在圩中收税。塘口武工组先后惩罚国民党特务陈世甫、陈王生，使之再不敢向国民党通风报信。

1949年6月3日，路南区队、金横区队、电白独立连在八团一部的配合下，攻打沙扒警察所、乡公所，俘敌10余人，缴获长短枪25支、子弹一批，向大户收缴军粮款3 000多银圆。

在军事进攻不断取得胜利的形势下，趁敌人惊慌失措、军心动摇之机，阳江西区各级党组织和武装部队对敌展开强大的政治攻势。县、区人民民主政府各派出武工队及地下党员到城镇大街小巷，特别是重要的机关、学校以及公共场所张贴民主政府的布告、接收条例、惩办战犯命令等。

阳江县民主政府及八团除广泛张贴布告外，还印发《漠南报导》及传单；对于敌方重要的上层人士，县委、县政府及八团主要领导赵荣、姚立尹等还亲自写信，要他们认清形势，弃暗投明，将功赎罪，尽快站在人民的一边。八团以强大的政治攻势和统战方式，争取国民党一批军政人员，或反正，或保持中立，有效地分化瓦解敌人。

另外还有一批开明绅士及乡保长经过教育，或保持中立，或暗中支持革命。如塘口西平乡乡长申建隽，经武工队教育后，他所掌握的一支有40余人的乡自卫队从未与八团发生过冲突，对在附近一带活动的游击队不威胁、不干涉；国民党南石乡乡长曾经很反动，在武工队的一再警告和教育下，逐步转变反动立场；上洋双鱼保公所设在双鱼城西门口一个祠堂里，武工队和壮丁队经常在祠堂隔壁的一间小学里开会、演戏、唱歌，向群众宣传革命思想，乡长及乡兵对此保持中立，乡兵受到思想教育后，还直接为游击队送信、买武器；驻双鱼村的双恩盐警队，由于盐警队员平时接受党的政策教育，因而对共产党、游击队的活动从不干涉。又如驻扎在渡头的沙扒盐警队，过去与游击队有过交战，双方关系一度很僵。独立大队惩戒书村保长陈秀山时，盐警队就出来开枪阻挠。后来经沙扒地下党通过上层人士做工作，加上游击队直接写信教育、警告，盐警队逐渐由反动转向中立，这极大地方便游击队的活动。上洋的国民党阳江县参议员姚毓琼认为共产党政策得人心，将来必得天下，因而多次为武工组和八团的活动提供各种方便。上洋乡上塘村保长林举宗，在八团的教育和争取下，完全听从游击队指挥，名义上是国民党的保长，实际上为共产党做事，为游击队提供许多重要情报，保护游击队员的安全，并主动捐献粮食1 000多千克、200多银圆，资助游击队。上洋大路村地主王国存，从1948年起，他家的谷仓几乎成游击队的粮库，每逢青黄不接的季节，全家就动手，磨谷舂米给部队提供军粮，他的儿子王庆玙多次掩护游击队员，后来加入了革命队伍。

在罗琴新区，程村乡厚幕山村的谢天伟、大岗村的许瑞生和许祥洛等4人是当时“三山”、近河一带的地方实力派头子，有“四大天王”之称。罗琴区人民民主政府成立后，区委书记罗秋云多次带武工组深入虎穴，舌战“四大天王”之首谢天伟，震慑“四大天王”；教育争取地方头面人物张六纪（阳江解放后成为土匪，被击毙），使其大垌头的田庄成为游击队的活动据点和交通站所在地。

1949年春后，在地下党组织的发动下，织篢地区成立篢属四乡镇青年联谊会，把织篢镇、篢南乡、篢北乡、太平乡的进步师生150多人组织起来，开展时事座谈，提高思想觉悟。该联谊会在协助散发传单，宣传党的政策，做上层人物的统战工作，探取敌情等方面都发挥了重要作用。

在强大的政治攻势和统战宣传下，1949年10月上中旬，国民党阳江海防大队也宣布起义，加入八团。

中共阳江县委地豆冈会议以后，随着解放的即将到来，为了进一步分化瓦解敌人，中共阳江县委、八团党委在加紧布置各项军事行动的同时，利用大军压境、敌人军心更加动摇的有利形势，再一次进行了强大的政治攻势——大量印发《中国人民解放军布告》（约法八章）及传单，写信给县、区、乡国民党军政头目和士绅，敦促其及早起义、投诚，将功赎罪。在这种形势下，经漠南县罗琴区委副书记陈清等人的动员教育，阳江海防大队于1949年10月中上旬正式宣布起义，加入八团。

阳江县海防大队（原称国民党阳江县反共渔民自卫大队）成立于1949年7月，其驻地位于闸坡，是由阳江县在广州读书的青年莫如正自行组织的，受原国民党八十六军军长莫与硕的遗孀唐亦珍资助（莫与硕被蒋介石以贪污和隐藏武器资“匪”罪枪决，唐亦珍与蒋介石有杀夫之仇）的武装组织；至1949年9月，发展到100余人。

在此期间，党组织派人联系海防大队，开展统战工作。10月上旬，在海防大队对起义犹疑不决时，罗琴区委副书记陈清再次对队长莫如正阐明利害，开展政治思想教育，坚定了海防大队人员起义的决心。于是，海防大队的官兵112人，带着机枪1挺、长短枪86支、手榴弹200多枚、子弹3 000余发以及其他军用器材，由罗琴区武工组带到塘口横山由子村八团驻地。当晚，八团举行了隆重的欢迎仪式，莫如正发了通电，正式宣布起义，表示接受共产党的领导，为彻底解放阳江而斗争。第二天，海防大队随八团到肖背迳村进行整编，莫如正被任命为营长。

阳江县海防大队的起义，是解放战争时期漠南地区一次最大规模的武装起义，对阳江解放战争产生了积极影响，使面临崩溃的国民党反动统治受到沉重打击。

强大的政治宣传攻势和统战工作，有效地分化瓦解了敌人，争取到中间力量，使国民党地方基层政权更加孤立、名存实亡，加快国民党反动统治的崩溃。

五、建立民兵组织，开展反“三征”斗争

1949年国民党当局加重了“三征”，强征各种苛捐杂税，基层政权和杂牌军又层层实行附加摊派，收取各种费用，如“巡逻费”“治安费”“大枪谷”等。对人民迫害最大的是征兵。阳江县1947年征兵近千名，以后则年年暴增。当地官僚、反动势力头子免征，加上乡长、保长从中受贿舞弊，所有应征名额和负担都落在穷苦民众的身上。

国民党依靠保、甲基层政权征兵的同时，也派军队强行抓兵。1948年11月11日，到恩平做短工的程村、白沙等地农民，在返乡途中，被国民党阳江当局抓走70余人去当兵。更有甚者，阳江国民党当局将从各地抓到的200多名壮丁，从海上押往湛江，由于船舱的船板封盖过于严密，人多拥挤，途中发现只有7人还活着，其余的被闷死。押运的国民党军差为了交差，又返回阳江抓走100多名壮丁补数。罪行败露后，阳江西区人民大为震惊，对“三征”反抗更强烈了。阳江西区党组织主动担负起领导和组织群众开展反“三征”斗争的重大责任。

在党组织的发动下，各地青年纷纷召开壮丁大会，成立民兵组织，民兵组织在各游击区迅速壮大。各游击区的民兵组织，其性质是中共地方组织领导下的不脱产、不穿军装的群众性革命武装队伍。民兵队伍分散时在家从事生产劳动，集中起来便参加反对国民党的“三征”行动，维护社会治安，配合和支援人民武装打击国民党军队和摧毁国民党地方政权。民兵组织的具体称谓各地不同，阳江西区的民兵组织一般称“壮丁队”。

1948年底，根据上级党组织的指示，阳江西区各级党组织和武装部队把放手发动群众开展反“三征”斗争作为一项突出任务来抓，派武工组深入乡村每家每户进行宣传发动，组织成立农会，以农会为核心发展壮丁队、抗征队等民兵组织。

在路南区，1949年2月，武工队在上洋河垌庙召开壮丁队大会，有壮丁、群众共400多人参加。同时，沙扒、儒洞片在儒洞六堡庙召开壮丁队大会，有400多名壮丁参加。此后不久，儒洞的寿场、三角海、新村、巴斗，上洋的菩提、双鱼、上塘、铜鼓岭等村也先后行动起来，这些乡村几乎所有的青年农民都加入壮丁队。有的地方还动员地方士绅出来扛大旗，负责壮丁队的工作。如儒洞乡推举寿场的国民党退役军官周镇当壮丁大队长，旧乡长陈和茂任乡农会会长。区委为便于领导广大群众同国民党反动派开展斗争，以乡、保、自然村为单位，将壮丁分别编成大队、中队、小队。

1949年3月，路南区委组织壮丁队建立健全组织制度。如蒲牌、旧宅、乌石、漂竹、沙泾、坟面等村，以村为单位，把壮丁编成大队、中队、小队。此后，路南全区的壮丁队员发展至4 500人，不少人成为反“三征”斗争的骨干。壮丁队人员多、武器少，但斗志强，无论是八团、区队和武工队的战斗，还是其他工作，他们都积极参加，因此也导致敌人的仇恨，受到敌人的残酷打击。路南区旧宅村，在7月中遭受敌人3次搜查，敌人半夜围村，实行烧杀抢。全村牲口、粮食、财物被抢劫一空，16名男女被抓，中队长刘新四兄弟的房屋被烧，刘新被捕，小队长詹存被杀，大队长李崧和詹辉只好带领全村青壮年逃到山上。田里的稻子熟了，无人收割，李崧、詹辉便带队下山，一面派人放哨。一面派人抢割。路南区在敌人“扫荡”中有3个中队长和1个小队长牺牲，2个大队长的房屋被烧，1个中队长被捕。壮丁队员们为人民的解放事业做出很大的牺牲和积极的贡献。

1949年4月底，金横区共成立16个民兵壮丁大队，壮丁队员约有4 000人，有各种土枪土炮450多支。为加强领导，便于统一指挥，区委、区政府成立民兵壮丁总队，由黎新培兼任总队队长，邝炎培兼任政委，各乡副乡长直接领导和指挥壮丁队。

在路北区，1949年4月底，在织篢仁和村八元堂召开抗征会和壮丁大会，参加者1 000多人。不久，在仁和、冲口、冲仔表、大垌村成立抗征队和壮丁队，壮丁队员达3 000余人。

罗琴区雁村壮丁队也于同月成立，队员10多人，枪10余支。

壮丁队的成立和反“三征”斗争的开展，动摇了国民党的基层政权，有的保、甲机构瓦解，有的乡政府处于瘫痪状态。面对有利形势，党组织加大政治思想工作，让壮丁队和农会加强团结，共同维护农民利益，以反“三征”为主要任务，不断进行减租减息斗争。有些严重缺粮的地方，壮丁队和贫雇农团结起来，接二连三地向地主大户借粮度荒。夏收前，乌石、旧宅等地，在武工组的组织领导和壮丁队的参与下，贫苦农民先后向各地大地主借稻谷约20万千克，及时解除断炊之困。

阳江西区各地的壮丁队在反“三征”斗争的同时，积极配合当地武工队和八团，打击国民党反动派。

1949年5月19日至20日，国民党省保警二师六团二连，加上阳江、阳春县警和岗美、潭水、河口等乡的联防队数百人，进犯阳春的河口、龙门等地。金横区壮丁队2 000多人极力抵抗，广大壮丁队员拿着各种武器，跟着主力部队冲锋陷阵。程村乡黄茅岭壮丁队队长廖喜，拿着一支单响枪，带领数十名队员一直冲锋在前，打击敌人。壮丁队员张杏忠，在运送给养时被流弹击中胸部，他捂着伤口，顽强地坚持把近50千克的重担挑到阵地才倒下，因流血过多，抢救无效而壮烈牺牲。妇女会会长莫凤兰带领几十名妇女冒着枪林弹雨为指战员送水送饭、救护伤员，有力地支援部队作战。

这次战斗，数百敌人被打得丢盔弃甲，狼狈逃窜。这是解放战争时期阳江西区武装斗争中一次很出色的战斗，充分显示人民战争的威力，在政治上给敌人以沉重打击。自此之后，河口以及程村、横山等圩镇的敌人只能占住乡公所的碉堡，连圩镇地域都无法完全控制，游击队可以公开在圩中进出、收税和搞宣传活动。此时，整个金横区实际上已被人民武装力量所控制。

河口战斗后，金横、路北两区队编入八团。至此，阳江西区人民武装主力部队发展到300多人。

第六节 开展反“扫荡”、反抢掠斗争

一、县长领兵西征

1949年6月下旬，国民党六十二军一五四师四六一团7个连700多人，进驻阳江“扫荡”。团长为雷勋，因此四六一团又称“雷团”。“雷团”来到阳江，纠集大批地方反动武装，重新建立据点，控制主要城镇及各交通要道，对广湛公路沿线游击区进行大规模“扫荡”，企图围歼阳江人民武装主力。为解决兵源不足及给养问题，敌人疯狂拉丁捉人，抢掠粮食、财物。一时间，局势变得异常残酷。

面对强敌，阳江党组织领导人民武装，在阳江西区展开了一场艰苦的反“扫荡”、反抢掠、反拉壮丁的人民战争。

“雷团”一到阳江，江城地下党及时将情报送达八团驻地龙门。中共阳江县委、八团党委立即召开反“扫荡”斗争紧急会议，电白独立连的领导应邀列席。

会上人员各抒己见，主要意见有：（1）为避敌锋芒，按照过去反“扫荡”的常用办法，将八团主力开到漠东山区，等敌人跟踪到漠东，部队又转回漠南，把敌人拖疲惫后伺机袭击。（2）现在和过去不同，已有连片比较稳固的根据地，可以和敌人周旋，主力留在原地。（3）认为以上两种意见对反“扫荡”斗争都不利。原因是敌人已派重兵封锁漠阳江，若八团主力开往漠东山区，如果过不了江，主力一经暴露，敌人大队人马包围过来，八团就会处于极度危险的境地。目前游击队虽有连片的根据地，但敌我力量悬殊，漠南与漠东、阳东被漠阳江所隔，若就地坚持斗争，得不到兄弟部队的配合，势将陷于孤军作战局面；况且与敌周旋，势必给根据地人民生命财产造成严重损失。（4）电白独立连的领导，建议八团派一支部队和电白独立连一起开到阳江西边电白、茂名边界山区，他们在电白的那霍、黄岭和茂名的云潭三地有群众基础，只是这三地的乡公所很反动，若能拔掉这三个敌据点，这个地区就可以连成一片。

与会人员觉得电白独立连领导的建议不错，对于开辟那里的游击区有帮助。即使打那霍的计划不能实现，一支队伍挺到新区去，也能迷惑敌人，转移敌人的注意力，减轻漠南地区的压力。但困难也很大，因为从漠南到那霍要经过阳春八甲，途中不让敌人发现，才有可能突袭那霍。同时，那霍是新区，八团没去过，人地生疏，国民党乡、保、甲制度比较稳固，西去的风险相当大，要有思想准备。有利条件的是，独立连在茂名、电白、信宜山区活动过，有群众基础，当地有武工组活动，山区有回旋余地。依靠当地党组织和人民武装，灵活运用游击战术，打得赢就打，打不赢就走。

经充分研究，会议作出三项决定：（1）由阳江县人民民主政府县长兼八团党委委员姚立尹率八团第一连和电白独立连向西转移，进入茂名、电白、信宜山区，引敌向外。（2）县委书记、八团团长兼政委赵荣率县委机关、八团团部及八团第二连就地坚持隐蔽斗争。（3）县委委员兼副县长陈国璋与八团参谋长冯超到路南、路北两区去，加强对那里反“扫荡”斗争的领导，带领路南区队转移到路北区，依托东水大山与敌周旋。各区的武工队（组）避敌锋芒，隐蔽斗争，保存实力。

龙门会议结束当晚，姚立尹在下泷桅干寨向一连及电白独立连的战士传达中共阳江县委、八团党委反“扫荡”会议精神，对向西进军做战前动员，增强战胜敌人的信心。

八团称此次行动为“西征”。1949年7月7日早上，西征部队从桅干寨出发，计划白天过篙平迳后，夜晚绕过八甲秘密抵达丰高，伺机袭击那霍。途中被一反动保长发现、告密。于是，西征部队在过芒头岭时遭到阳春八甲乡王其标反动武装的伏击。敌人狡猾异常，不打八团走在前面的尖兵班，专门袭击后续部队。西征部队奋起还击。尖兵班听到枪声，立即转回从侧面攻打，敌人经不住两面夹击，狼狈逃窜。

王其标是八甲圩的恶霸，也是坐地分赃的匪首，国民党对其招安，封他为巡官兼八甲联防主任、阳春县保警连长等职，利用他统治八甲。王其标极其反动，抗战时期，曾拉队伍与共产党领导的两阳抗日部队交过几次火，西征部队刚出漠南又是他第一个来拦截。为避免再与八甲之敌发生冲突，西征部队调转方向，朝乔连行军。狡猾的王其标已通知各地设防。第二天天蒙蒙亮，西征部队到达乔连河边，对面小山上已有乡兵阻击。西征部队击退乔连乡兵，王其标的追兵又至。指战员忍着饥饿应战，且越战越勇，打得敌人落荒而逃。

经过几次战斗，西征部队已完全暴露，突袭那霍计划无法实现。如果被敌人阻在八甲一带，那诱敌向西的任务便难以完成。为此部队改为白天行军，加快速度，甩开王其标部的纠缠，尽快进入茂名、电白、信宜山区。为了安全，队伍沿着山脊行走。然而山高路陡，烈日似火，爬山又苦又慢，王其标部抄近路跑到前面拦截。西征部队击退敌人，又继续西行，在丰高休息一夜，开上茅子坪。

茅子坪在山上，部队领导认为这里地形好，群众基础不错，估计不会那么快被敌人发现行踪，况且队伍饿了几天，便决定买头猪加菜，休整一下。此时，村前右侧山头独立连的哨兵发现敌情报警，连长黎光烈立即带领连队冲上山去。只见约2个中队的敌人在机枪掩护下向游击队发起猛烈进攻。独立连1名班长光荣牺牲，指战员极其愤怒，英勇地给予还击。敌人进攻受挫，便掉头转向左边的山岭。姚立尹命令一连连长唐炳霖率领1个排在机枪的掩护下猛冲下去，势不可挡，敌人纷纷败退。部队连夜经高州沉坑村向电白、茂名边界转移，午夜与电白武工组取得联系。

漠南部队西征，震动整个国民党广东第七区。国民党从茂名、电白、信宜调来9个中队的兵力从3个方向进击，对西征部队形成包围态势。消息传到漠南，正在组织合围漠南游击区的“雷团”以为漠南主力部队八团西撤，遂放弃“围剿”计划，重新部署兵力。西征部队虽没能突袭那霍，但已吸引较多敌人，打乱了国民党军的“围剿”计划，减轻了根据地军民压力。指战员虽然十分疲劳，但亦十分高兴。

为进一步诱敌西进，摆脱敌人的包围，西征部队向高州大轿顶山进军。大轿顶山海拔1 330米，山峰连绵起伏，地形复杂险要，到那里有利于打破敌人的包围。途中，有2个中队的敌人跟踪。此处是丘陵地带，无险可守，发生战斗被缠住，其他敌人赶来，就有被包围消灭的危险。西征部队领导留下熟悉当地情况的独立连1个排阻击敌人，大部队则加速前进。负责阻击任务的20多名干部战士英勇顽强，血战数小时，使200多名敌人无法前行。阻击到天黑，这个排撤离阵地，因赶不上大部队，只能在附近就地隐蔽，数月后才回归独立连。

西征部队当晚到达高州大轿顶山边，一连和独立连分别在小河两边的两个小村里休息，战士们一躺下便睡着了。独立连连长黎光烈，因惦记着留下阻击敌人的那个排而睡不着，一人沿来路探视，刚到山脚，就发现一大队敌人摸上来。黎光烈立刻跑回连队，一边叫醒战士，一边端起轻机枪，冲出村外，向敌人扫射。随后，战士们跟着一齐开火，打死几名敌人。这股敌人奉命抢占那两条小村，企图以逸待劳，截击西征部队，想不到游击队捷足先登。敌人遭突然打击，纷纷夺路逃命。

打退敌军后，部队估计敌人大队人马很快就到，必须尽快抢占制高点，于是立即往山上撤，天亮时登上海拔近千米的地方，离山顶已不远。见右侧山头地势险要，独立连派一个班抄近路抢占，不料敌人已从东面登山，抢先到达这个山头，全班战士被迫退回来，随大部队登上主峰。敌人从左右两边山头，不断对主峰发动攻击。西征部队居高临下，顶着烈日曝晒，忍着饥渴，凭着坚强意志和有利地形，抗击着数倍于己的敌人。这时，各路敌人陆续向大轿顶山靠拢，多得像蚂蚁一样聚集在山脚下，准备组织新的进攻。

离开漠南几天来，西征部队日夜行军打仗，跋山涉水，很少休息，不少干部战士脚趾已霉烂化脓，疼痛万分。部队一直在打消耗战，子弹越来越少，又得不到补充，若被敌人困住，后果不堪设想。部队领导认为，目前把敌人吸引到茂电山区的目的已达到，应迅速摆脱敌人转回漠南去；于是研究撤军路线，决定秘密从西坑向云潭方向下山，再过沙琅江，入甘坑、万坑，穿越东水山进入漠南地区。

部队战士知道要打回阳江，情绪异常高涨，忍受饥饿、疲劳和脚痛，连夜沿着大山沟悄悄转移。绕过敌人驻地后，在离山脚不远的一条小村，西征部队遇到电白县委委员王克带领的武工组，武工组给独立连补充了一些弹药。小村离云潭不远，估计敌人都到大轿顶山去了，不会很快回防，为抢时间，部队决定白天急行军穿过去，尽快进入甘坑、万坑休息。

部队经过云潭圩外的祠堂边，涉水过沙琅江。忽然，背后的祠堂里响起急促的哨声，一大群敌兵蜂拥而出，依靠田埂开枪射击。前头过了河的部队立即抢占对岸的小山，架起机枪，用猛烈的火力压住敌人，掩护后面的部队过河。交战中1名战士脚部中弹负伤。原来，祠堂里驻有2个中队的敌人，他们未料到西征部队行动这么快而且敢在白天经过，没加防备，待发觉后西征先头部队已经过了河。

部队进入万坑，群众为战士们烧开水解渴。再往前走，情形完全不同，所经村庄，关门闭户，村里见不到一个人影。原来这一带的群众平时受到国民党的宣传较多，不明真相，听说游击队到来，十分害怕，躲起来不肯露面，有的甚至跟着地主和乡保人员向游击队开枪。八团一连一位炊事员为筹粮被冷枪射中，光荣牺牲。

鉴于这里群众基础差，保长又反动，部队难以立足，必须尽快撤离。但为了不让敌人了解去向，部队仍待天黑才转移。这时，战士们的脚趾烂得越来越严重，加上吃不上东西，又饿又累，天黑路滑，队伍不时失去联系。八团一连一个班的几名战士失去联系，误往望夫方向去，天亮时被望夫的敌人俘虏，送往阳江，直到阳江解放后才出狱。部队来到严坑，独立连一些战士曾在那里活动过，群众为部队捐米煮饭，当地武工组帮助安排伤员到群众中隐蔽治疗。

西征部队虽已突破敌人的包围，但行踪已暴露，敌人必会跟踪而来，必须尽快秘密回到漠南根据地，才能摆脱困境。从严坑到阳江新圩，估计一夜可以到达，但行军必须保持一定速度。因战士们的脚趾肿痛，走路艰难，部队出发后不久，一些队员跟不上，前面的只得停下来等待。这时子弹所剩不多，八团一连的机枪子弹完全空了，多数长短枪的子弹也只有几发。若天亮前不能到达新圩转入隐蔽，一旦被敌人发觉，前堵后追，腹背受敌，打不能打，跑不能跑，后果不堪设想。部队临时做出决定，将脚伤较重和过度疲劳的近20名战士留下，由电白独立连指导员张顺南和八团副官李孔性带领，找当地武工组隐蔽。

之后行军速度大大加快，下半夜已到达儒洞河边。当战士们过儒洞河时，却发现计划隐蔽的张顺南、李孔性所带的队伍到了后面。原来当地武工组带他们到一条村庄隐蔽时，引起全村狗吠，怕敌人发觉，便咬紧牙关，忍着脚痛与疲劳，由熟悉道路的电白战士带着队伍抄近路跟上来了。

1949年7月13日，部队过儒洞河，天未亮到达新圩白石塱村，与路南区队会师，后转到太平乡陂头面和交椅窝等村。这里是路北区根据地，群众见子弟兵苦战回来，又惊又喜，对他们给予无微不至的关怀，上山采药煮水给战士洗脚治病，战士们犹如回到母亲怀抱。当时"雷团"在织篢地区驻军一个营，由于当地群众和武工组严密封锁消息，敌人丝毫没有发现西征部队，部队安全地休整了6天。

指战员身体基本恢复正常后，八团一连从路南区队抽调2个班补充，前往阳春县金堡木头坡村与赵荣率领的八团二连会合。乘敌人放松戒备之机，部队顺利渡过漠阳江，进入漠东山区休整。独立连为便于与电白县委联系，留在路北区与路南区队一起活动。

西征部队自龙门出发至回到石塱村，历时7天7夜，在阳春、茂名、电白、高州、阳江西区等山区转了一大圈，行程约300千米。西征部队指战员深入茂名、电白国民党统治区重地，受到数倍于己的敌人前堵后追，在部队缺乏群众基础、难以隐蔽的新区，在艰苦、严峻的环境中，以不怕牺牲、艰苦奋斗的精神和坚韧不拔的意志，打退敌人一次又一次的围追堵截，经历大小战斗

13次，毙伤敌人数十人。西征部队伤亡3人，电白独立连失散的1个排和八团被俘的几名战士后来平安回来。

西征部队以较少的损失，打击茂名、电白、信宜国民党反动统治，成功地转移敌人的进攻目标，打破“雷团”对漠南地区的“围剿”计划，为减轻漠南游击根据地人民群众的压力，掩护中共阳江县委机关、八团团部、二连和漠南其他部队的安全做出重要贡献。

二、石仔岗村第二次突围战斗

1948年9月6日，漠南独立大队在新圩石仔岗村一带活动时，被国民党地方部队200多人包围，打响了石仔岗村的第一次突围战斗。

1949年7月下旬，西征部队回到路北区不久，敌人有所觉察，故意制造撤军的假象，打算令西征部队放松警惕，以便突然袭击，达到一举歼灭的目的。

当时，西征的八团一连转移到阳春才几天，留在路北区的路南区队和电白独立连，从蒲牌和织篢获悉敌人出发的情报，误以为敌军要从水路去追击八团主力部队。为掩护疲劳过度的八团战士顺利渡过漠阳江、转移到漠东地区，陈国璋、冯超和电白独立连领导研究决定：路南区队、路北区队和电白独立连故意暴露自己，迷惑敌人，把敌人吸引过去。

1949年7月25日晚，武工队在新圩古井村附近的田头公村召开群众大会。开完会已是夜里10点多，为安全起见，路南区队和电白独立连分别在新圩石仔岗村、洞仔岭村驻扎。部队刚住下，“雷团”1个营联合两阳、电白地方反动团队共1 000多人，分五路前来包围。

在力量悬殊的情况下，游击队乘着夜雾分三路突围。路南区队指导员罗海率区队会同电白连冲出重围后，占据白石岭高山，凭着有利地形，居高临下，打退敌人一次又一次进攻。敌人久攻不下，使用10多门八二炮和六〇炮轰击，打得山上碎石乱飞，浓烟滚滚。游击队员沉着应战，路南区队和电白独立连顶住人数十倍于己、武器装备精良的敌军，机智勇敢地打退敌人的进攻。黎光烈连长操着全连唯一的一挺机枪来回走动，猛烈地向敌人开火，以致敌误认为西征部队有许多机枪；其他同志也以排枪射击，准确有效地杀伤敌人，最后部队得以安全转移。

这次突围战斗，路南区区长陈碧、电白连班长杨志负伤，全体干部战士均冲出重围。敌人原打算一举全歼这支小部队，到头来却弄得损兵折将，伤亡数十人，一无所获。此战中，武工队杀伤敌人，保护自己，同时掩护西征队伍安全转移。

罗海带领武工队与电白连突围后，在儒洞南垌村崩口岭休整3天。敌军闻讯又来追击，他们用汽车拉炮到儒洞，围攻崩口岭。罗海带领队伍巧妙地与敌周旋，在运动中打击来敌，最终安全转移，使敌人的围攻扑了空。

粤桂边纵五支队负责人车振伦同志获悉路南区队和电白连突围的消息后，亲自赶到阳江西区，指示电白连和路南区队暂时转移至电白。罗海带领的路南区队随电白连转到电白后，又被敌人追击，只好乘船出海，驶到湛江东海岛，随后在遂溪、廉江一带活动；后在当地遇到南路部队，南路部队司令员梁广将他们编入南路部队。阳江解放后，罗海带领的路南区队才转回阳江。

在此期间，敌人出重赏抓捕各区委负责同志和武工队员，但老区群众总是千方百计地支持和掩护共产党和人民武装，有的还为此献出了生命。在群众的掩护下，敌人重赏的策略没有得逞，便对武工队员的家属下毒手，逮捕家属人员，抢劫百姓家中财物。武工队员梁定国的家被敌人洗劫，其大哥被施以酷刑；陈碧的房屋被敌人放火烧掉。敌人妄图以这种残酷手段动摇革命队伍，结果适得其反，革命队伍和人民群众意志更加坚定，心中更加痛恨国民党反动派。

三、青草渡税站被袭，四烈士为革命捐躯

青草渡位于织篢河与黄什河入海的交汇处，是程村、织篢、黄什、横山诸圩镇水上交通要冲，过往商船频繁。1949年春，八团为解决部队军费困难，在青草渡建立税站。税站距阳江西区国民党统治中心织篢圩不足10千米，敌人虎视眈眈。为防止敌人破坏，保证税站的正常运转，中共阳江县委、八团团部给税站配备坚强的武装税务队伍，委派部队老连长张启光任站长，抽调小水河税站站长陈励为副站长兼税站党支部书记，挑选陈日宽、周道生、周杏保、柯杰全、梁斗、关执、叶初、胡明水等班排骨干、警卫员和熟悉地方情况的干部、战士，组成一支精干的10人小分队。

为创造税收工作的稳定环境，建站初期，税站除匪安民，保护商旅安全；在金横区武工队和当地群众的密切配合下，先在上店村消灭土匪30余人，枪毙殷大塝等4名匪首，为民除了一大祸害；后又制伏程村一霸——花山武馆教头叶慕登。

国民党税捐处人员常到程村圩压榨商贩。接到群众举报后，税务人员立即采取行动，将鱼肉乡里的税捐处的人员抓起来示众，然后赶出圩场，群众拍手称快。

从此，税站工作队威震青草渡两岸，附近劣绅、土豪、恶霸闻风丧胆，嚣张气焰骤敛，织篢敌驻军也不敢轻举妄动。因而，这一地区治安良好，交通畅顺，过往船只，川流不息。税务人员在开展征税工作的同时，利用与外界接触广的有利条件，积极开展统战工作，不少商客自愿为武工队侦察敌情、购买军用物资，

做了许多有益于革命的工作。如织篢蔗山有一位营运生猪、三鸟的商人徐某，多次为部队从江门购回子弹和手榴弹；织篢镇米商王世传，积极向税站提供情报，并且代税站向镇上富户征收军粮，后来在送信过程中暴露，被敌人杀害。

税站的影响日益增大，引起了敌人的注意。织篢国民党当局把它视作眼中钉，但慑于游击队的威力，长期不敢造次。雷勋率正规军来阳江西区，就把进攻青草渡税站作为其整个“扫荡”计划的一个重要组成部分；他勾结地方反动团队，在织篢镇和程村圩集结重兵，对税站形成包围态势。

为不让税收落入敌手，1949年7月中旬，税站派副站长兼党支部书记陈励和队员叶初穿过敌人的重重封锁线，将税款运往八团团部。就在陈励两人走后不久，敌人接连多次派兵前来税站附近围村，但因没有群众支持，盲目行动，结果次次扑空。于是敌人改用恐吓办法，轮番开来汽船，向岸上开枪扫射，妄图以此来吓退税站战士。鉴于敌情，八团领导一度指示停止税站工作。

税站的干部战士心里都很明白，他们正处于敌人重兵“扫荡”的恶劣环境中，随时都有牺牲的可能，但想到能多收一点税，可以给主力部队多一些给养，从而有力地消灭敌人，他们即使流血捐躯也在所不辞。在站长张启光的带领下，战士们不顾生命危险坚持工作。他们待敌人走后或不注意时，一有商船开过，马上出船征收，迅速撤离，机动灵活，保证税站收入不减。敌人明攻、恐吓不成，便使阴谋暗算，利用织篢走闸坡的渡船，暗中在船里埋伏，伺机袭击。

1949年7月28日早上，隐蔽在篢南乡鸡乸塱村的税站人员，看到对岸狮子岭下停泊着渡船，误以为是等待收税的商船，在场的8人便全部出动，分乘两艘小艇一前一后划向渡船。当快要接近渡船时，伪装在船中的敌人用机关枪、冲锋枪突然狂射，船工陈德宜当即两臂中弹负伤，税务人员立即奋起还击。敌人的渡船大，税站的艇小，敌人居高临下，火力强，而税站人员只有短枪，明显处于劣势。战士们连掷数枚手榴弹，都因艇颠簸厉害，全部落水爆炸。在激战中，张启光身中数弹，昏倒在船上。他被枪声震醒，顽强地拾起手枪又朝敌人射击，直到把子弹打光。意识到自己要牺牲，他艰难地把枪和文件扎好沉入河里，以免落入敌人之手。就在这时，敌人又一阵密集的子弹射来，张启光头部、身上被击中，为革命流尽最后一滴血，光荣地献出自己年轻的生命，牺牲时年仅31岁。

接着，胡明水也中弹英勇牺牲。陈日宽和周道生，眼看形势不利，跳水突围，不想游到龟山时遭到埋伏在岸上的敌人的袭击，英勇牺牲。周杏保、关执奋力摇艇冲出火网，绕至蚝山海边，在海滩上隐蔽脱险。柯杰全、梁斗跳入河中，朝白土方向游去，才得以脱险。

青草渡税站被袭，税站的张启光、胡明水、陈日宽、周道生英勇牺牲。

青草渡税站在半年的时间里，征收3 300多银圆，国民党纸币35 000多元，为增加部队给养做出很大贡献。税站被袭，使阳江西区人民武装遭受很大损失，鉴于当时的不利条件，中共阳江县委和八团党委将税务人员撤离，青草渡税站的收税工作从此结束。

四、英勇还击敌人“扫荡”

自八团西征部队打破“雷团”的“围剿”计划以后，“雷团”不甘失败，反而变本加厉，疯狂残杀人民武装和群众。“雷团”重新布置兵力，一个营留驻阳江西区，在织篢成立国民党阳江西区“清剿”指挥部，营长李启芬任总指挥，国民党阳江县县长甘清池任“清剿”区主任，国民党阳江县政府秘书陈华（共产党员）任副主任，采取分散兵力对付革命武装及游击区群众。

（一）国民党军烧杀抢掠，罪恶累累

在敌人对游击区的进犯中，路南区所受的压力最大，区内敌军有县保警柯添连、县警陈宏志中队、阳江七区联防大队、茂名的忠勤部队和上洋联防中队、冯希亮联防中队等共六七百人。

1949年6月上旬，路南区沙儒武工队员陈德修、梁振丰及两名壮丁队员在乘船去沙扒工作时，被沙扒乡兵逮捕，并押至儒洞阳江七区联防大队。陈德修被施以酷刑，坚强不屈，英勇牺牲。梁振丰等被送往国民党阳江监狱，阳江解放时，已被敌人折磨得奄奄一息。

1949年7月10日，“清剿”总指挥李启芬派1个连半夜包围乌石、旧宅两村。天蒙蒙亮进村搜查，残酷杀害织篢旧宅村壮丁小队长詹存和乌石村壮丁中队长陈木恩，并强奸妇女2人，烧毁民房5间，抓走壮丁队员40余人；群众的猪、牛、三鸟等财物被抢劫一空。

敌人滥杀滥捕，搞得人心惶惶，鸡犬不宁，壮丁队员躲在山上不敢回家，此时正值夏收夏种季节，禾熟也不敢下山收割。同时，敌人采取软硬兼施的办法，勒令壮丁队员出来“自新”，否则烧屋劫物，迫害家属。但这并没有吓倒革命群众，反而使革命群众更加坚强，冒着生命危险保护人民武装。

1949年7月中旬，国民党县保警柯添率连队伙同上洋姚乃熊中队化装成趁圩的群众，企图偷袭驻扎在上洋南门冲的路南区队。共产党员姚定疆的母亲得到情报，冒险跑步前往驻地，提前告知敌情，区队因此安全撤退。

7月25日，“雷团”一部先后洗劫儒洞5个大村，残杀壮丁队中队长卢旺、壮丁队骨干罗斌和1个8岁的小孩，烧毁新村壮丁大队长周振及农会会长陈和茂等人房屋数间。

7月下旬，“雷团”一部包围太平乡仁和村，将全村成年男女集中在一起，强迫路北区队的逃兵张瑞欣辨认武工队人员，致武工队员陈德政、张轩、陈朝畅、陈朝芬等人被捕。陈德政被押到阳江城后宁死不屈，英勇就义。

同期，罗琴区委副书记陈清率武工队员郑道琼、林进杰到程村石牌村收军粮时，在回来的路上遭程村自卫队伏击，因寡不敌众，林进杰当场牺牲，陈清和郑道琼突围脱险。

敌人在“扫荡”中，将过去一些处于瘫痪状态的基层政权和据点重新建立起来，网罗地痞流氓，加强联防队、自卫队的力量，实行村村设盯点，路路设关卡；大“扫荡”过后，又不时派小股武装频频出动。武工队经常与敌人相遇，受到很大威胁。

（二）反击“清剿”，三打上洋

上洋大地主姚雁秋，十分仇恨蓬勃兴起的反“三征”和减租减息的群众斗争，当得知国民党当局要派重兵到阳江西区，自以为机会来了，于是跑到阳江，向国民党阳江县政府请来县保警柯添连，在连长柯添的带领下，1949年于6月13日赶到上洋。

1. 一打上洋。当时，八团驻扎在上洋坟面村，得悉情报，即联同路南区队前往截击。因敌人已过，截击不成，八团即派人跟踪侦察，获悉敌人在靠近上洋圩的大祠堂里停留做晚饭，以为敌人会在那里宿营，于是半夜前去偷袭。可是，狡猾的敌人在天黑后就撤进了上洋村大地主城堡式的大院里。八团缺乏攻坚武器，难以攻破，随后便撤离路南区，留下副县长陈国璋带领路南区队会合电白独立连在当地活动，监视敌人。

八团撤走后，路南区上洋武工队一连三夜到敌堡附近打枪和放鞭炮骚扰，吓得当地还乡团（解放战争时期国民党组织的地主武装——编者）日夜提心吊胆，不敢离开城堡。

1949年6月中旬，路南区队和电白独立连袭击沙扒乡公所，处决了鱼肉乡里、民愤极大的稽查员陈用恒，缴获了日军留下的几发炮弹。

6月26日夜，上洋武工队从炮弹内取出炸药制造成炸药包，和电白独立连一起进攻驻在上洋地主城堡里的还乡团，因围墙坚厚，只炸开一个小孔。虽没有攻破敌堡，但200多个敌人被这突如其来的巨响惊破胆，用机枪、冲锋枪盲目扫射一夜。

姚雁秋怕武工队又来攻打，派管家偷偷跑到织篢，请阳江县警敖敏超中队赶来救援。这天，路南区队、上洋武工队和电白独立连仍在上洋圩附近村庄收集军粮，村中群众帮忙磨谷舂米。晚饭后，军粮收集完毕，队伍准备转移。此时，姚雁秋请来的敖敏超中队路经附近，武工队排哨发现后开枪射击，敖敏超怕中埋伏不敢恋战。武工队顺利完成收粮任务，便也趁机平安撤离。

2．二打上洋。1949年8月中旬，路南区委针对龟缩在上洋村地主大院里的反动武装只有圩日出来收税的情况，组织上洋武工队和附近坚持革命斗争的部分民兵二三十人，在一个赶集日的早晨，由上洋武工队队长姚若崧带领，埋伏在上洋村通往上洋圩之间的小树林里。敌人队伍开来时，游击队突然开火，当场打死几人，其余沿着一条壕沟拼命逃跑。游击队跟踪追击，直追到上洋村，敌人缩进碉堡，武工队才收兵。

3．三打上洋。根据阳江县委与八团党委对反“清剿”的战略部署，路南区队上调路北区。路南区队在新圩石仔岗村白石岭和“雷团”遭遇，突围中区长陈碧在战斗中负伤，伤愈后回归路南；不久，他又组建了一个区队。

敌人被困久了，想出来找点好吃的。8月22日，一个排的敌人扛着枪窜出来，溜往河北去抢鱼。

上洋武工队收到情报，当时区队只有10多人在场。路南区区长陈碧带领队员赶往丞相埂设伏，等敌人从河北回来途中，出其不意打击敌人。敌人十分狡猾，他们绕道坐船从南山海村回来。区队在岭上望见，当机立断，奔赴南山海村截击。赶到南山海村时，敌人已上岸，区队立即开火，敌人仓皇应战，并以海边礁石为依托，负隅顽抗。区队歼敌心急，分兵包抄。但敌人人多且武器精良，激战半天，双方仍僵持着。等到留守上洋的敌人出来救援后，武工队才撤走。

经过三次打击，上洋反动武装日夜不安，县保警柯添连队和忠勤队都已经撤走，他们觉得大势已去，再也不敢轻易出来。1949年10月初，上洋联防中队长姚乃熊两次主动找路南区梁文坚谈判，谈好无条件投降。路南区委派上洋武工队队长姚若崧带队接受投降，共收缴联防中队长短枪79支、子弹一批。联防队人员经教育后全部遣散。

（三）冲破黎明前的黑暗，夺取反“扫荡”斗争最后胜利

路南区队奉八团命令于1949年7月中旬转往路北区活动。金横区武工队则采取敌进我退的策略，撤到白沙、双捷等新区，同时开展新区的工作。路南区、路北区、罗琴区和金横区留下坚持斗争的武工队，分散活动，日夜吃住在深山野林中，与毒蛇、猛兽为邻，有的同志一天三次与老虎相遇，险遭虎害。金横区党员廖承炎夫妇抱着未满周岁的孩子随武工队上山隐蔽，在敌人搜捕时，为不让孩子哭喊而暴露目标，捂住其嘴，致孩子窒息而死。由于斗争环境恶劣，许多战士得痢疾、大热症等疾病。留在路南区医治肺病的太平乡起义负责人、后任八团参谋的熊光，因长期缺乏药物治疗和营养，在黄竹塘不幸去世。阳江西区反“扫荡”斗争进入最艰苦的时期。

在这关键时刻，各地武工队咬紧牙关，千方百计克服困难，积极行动，运用灵活的游击战术，伺机打击敌人。

1949年7月下旬，路北区委针对敌人重点“扫荡”丘陵地区，布置各武工组分散转入平原，来到敌人营房附近袭扰。蒲牌武工组深入蒲牌圩“雷团”驻地附近的东领、公陂、茅元等村；太平武工组活动到太平乡公所及织篢圩周围的村庄；塘口、新圩武工组亦到敌据点附近，夜晚打枪喊话，造成要进攻的气势，吓得敌人无法安睡，使敌人对游击区的“扫荡”不能正常进行。敌人为摸清游击队的底细，派出大批特务、暗探侦察，大多被游击队识破抓获。

7月下旬，敌人派暗探假扮算命先生，在织篢至电白沙琅的路上侦察。路北区武工队将其抓获，押至太平乡附近审讯。尾随而来的敌军又将特务抢回。武工组迅速转移。金横区一武工队在铜鼓活动时也抓住刺探军情的织篢联防队某排长，并将其处决。不管特务怎么打扮，最终被武工队和支持革命的群众所识破，因此大多有来无回。

路南区委针对敌人的镇压和劫掠，于7月28日，在黄竹塘主持召开区委扩大会议，听取各武工组的斗争情况汇报，分析当前的形势，研究确定三项反扫荡措施：

1. 马上安置好被烧屋、被抢劫的群众，帮助他们解决生活困难。

2. 对被迫“自新”的壮丁和群众，要教育争取，不能让敌人拉去，做有损于革命和人民的事。对被敌人继续通缉的人员要想办法保护其安全。

3. 重新组建区队，指派伍星辉当队长，寻找机会打击敌人。组织锄奸活动，打击反动派的嚣张气焰。

7月29日，上洋武工组在港水马村一带活动时，抓获到石门仔抢粮的港水乡自卫队3名乡兵。经审讯得知自卫队副队长带10多人仍在马村抢劫，武工队立即包围敌人驻扎的村中碉楼。敌兵不敢抵抗，放下武器出来投降，武工队缴长短枪6支、子弹700余发。

在广阳地区其他兄弟部队的大力支持和配合下，阳江西区革命武装在反对敌人抢掠、反“扫荡”的斗争中不断取得胜利，当地反动武装不断遭到打击歼灭，敌“扫荡”主力四六一团损兵折将。1949年8月下旬，雷勋率部向西逃窜，阳江西区军民的反“扫荡”斗争取得决定性的胜利。

第七节 配合南下解放军消灭逃敌，阳江西区获解放

1949年8月，中国人民解放军二野四兵团和四野十五兵团组成的独立兵团，在叶剑英、陈赓的统率下，挥师南下，广东解放指日可待。

8月1日，中国人民解放军粤中纵队成立，纵队所辖的广阳支队第八团，改编为“中国人民解放军粤中纵队第二支队第八团”（简称“第二支队第八团”），团长兼政委为赵荣，政治处主任为陈亮明。

9月上旬，中共路南区委、路北区委、金横区委、罗琴区委学习贯彻中共阳江县委关于迎接解放工作会议精神，做好迎军支前和解放城乡的准备，动员各区军民抓紧做好筹备粮草、策反统战、社会调查、保卫治安等工作，迎接人民解放军南下部队解放全区。

一、阻敌南逃，烧毁桥梁等交通设施

广湛公路（原G325国道、今G228国道）是广州之敌逃往海南岛的交通要道，程村至儒洞的路段又是这条通道的咽喉。破坏桥梁和交通设施，是阻敌南逃，为南下解放军争取时间追击歼灭残敌的有效措施。中共广阳地委书记、二支队司令员兼政委郑锦波对烧毁公路桥梁工作十分重视，亲自布置任务。金横区委、路南区委、路北区委和罗琴区委遵照上级领导的指示，负责在短期

内烧毁所在区域的主要公路桥梁及其他重要交通设施。

（一）烧毁荔潭大桥

荔潭大桥位于程村荔潭村原广湛公路路段，是一座长约百米的木质桥梁，是阳江城进入阳江西区的一道重要关口。金横区委接到任务后，即在程村白坟坡开会，决定派胡斌、黎新培带领区队以及邝阳带领第一武工队将荔潭大桥烧毁。1949年9月上旬的一天晚上，战士们乘着天黑，携带山草、煤油等燃料，向荔潭桥进发。到达桥边，立即派战士选择有利地形，布置岗哨警戒，做好迎击程村方向来敌的准备。该桥是杉木结构，桥面为厚实的黄泥土，桥下水深过胸。战士们在桥下中心的实土处堆叠柴草，由于气流不通，火一点着很快熄灭，反复几次都不成功。于是派人向附近群众借来锄头，打算从桥面掘开一个大孔排烟。由于桥面所垫的砂土长期承受车辆滚压，硬如坚石，费很大气力也不能掘开。后来改变堆放柴草的位置，从桥底中心转移到两旁，柴草点着后，浓烟沿着桥体向上排出，火在桥面蔓延开来，很快烧着桥身杉木，加上不断泼煤油，顿时烈焰冲天，照得上空一片通红。大火一直烧到下半夜，直至将桥烧成灰烬。

（二）烧毁下店大桥

下店大桥位于程村下店村原广湛公路路段，是金横区内最大的一座木质桥梁。桥梁横跨黄什河，长约200多米，是阳江县城进入六区、七区的重要桥梁。金横区委在组织烧毁荔潭桥几天后的一个晚上，游击队携带山草、煤油等燃料，向下店大桥进发。

队伍来到桥边，立即布置岗哨警戒，派部分战士选择有利地形做好防击来敌的准备，其余人员准备烧桥。

战士们把柴草堆放在桥脚，又用喷筒把煤油喷洒在桥面上，然后点燃柴草。火从桥脚向桥面蔓延开来，很快烧着桥体杉木，加上不断泼煤油，火势越来越大。大火一直烧到下半夜，直至大桥烧毁。

金横区游击队四面出击，至1949年10月，区内数座大小桥梁均被烧毁。

（三）烧毁车田桥和漂竹桥

车田桥位于儒洞东面车田河，由路南区负责烧毁。漂竹桥位于织篢西面的漂竹河，由路北区负责烧毁。两区约定同一时间行动。在约定的一天晚上，路南区委率领武工组来到车田桥。因刚下过小雨，桥面垫土较为松软，武工组用锄头挖掉桥面的泥土，泼上煤油，并在桥孔里塞入木柴，成功地将木桥烧着。附近守桥的敌兵见状，大喊大叫着走向桥，并向桥周围乱开枪，但怕火光照着自己而遭游击队射击，不敢上桥扑火，只好眼巴巴看着整座车田桥被烧毁。

路北区委在同一天晚上实施烧桥行动，因缺乏烧桥经验，将煤油泼在漂竹桥墩上，但雨后潮湿，煤油烧完而桥墩木未烧着。敌人发现后，采取一些防范措施，在桥面上加一层很厚的沙土，并加强防守，派兵日夜巡逻；还威胁附近的群众说，今后如有游击队烧桥，必须全村人出动救火，否则以“通匪”罪论处。这给烧桥增加较大的困难。

路南区委得知漂竹桥没烧毁，主动前去烧该桥。行动前，区委为烧桥做好充分的准备工作。地下党员吴观康担任买煤油的任务，他到上洋圩买了近50千克的煤油。数日后的一天晚上10点多，刚下过一场大雨，路南区委带领上洋、蒲牌两支武工队和部分民兵骨干悄悄来到漂竹桥，点燃木柴煤油，顿时火光冲天。正在这时，附近鸭颈村的反动保长立即鸣锣报警，大声威逼村民救火，并派人通知国民党军队和消防队来救援。武工队怕伤及群众，便撤退了。走在最后的蒲牌武工组代组长吴瑾瑜，看到一个指手画脚的国民党走狗，便拔出驳壳枪向他射击，因天太黑，加上距离较远，连发三枪均未打中，便拿起砍桥的斧头冲上去就劈，被此走狗的几名亲信用扁担拦住。这时，敌军和消防队从蒲牌方向赶来，枪声四起，吴瑾瑜连忙抓住反动保长身边一个帮凶作为人质撤离现场。漂竹桥大火被蒲牌国民党消防队扑灭。

虽然这次行动失利，但并未动摇武工队烧桥的决心。几天后，路南区委、路北区委联合行动，再一次组织烧桥。他们汲取前两次的教训，对烧桥方案进行重新调整，由路北区委书记兼区长陈明当总指挥，派路南区武工队负责戒备阻击蒲牌方向来敌，路北区武工队负责警戒阻击织篢方向来敌并组织烧桥。那天深夜，他们将糯米粉加煤油搓成条，塞进桥底杉木缝里，然后点火。烧桥两个多小时，没引起大火，直到整座桥被烧毁，敌人也没有发觉。

与此同时，罗琴区委成功烧毁了程村到白沙的几座桥梁。半个月内，除少数桥梁因离国民党统治据点太近未能烧掉外，白沙到儒洞的大部分桥梁和涵洞均被烧毁或破坏，且公路也遭到一定程度的破坏。

1949年10月中旬，广州残敌陆续逃到阳江，因桥梁已断，国民党军队的大批汽车、大炮、马匹及辎重充塞于阳江城周围，敌人只好到处征集民夫搭桥修路。敌军要国民党阳江县政府征船、征木架桥，国民党县府秘书陈华（共产党员）表面应付，实际上以修搭桥梁所需的大量木材、铁钉等材料供应不上为由暗中拖延，使烧毁的桥梁迟迟得不到修复。

二、配合解放军歼灭逃敌

1949年10月1日，进军广东的中国人民解放军二野四兵团，以雷霆万钧之势，从粤、赣、湘边境迅速向南进击，10月14日，广州解放。广州外围之敌全线溃退，分别向广九、珠江、粤中、西江等地逃窜。二野四兵团执行毛主席“切断西江一段，断敌西逃广西之路，不使广州敌向广西集中”的战略部署，紧紧卡住西江要道，斩断敌军西逃之路。国民党余汉谋集团军残部十三兵团、二十一兵团（刘安琪兵团）三十九军等4万余众，见西逃无望，便转向阳江、阳春方向逃离。10月20日起，刘安琪兵团陆续来到阳江。

二野四兵团司令兼政委陈赓在获悉敌军逃跑方向后，立即部署6个师的主要兵力，分成左、中、右三路，日夜兼程，迅速奔赴阳春、阳江地区，围歼逃敌。

国民党阳江县长甘清池见国民党大势已去，于10月22日借口出巡，携亲信及县保警100余人及枪支财物，逃离阳江，路经织箦，慌慌张张地向信宜老家逃跑。国民党阳江县政府发出公告，说甘清池西巡视察，由秘书陈华代行县长职务。

解放军日夜兼程，穷追猛打国民党逃军，阳春龙门、河口的敌人已逃跑。10月22日，八团从塘口梅花地村开入龙门、河口。10月23日，八团及地方武工队，在潭簕河边与乘船顺流而下的解放军右路军先头部队会合。八团赵荣建议部队水陆并进，横插罗琴山，切断敌人沿广湛公路南逃之路。

赵荣亲自带一个警卫排做向导，解放军沿漠阳江水陆并进。10月24日3时，解放军第一二〇团由瓦窑头直取程村，切断敌军由阳江逃往电白之路。解放军在往白沙圩的公路上，与国民党西逃敌军遭遇，发生战斗，俘敌180余人，缴获汽车6辆。敌人继续焚烧辎重，准备往程村圩以南的公路西逃。一二〇团两个营将缴获的汽车开往程村圩，接着由程村圩沿大路转向东南推进。部队边打边进，在龙运岭高地，经2小时战斗，歼敌一四七师一部，俘600余人；在大岭71高地与26高地之间，又歼敌一四七师二七二团一个营，毙敌80多人，俘敌营长以下300多人。

10月24日，在八团和各区武工队的配合下，解放军左、中、右三路部队分别进入阳江城和白沙圩等地，形成对逃至阳江地区的国民党军的三面包围。

国民党军发现被包围后，从马曹、南排向鱿鱼头渡败退，企图打通广湛公路从西面突围。

为防止敌人向西往程村罗琴山逃窜，赵荣带领八团的三个连，开赴广湛公路南侧程村罗琴山警戒，防止敌人窜入罗琴山区，配合解放军阻敌南逃。

国民党军向西多次突围不成，感到西逃无望，便烧毁大批汽车、辎重，于10月25日改向南转移，企图向海上逃跑，右路军在旱禾庙至平冈圩的追击途中，歼灭国民党第三十九军通信营及第五十军三十六师一部，俘敌700余人。当国民党第三十九军残部600余人逃至程村石牌村时，被解放军追上，除正、副军长仓皇乘小船逃跑外，其余全部被俘。

接着，解放军进至程村东南部上园头岭一带，切断国民党军由平冈圩往九姜埠的逃路，歼灭国民党第五十军直属队一部，俘500余人。

在各路解放军的围攻下，此时，敌军陷入四面包围之中，已成瓮中之鳖，聚集于平冈周围不到15平方千米的狭长地带。敌军头目刘安琪、胡家骥等见势不妙，仓皇乘船逃离。余下残兵败将已完全失去有组织的抵抗，如一群热锅上的蚂蚁，左冲右突，乱作一团。

10月26日拂晓，二野四兵团前线指挥部向左、中、右三路部队下达发起总攻的命令，10多支突击队像十几把尖刀直插平岗，将敌人分割成无数小块，然后逐股围歼。在漠阳江出海处，四兵团用猛烈炮火轰击前来接应运载逃敌的4艘军舰，敌舰狼狈逃跑。中午，阳江围歼战胜利结束。

右路军顽强阻击企图西逃之敌的同时，派一支部队继续追击已过境的敌军。10月26日6时，该部队进入织篢圩，俘“防剿”区六中队100余人及“忠勤”部队2个班20余人。接着，解放军马不停蹄，继续向南追击。同一天，阳江西部各区随之宣告解放。

10月底，国民党军残部几十人，在上洋海面乘两艘木船企图逃遁，路南区区队长伍星辉率队截击，将其全部俘虏，缴获轻机枪6挺、长短枪50多支、弹药一批。俘虏经教育后全部遣散。

阳江县驻儒洞的常备自卫队第七中队长陈宏志部100多人在10多天前潜逃，10月25日逃到阳江北惯乡时，被南下解放军和阳东区北惯武工队歼灭在北惯台丹村响水庙（山）。

企图经阳江逃向海南岛的刘安琪兵团4个军4万余人，全部被歼，其中溺死、击毙万余人，俘敌3万余人，缴获各种炮230门、轻重机枪1 200余挺、长短枪12 000余支、火箭筒26个、汽车120辆、马500匹及报话机等其他军用物资一大批。阳江歼灭战是解放军过江以后十大战役之一，在全国解放战争史上留下光辉的一页。

三、接管建政与整编部队

随着阳江地区全面解放，中共阳江县委、县人民民主政府和第二支队第八团立即展开全面的接管工作。早在南下解放军到来之前，阳江西区党组织、各区人民民主政府和人民武装已开始做好全面接管工作的准备。

1949年8月，中共阳江县委在阳东地豆冈召开会议后，阳江西区各地党组织、人民武装按照会议的布置，认真学习毛主席的《论人民民主专政》，学习党的城市工作方针、政策和进城纪律，培训一批组织、政权、群众工作的干部骨干，在思想方面、组织方面为接管城镇做好准备。

阳江歼灭战胜利结束前后，随着南下解放军向南进军，阳江西区各地全部解放，第二支队第八团和各区武工队纷纷进入城镇，执行接管建政任务。

早在10月23日，西区各党委获悉解放军已到了阳江城近郊，并开始攻城后，即召开区委会议，布置各武工队分头接收阳江六区、七区各乡反动武装和政权。

在南下解放军到来之前，滑桥、石港、溪头三乡联防主任冯希亮，在游击队强大的军事政治攻势面前以及其胞兄冯希湛（民主党派人士）的再三劝告下，曾于9月下旬向路南区委提出谈判要求。路南区委派区委委员曹河代表第二支队第八团到港水联防区指挥部与冯希亮谈判，达成三点协议：

1. 联防区属下武装，包括直属联防中队及溪头、滑桥两个乡队共200人接受改编，武器弹药及其他物资不能转移、隐蔽，须按第二支队第八团指定地点集结。

2. 联防区武装的军官（含文职人员）职务待遇不变，但具体工作视其所长适当安排。

3. 官兵去留自愿，不愿留者发给路费遣散回家，愿留者开往贫北山区接受改编。

以上条件冯希亮满口答应，但过分强调客观原因，迟迟没有行动。区委又派委员李世谋协助曹河多次前往催促，直到10月25日，冯希亮才勉强把队伍拉出来。这时，阳江已解放，南下解放军前锋已到溪头，但冯希亮借口因解放军到来，匆忙中散失武器弹药为由，有意隐藏一些精良武器，只交出几十支破旧的步枪。鉴于冯希亮起义没有诚意，坚持反动立场，路南区武工队及第二支队第八团一连一起将冯希亮联防队缴械，接着接收溪头及滑桥乡公所的武器。

与此同时，沙儒武工队到儒洞开展接收时，儒洞“防剿”

区和常备自卫队第七中队此前已逃跑，逃至阳东时被解放军和武工队歼灭；儒洞联防队逃到电白江界乡，常备自卫队逃往马山村荔枝园，敌兵全无斗志。武工队在地下党员陈厚祥和民兵的协助下，将逃到荔枝园的中队缴械，再逼刚俘虏的儒洞“防剿”区秘书写手令，召回逃到电白江界乡的联防队向游击队投降。

10月24日，中共粤中区临时区委决定，成立新一届中共阳江县委，书记为杨子江，副书记为赵荣，委员为姚立尹、陈国璋、林良荣、陈中福。10月25日，粤中纵队司令员吴有恒、第二支队司令员郑锦波率领部队进阳江城。10月26日，阳江县人民民主政府从塘口马山梅花地村迁到阳江城办公，成立阳江县人民政府，姚立尹任县长，陈华任副县长。阳江县人民民主政府同时被撤销。

10月25日，路南区委开会决定区内4个武工队分别派出队员，接收全区9个乡镇政权，在解放大军到达前全区已获解放。次日，即开展迎军支前工作。

10月26日晚，路北区委书记陈明等领导成员率武工队进入织篢、蒲牌、塘口等乡，金横区武工队入程村等乡。

同时，阳江成立军事管制委员会，在织篢圩成立阳江县军事管制委员会织篢办事处，主任为陈国璋。军事管制委员会织篢办事处成立后，对阳江西区实行军事管制，向国民党的原有机构和部门派出军事代表，对国民党的党政军及事业单位进行接收。

随后，军事管制委员会即发布政令、布告，施行各项政务管理，领导各级政权建设。同时大力宣传、组织群众恢复生产，大力支援前线，肃清匪特，维护治安，巩固革命政权。

为便于推行政令，维护社会秩序，阳江解放初建立的区、乡政权仍暂按国民党设立的区乡地域，撤销解放前设立的金横、路南、路北、罗琴、江城区，将金横区所辖的区乡按原建制分别划归阳江、阳春管辖。阳江县划分为9个区、39个乡、4个镇、121个行政村。其中阳江西区属第六区、第七区，第六区含9乡1镇，区委书记兼区长为邝炎培，区委、区府设在织篢；第七区含6个乡，原路南区委书记梁文坚回阳江城待产，区委书记兼区长为陈碧，区委、区府设在儒洞。各区的乡长、镇长及其村长也逐一进行任命（基本为原武工队长或武工队员）。

在解放战争的3年多时间里，阳江西区党组织和人民武装从小到大，由弱变强，在艰苦的斗争环境中不断发展壮大，革命根据地村庄由抗日战争时期的21个扩展到856个。

第五章

建立和巩固人民政权，奠定经济社会发展基础

中华人民共和国成立初期，阳江西区人民在党和政府的领导下，积极支援解放广西、海南岛和抗美援朝；在土地改革完成后，以过渡时期党的总路线为方向，组织互助合作；在农业合作化过程中，边海乡农业生产合作社成为全国农村农业合作化运动的一面红旗。

从阳江解放到改革开放前，阳江西区人民群众在党的领导下，发扬自力更生、艰苦奋斗精神，艰苦创业，大力开展农田基本建设、交通基础建设和文化教育建设等，发展地方经济，使农业、工业、文化、教育、卫生等各项事业有了新的进展，为阳江西区的发展奠定了坚实基础。

第一节 区、乡人民政权的建立和巩固

一、区、乡人民政权的建立

1949年10月24日，新一届中共阳江县委成立，杨子江任县委书记，赵荣任副书记兼组织部长，陈国璋任宣传部长。10月27日，阳江县人民政府成立，姚立尹任县长，陈华任副县长。县政府先后设立秘书、民政、财政、建设、文教、粮政等6个科室；全面接管了县、区、镇、乡政权，建立了区、镇、乡人民政府；并任命了区委书记、委员和区长、副区长。与此同时，公安、法院、工会、农会、青年团、妇联会也相继成立。老区人民从此迎来了人民当家作主的新时代。

（一）建立区、乡党组织和人民政府

阳江解放初期，阳江西区的行政区划仍按原区划建制，设立阳江县第六区、第七区，辖15个乡和1个镇。1949年11月，废除国民党时期的保甲制，建立行政村和行政街。两个区共设126个行政村和2个行政街。

六区辖织篢镇（2个街）、太平乡（13条村）、篢南乡（8条村）、篢北乡（14条村）、西平乡（8条村）、程村乡（25条村）、塘口乡（10条村）、仓新乡（5条村）、滑桥乡（6条村）、港水乡（5条村）、溪头乡（5条村）。1950年春，仓新乡划归七区。六区区政府设在织篢镇，区长为李世谋。

七区辖儒洞乡（9条村）、上洋乡（6条村）、蒲牌乡（3条村）、南石乡（5条村）、北额乡（4条村）。1950年春，仓新乡划入七区。七区区政府设在儒洞圩，区长为陈碧。

1951年，土地改革初期，六区划出赁南乡、滑桥乡、港水乡、溪头乡建立第十区。区政府设在溪头圩。

1953年6月，实行民主建政，阳江县划分为19个行政区，阳江西区共有7个区，分别是十二区、十三区、十四区、十五区、十六区、十七区、十八区。设4个镇，即织赁镇、儒洞镇、沙扒镇、溪头镇。共设81个小乡。

十二区辖平南乡、平原乡、胡荔乡、陇石乡、长芙乡、程中乡、平东乡、三山乡、莲山乡、西一乡、西二乡。区政府设在程村圩。

十三区辖织赁镇、岗平乡、仓新乡、礼竹坑乡、石桥铺乡、黎昌塱乡、牛岭乡、山塘乡、东村乡、冲口乡、大环乡、岑村乡、长歧乡、大泉乡、谷围乡、石埗乡、竹江乡、漂竹乡。区政府设在织赁镇。

十四区辖溪头镇、英厚乡、红埠乡、永安乡、潮旦乡、滑桥乡、白土乡、丰济乡、那湖乡、蓝袍乡、北塱乡、石宫乡、白水乡、双水乡、马村乡。区政府设在溪头镇。

十五区辖车湖乡、牛南乡、热水乡、周南乡、平西乡、平北乡、由高乡、旧仓乡、旧寨乡、上垌乡、下垌乡、同由乡、东水乡。区政府设在塘口圩。

十六区辖上洋乡、双鱼乡、上塘乡、旧塘乡、石门乡、蒲山乡、庚山乡、石桥乡、南堡乡、菩提乡。区政府设在上洋圩。

十七区辖儒洞镇、边海乡、蓝田乡、大浦乡、南垌乡、石楼乡、寿场乡、马车乡、胶庠乡、新圩乡、陂底乡、古井乡、禾塘乡。区政府设在儒洞镇。

十八区辖沙扒镇、书村乡、白沙乡、渡头乡、南河乡。区政府设在沙扒镇。

各区乡分别建立区党委、乡党支部。区乡党政主要领导成员由上级党组织任命，部分政府工作人员由党组织在贫雇农积极分子中选拔任用。中华人民共和国成立初期，区乡人民政府的主要任务是：巩固基层政权、维护社会秩序、清匪肃特、组织群众恢复工农业生产、生产度荒、实行减租减息、完成征粮任务和支前工作等。

（二）成立农会和民兵组织

阳江县于1950年3月18日召开了农民代表会议，选举成立了阳江县农民协会（下文简称“农会”）筹备组委会，县委书记杨子江兼任农会筹备委员会主任。全县各区乡相继建立了农会组织。阳江西区的六区、七区和辖区内的15个乡都建立了农会组织。根据《土地改革法》的规定，农会组织的职责是依靠贫农、雇农，团结中农，中立富农，有步骤、有分别地消灭封建剥削制度，发展农业生产；组织农民生产，举办农村合作社，发展农业和副业，改善农民生活；保障农民的政治权利和民主权利，参加人民民主专政工作。农会组织成为中共组织群众、联系群众、发动群众的纽带。梅花地、屋背冲、横山、边海、冲口、茅坪、礼竹坑、涖陂、车湖、青草渡、鸡乸塱、金星等村庄的农会积极响应党和政府的号召，在反封建、评阶级、斗地主、分田地等斗争中发挥了重要的历史作用。至1953年春，土地改革复查结束后，逐步组建农村政权机构。原先的农会骨干，大多转为乡村干部，在相当长的一段时间里，人们把这些干部称为“土改干部”。

中华人民共和国成立初期，民兵组织是保卫区乡政权、维护社会治安的重要武装力量。1950年12月，成立阳江县人民武装支队，姚立尹兼任支队长，唐炳霖、许航兼任副支队长，杨子江兼任政治委员，申存、朱汉雄任军事参谋，陈湘、陈积盛任政工干事。各区乡也相继成立了民兵组织，直属县人民武装支队领导，实行军事化管理。1950—1953年，阳江县共有武装民兵5 646人，长短枪2 000余支。这几年间，阳江西区的民兵组织在保卫新生的红色政权、清匪肃特、土地改革、参加农业生产、度荒救灾、支援解放海南岛、维护社会治安等工作中发挥了重要的作用，同时在阳江县人民武装支队的领导下搜歼残余零星土匪、收缴黑枪、开荒扩种、发动群众、加强对自新人员的管教工作等。民兵组织为巩固人民民主政权发挥了很大的作用。

二、清匪肃特，巩固政权

人民政权的建立，标志着国民党统治的结束。但是国民党不甘心失败，他们通过海南岛和香港的特务机关遥控指挥，纠合残渣余孽，笼络反动的豪绅地霸，收买流氓地痞，勾结土匪，伺机反扑；在两阳以至云雾山区建立“反攻大陆”的游击基地。这些匪特在国民党国防部保密局的操纵之下，曾敛迹一时，窥测风向之后，认为“反攻”的时机已到，便从各个阴暗的角落里钻出来，组织大大小小的土匪武装，袭击区、乡人民政府，杀害干部，拦路抢劫，残害群众。从1950年2月起，匪特日渐猖狂，由分散到集中，从隐蔽到公开，自乡村至圩镇，明火执仗，杀人越货。

（一）阳江地区的主要匪情

这一时期的匪特主要有以下几类：

1. 国民党败退潜留下来的散兵游勇。

2. 阳江临近解放时潜伏下来的国民党军政要员及特务。如：国民党阳江县党部书记谢彦华、副书记黄思补，国民党阳江县政府军事科长郑文广，平石乡乡长梁泳熏，双捷圩巡官张云光，国民党国防部保密局粤南工作站的特务谢天培、谢天伟等。

3．美蒋在港澳基地训练的匪特。

4．惯匪。如：陈胜三、李光南、李光泽、王文兴、钟良基、黎焕、钟元芳，及盘踞在南鹏岛的海盗匪首林贤富、春江交界的刘行棣，还有集军警匪特于一身的杨道彬、敖仁、蔡贵等。

挂招牌的土匪武装也名目繁多：国民党国防部保密局粤南工作站，下设6个支队，在阳江地区进行匪特活动的，有“反共忠义救国军”第一支队司令谢天培、副司令谢汝澄，第六支队司令黄思补、副司令曾玉平，第六支队第一大队大队长黄思准，第六支队第三大队大队长钟元芳。广州绥靖公署西江指挥所独立第三旅在阳江地区进行匪特活动的，有副旅长沙光汉、第一团团长王文兴、第三团团长敖昌端。广州绥靖公署珠江区沿海游击第二纵队在阳江地区进行匪特活动的，有副司令左大超、第二大队大队长戴炳河。广州华南沿海护渔大队在阳江地区进行匪特活动的，有第二大队大队长林贤富、第三大队特务队长陈越华。粤桂边区“反共救国军”在阳江地区进行匪特活动的，有第一纵队的侯世法，第三军第七师的师长林德鸿、独立旅旅长郑文广，独立五旅第一团团长郑竹仁、第二团团长吴奕平、第三团团长林树青和营长钟良基。“中国民主反共救国军”广东沿海区第二纵队在阳江地区进行匪特活动的，有第四支队第四大队大队长陈胜三。此外，在阳江地区进行匪特活动的，还有“青年反共救国军太平军”第二师第二团天军司令敖仁，惯匪邹水、邹玉等。

这些国民党反动军官、土豪劣绅、恶霸土匪纠集在一起，形成大大小小的股匪约20股，共2 000人，活动地点遍及阳江各地。阳江西区海岸线长，与电白县、阳春县交界处是云雾山脉的支脉石磊大山，山林茂密，是土匪藏匿出没之所，成为匪患的重灾区。织篢河上的船只常遭抢劫，尤其是织篢圩渡口遭抢劫更为严重；公路交通因常遭土匪抢劫而中断；河北港、双鱼城村等地先后遭到南鹏岛股匪的袭击抢劫。1950年3月2日，敖昌端、林树青股匪袭击溪头乡人民政府，杀害乡干部关芬访、关国材、詹道衡及其8岁的儿子，枪伤3人，抢去机枪1挺、手提机枪1挺、长短枪37支。1950年5月28日，敖昌端匪帮攻破阳江七区南石乡人民政府（驻上洋河北），将乡干部及阳江大队队员陈志光等10人吊在树上毒打至奄奄一息，然后拖到船上，驶至海上，抛下海中并枪杀；乡政府的枪械、衣物全被抢走。新圩乡乡长翁大英等在织篢圩渡口被土匪拦截，殴打致残。据粗略统计，1950年阳江西区遭洗劫60余次，土匪杀害干部群众38人，轮奸妇女数人，抢走渔船28条、耕牛12头、生猪家禽一大批、稻谷15 000千克、大米4 000千克，及无数金银钱币。

国民党反动派一面组织土匪武装袭击沿海和山区人民政府，破坏交通，抢劫群众财物，走私扰乱市场，破坏经济；一面大肆造谣恐吓群众，扰乱民心，并以软硬兼施的手法，打进来，拉出去，对革命队伍进行拉拢、腐蚀、破坏。阳江解放初期，国民党的飞机轰炸儒洞、蒲牌数次，炸毁民房和桥梁多处。两次轰炸河北港渔船，并用机枪扫射，炸沉渔船2条，造成渔民3人死伤。1950年1月2日，又派一艘战舰在沙扒港青州岛附近恐吓群众。在新圩、旧仓等地，土匪还恐吓民兵，要他们交出枪支，否则等国民党回来，就要杀光他们全家。潜伏在旧仓乡古井村的匪首翁大轩、张明东篡夺古井村政权，将政府下发的救济粮接济土匪，反诬乡长贪污，煽动群众围攻乡政府。匪特在阳江西区的种种罪行，举不胜举。

（二）剿匪战果

中华人民共和国成立后，中共中央华南分局、华南军区和广东军区，对于剿匪工作先后发出指示，在兵力上除留驻阳江的解放军四七四团外，1949年12月又增调独立第十九团进驻两阳剿匪。1950年1月1日，中国人民解放军阳江县大队成立，进一步加强了阳江的剿匪力量。同时，中共阳江县委、阳江县军管会和阳江县人民政府及时把工作重点转移到剿匪肃特上来，发动群众协助部队清匪肃特。1950年3月18日和28日分别召开的阳江县首届农民代表大会和阳江县首届人民代表大会，都把清剿土匪、肃清特务、巩固人民民主政权、维护社会治安、保障人民生命财产安全作为全县工作的重点；会议号召全县人民坚决贯彻执行人民政府的一切政策法令，配合人民解放军，彻底清剿股匪和肃清一切特务，保卫和巩固人民政权，维护社会的安宁。

阳江西区的剿匪工作，在中国人民解放军广东军区第七军分区的统一领导指挥下有序进行。驻阳江西部的剿匪部队是独立第十九团，负责清剿国民党国防部保密局粤南工作站的谢天培、谢天伟，“反共救国军”第三军的林德鸿，广州绥靖公署珠江区沿海游击第二纵队的左大超等股匪。解放军四七四团负责清剿沿海岛屿的股匪。剿匪部队在当地的区、乡党组织和人民政府的配合下，依靠群众力量，发挥民兵的作用，清匪肃特取得了重大成果。

1950年运用各个击破的办法，先后捣毁潜藏在石磊大山的匪徒据点，捣其匪窝，断其后路，一举歼灭林德鸿股匪，叶肇、李江股匪，何香生、许洪仁、梁德丰股匪以及翁大轩、张明东、郑卓泰等股匪。1950年1月上旬，六区民兵中队配合独立第十九团在上洋坟面村围歼谢天培股匪，击毙匪首谢天伟，俘匪40余名，缴枪数十支。1950年2月16日，五区陈修励区长、黄思明副区长率县大队一个班及区、乡民兵中队随船出海，在石牌（程村陇石）海面与4艘匪船激战，击毙匪首黄正端，俘匪11名，缴枪数支。1950年2月25日，西平乡民兵配合独立第十九团在桥头仔村围歼流窜在春江边境的残匪，毙俘刘行棣、曾繁兴、邹水、邹玉等4人，缴获短枪6支，歼灭曾藩新、何李珍等股匪。从此，阳江西区的横山、阳春的金堡地区的匪特被肃清。1950年3月，阳江县大队配合独立第十九团在罗琴山围歼张六纪股匪，击毙匪首张六纪，俘匪50余名，缴武器弹药一批。1950年4月，县大队在程村麻浊擒获匪副司令左大超，俘匪40余名，一举捣毁其匪巢。1950年4月16日，敖昌端股匪在溪头双山海面拦船抢劫，被县大队追至双山岛；此战伤俘匪徒15名，缴获匪船1艘、枪10支。1950年8月9日，县大队配合台山军分区及解放军四七四团等队伍解放南鹏岛，俘匪首林贵仔及股匪470名，缴机船1艘、轻重机枪12挺、13米机枪5挺、六〇炮1门、长短枪158支及被匪抢劫的船只21艘；匪大队长陈越华出海抢劫商船未归，部队乘船出海追剿，在南鹏岛西南将匪歼灭，毙伤俘陈越华以下15名匪徒，缴船2艘、机枪1挺、步枪10支、六〇炮1门。

据老战士、原织篢派出所所长谭菁（广东省公安厅刑侦处离休干部，2018年92岁）回忆：

1951年7月，谭菁调到织篢派出所任所长。不久，织篢镇镇委副书记对他说：1950年3月18日凌晨，剿匪部队在上洋一带，消灭了以国民党国防部保密局粤南工作站为首的“忠义反共救国军”第一支队，在被打死的土匪头子身上搜到一份潜伏特务人员名单。之后，部队领导将这份名单交给谭菁。这份名单显示，织篢镇区有2个特务组织，特务分别以合法身份在镇工会任委员和镇商会当文书，在六区厚幕山（今红光村）、石桥铺等乡也暗藏了特务。

根据上级“放长线，钓大鱼”的指示，派出所暂时未抓捕这些人。

2个月后，织篢镇税务所召开座谈会，传达县税务局关于做好税收工作的要求。会后2天，潜伏的特务纷纷走上前台，制造谣言，煽动工人罢工、商人罢市，织箦镇的工厂和商店关门，造成了很坏的社会影响。

了解相关情况后，谭菁立即向县公安局主要领导汇报。根据县公安局主要领导的要求，谭菁即带领公安人员将镇工会委员、镇商会文书和石桥铺乡乡长等一批潜伏特务逮捕法办。

（三）镇压反革命分子

1951年2月21日，中央人民政府颁布了《中华人民共和国惩治反革命条例》，阳江县积极贯彻执行法令，大张旗鼓地开展镇压反革命运动，先后逮捕了一批土匪、恶霸、特务、反动党团骨干和反动会道门头子等。5月25日成立阳江县人民法庭。六区、七区也相应成立分庭。配合农村土改，清匪反霸，退租退押，审理破坏运动的犯罪分子和反革命分子。阳江县军事管制委员会在当年5月分3批处决反革命罪犯。1951年6月17日，阳江县清理积案委员会成立，加强对反革命分子的审结工作。1952年继续深挖“五方面敌人”，取缔反动会道门和开展水上“镇反”的专项斗争。全县逮捕了一批反革命分子，并依法作出处理。

1953年10月，根据中共中央“镇反”的要求，全县镇反工作基本结束。1955年，贯彻全国人民代表大会的有关规定，在社会上和机关内部开展清查潜藏反革命分子的工作，清理出潜藏的反革命分子一批，并依法分别作出处理。这方面的工作，六区、七区严格按照阳江县委、县政府的部署进行。

经过近两年的清匪肃特和镇反斗争，阳江县取得了显著成果。阳江西区严重的匪患被肃清，人民政权日益巩固，人民群众的觉悟也在斗争中得到提高。革命老区治安稳定，群众安居乐业，生产有了发展，人民生活日益改善，国民经济逐步得到恢复。

（四）围剿石磊山空降特务，粉碎国民党“反攻大陆”的阴谋

1962年12月4日，美蒋特务机关派遣间谍飞机窜入阳江、电白两县交界的石磊山上空，空投武装特务、武器、物资，企图接应潜伏的武装特务，建立反革命“游击走廊”。湛江地委、湛江军分区和阳江、电白两县的武装部、公安局组成反空降联合指挥部。阳江县调动包括新圩东水等地革命老区村在内的6个武装基干民兵连982人，负责里坪山西南和西北面的围歼。军区配属的高炮连、探照灯连也进入里坪山东南地域，形成对空降特务点的四面包围之势。4名武装特务空降后，敌机逃窜。经过10多个小时的搜捕，中校组长李华常、少校电台台长王作亭被擒，上尉电台台长张志君、杨彬（赖绍乐）在空降时摔死，空降武装特务被全歼。缴获无线电台3部、机枪2挺、卡宾枪15支、手枪7支、无声手枪1支、各种子弹4 790发、降落伞38个、美钞250元、人民币3 000元、金戒指15只、手表1只、怀表2只，还有指南针、电筒、炒米、衣服、药品等31包物品。此战，受到广东省政府、省军区的通令嘉奖，阳江县有3个民兵排荣立集体一等功，2个民兵排、2个班荣立集体二等功，2个连、4个排、12个班荣立三等功，2人荣立一等功，12人荣立二等功，66人荣立三等功。[①]

三、支援解放广西、海南岛和抗美援朝

1949年10月24日，阳江城解放。解放军野战部队继续南下和西进。支前工作成为阳江地区的一项繁重而紧张的工作。10月25日晨，粤中纵队司令员吴有恒，第二支队司令员郑锦波、副司令

---

① 阳江市地方志编纂委员会编：《阳江县志》（下），广东人民出版社2000年版，第789页。

员杨子江率部进驻阳江城，指挥支援前线工作。

10月26日，阳江西区解放。阳江县成立支前司令部，司令员为姚立尹，副司令员为陈华，政治委员为赵荣。各个区、乡、镇均设支前供应站。阳江西区的六区、七区及其属下的15个乡都设有支前供应站，区长、乡长兼任支前供应站站长。阳江西区解放后，老区群众支前热情高涨，在自己生活十分困难的情况下，想方设法，与阳江县各地一起，共筹集到粮食305万千克、木柴125万千克、马草120万千克，以及猪肉、蔬菜、食盐、食油等物资一大批，保证了南下解放军的军需。同时，还运送了大批粮食到梅菉、湛江等地支援前线解放军。

11月26日，县长姚立尹率领支前民工1 700多人，随军跟进，支援解放军进军广西；至年底博白战役结束后返回。

11月27日，阳江县文化界及中学师生百余人参加解放军，开赴大西南。其中阳江西区溪头籍入伍随军的中学生林德宏（后在解放军某部任创作员、美术编辑，转业后曾任昆明市美术家协会主席），在解放军进入阳江城时，经学校推荐，用了一个月的时间，为解放军绘制了毛泽东和朱德的巨幅画像。解放军进入昆明城时，就是扛着这两幅画像进城的。

1949年12月，阳江县人民政府从东平、闸坡和阳江西区的溪头、沙扒、上洋河北、南山海等地征集渔船213艘，动员船工310多人，参加解放海南岛的支前工作，协助第四野战军第十五团进行海上练兵。在海南战役中，阳江县有4名船工立了大功，15人立了小功，为解放军渡海作战、解放海南岛做出了贡献。阳江党政军民积极支前，得到二野四兵团首长的肯定，致信称赞阳江的支前工作做到了“有求必应，无微不至，为渡江以来所少见”。

1950年5月，广东省人民政府解放海南岛战役善后委员会阳江分会成立，处理阳江县支援解放海南岛的善后工作。海南战役结束后，阳江县政府对损毁的渔船做了适当的补偿，并发给船租、工资、救济粮款等，合计1.2万多元。

抗美援朝战争打响，阳江人民积极响应党中央的号召，以实际行动大力支持抗美援朝。1951年3月20日，阳江县召开首届青年代表和第二届学生代表会议，动员青年参加抗美援朝、参加土改等。阳江西区的六区、七区共有100多名青年报名参加抗美援朝。1951年4月，老区人民响应阳江县委、县政府的号召，掀起为抗美援朝捐献飞机大炮和慰劳志愿军献书活动，共捐献现金0.4万元、图书1.3万册及物资一大批。

1952年3月17日，中国人民志愿军归国代表团、朝鲜人民访华代表团中南分团广东小组来到阳江县，向各界人民报告中国人民志愿军和朝鲜人民合作打击美帝国主义侵略者的英雄事迹，并控诉美帝国主义的罪行。

四、土地改革，穷人翻身

1950年8月，阳江县成立土地改革委员会。同年12月在阳江县二区的朝平津、雅八两个乡开展土地改革试点，由鹤山县11名土改干部和阳江县参加土改训练班的150多名干部组成土改工作队，拉开了阳江地区土地改革的序幕。1951年2月15日，县委书记杨子江在阳江县第三届人民代表大会上做《关于阳江县开展土地改革问题》的工作报告，动员各界积极支持土地改革。同年6月25日，粤中土改团500余人到阳江开展土改，铺开了全县的土地改革运动。至同年11月，阳江县的土地改革完成。由于工作经验不足，一些区、乡干部存在右倾保守倾向，造成土地分配不公等问题，被认定是“和平土改”而受到批判。1952年11月起，相关部门按照《土地改革法》等政策法规对土地改革工作进行复查，纠正错误，整顿作风。至1953年4月5日，阳江县土地改革宣布结束。

阳江西区的土地改革运动从1951年3月正式开始。六区、七区的15个乡1 575个自然村的村民在土改工作队的带领下开展轰轰烈烈的土地改革运动。进驻阳江西区的土改工作队，加上区、乡干部和在各自然村选拔的“土改根子”共有1 000多名土改干部参与了土改工作。工作队深入乡村发动群众，组织成立农会，召开村民群众大会，检举揭发地主剥削压迫农民的罪行，划分阶级成分，没收地主的田地和财产，进行土地登记，按人口比例将土地分配到户并发给土地使用证。按照《关于阳江县开展土地改革问题》的有关规定，在土地改革运动中评划阶级成分，分别是雇农、贫农、下中农、中农、上中农、富农、地主等几个成分。据统计，划为地主的占总户数的4.72%，富农占2.13%，中农（含上、中、下）占21.4%，贫农占33.6%，雇农占23.6%，工人占4.13%，贫民占3.5%，小商贩占1.9%，小土地出租占2.1%，自由职业占0.34%，小手工业占0.74%，渔民占0.43%，工商业占0.41%，其他占1%。阶级成分的认定，一直持续到1978年12月中共十一届三中全会之前。在划分阶级的过程中，由于农会的政策水平、知识水平、个人恩怨等原因，存在不少错划情况，直到土改复查时才纠正过来。

土地改革运动没收地主的土地，征收公偿田和富农出租的土地，分配给无地和少地的农民。阳江县征收没收的土地共4.9万公顷。农民耕用土地由原来占34%增加到81%。同时，没收地主房屋3.72万间、耕牛1.35万头、农具1.8万件、余粮580万千克，都分配给了贫苦农民。阳江西区的数字，没有分开统计，各类数字约占阳江全县的1/3左右。

土改的总路线和总政策是：依靠贫农、雇农，团结中农，中立富农，打击地主阶级。划分阶级之后，农会组织把地主的浮财和土地分给贫农、雇农。贫农雇农可分到从地主家收缴的衣物、生活用品、牲畜、房屋等。最贫最苦的多得，次贫次苦的少得，无屋的贫农雇农住进了从地主家收缴的房屋。少数罪大恶极的地主恶霸在群众斗争中被镇压。农民翻身做主，贫农、雇农的志气树立了起来。

1952年11月25日至12月16日，阳江县第七次干部扩大会议召开，总结土改工作，部署土改复查。土改复查更正并处理了土改运动中的部分遗留问题，对错划阶级成分的农户进行更正。

土地改革运动，摧毁了封建剥削制度，带来了农村生产力的解放，农民无偿分得了土地和生产资料，带来了生产积极性的空前高涨、农业的迅速恢复和发展。

第二节 农业互助合作与工商业改造

一、农业生产的互助合作运动

为加快农业发展，中国共产党主张个体农民组织起来，团结合作，走共同富裕的社会主义道路，通过各种互助合作的形式，把个体农业经济改造为社会主义公有制。在农业经济的合作化过程中，阳江西区农民积极参加互助合作，边海乡农业生产合作社成为阳江县乃至广东省合作化运动的一面红旗。

（一）组织互助组

1953年2月，中共中央颁布《关于农业生产互助合作的决定》。为了帮助农民解决困难，增强抗灾能力，发展生产，避免两极分化，中共阳江县委、县人民政府积极开展引导农民组织起来，走互助合作道路的工作。通过宣传发动，农村互助合作运动迅速发展。农民按自愿互利的原则，陆续组织了一批互助组。互助组一般由4～10户组成。到9月底，全县发展互助组5 135个，常年互助组50个。临时互助组是农忙时帮工，灵活安排组内各户的插秧和收割，被帮户一般只给帮工提供伙食，完工后该组解散，再无别的经济联系。常年互助组有简单的记工制度，有的只实行人力记工，有的还实行畜力或工具记工。多投人力、畜力和工具的农户，由少投入的农户付给报酬，一般以稻谷实物支付。这些互助组织简单易行，又能解决生产上的实际困难，很受农民欢迎。

1954年4月，阳江县多地发生大水灾，互助组在抗灾和恢复生产方面比单干农民强，显示出组织起来的优越性。春耕后，各地通过总结春耕生产成绩，进行互助合作方针政策的教育，并对互助组进行了整顿巩固工作，进一步推动了互助合作运动的发展。到6月底，全县共办起互助组10 534个，占全县农村总农户数的45%。是年底，一批互助组陆续转为初级农业生产合作社。在阳江西区，由于各区、乡积极贯彻落实县委、县政府的指示精神，组织领导骨干、宣传队深入乡村广泛宣传，发动群众互助合作，农村互助合作运动的工作一直走在全县前列。

（二）兴办合作社

1953年12月，阳江西区试办农业生产合作社。十五区车湖乡、十七区边海乡率先办起了初级农业生产合作社，成为阳江县最早的农业合作社。至1954年3月，十二区、十三区、十四区、十六区、十八区相继办起初级农业生产合作社。阳江西区每个区都有了农业生产合作社，并在当地作为示范，带动各乡办农业社。由互助组到初级社的进程不断加快。至1954年11月底，阳江县共建395个初级农业生产合作社，入社农户1.22万户，占总农户的9.9%。其中阳江西区7个区81个乡都有农业社。1956年末，阳江县办起710个农业生产合作社，入社农户总计12.83万户，占农户总数的95.46%。

与此同时，渔区也开展了互助合作运动。到1956年4月，沿海渔区办起37个初级渔业生产合作社，参社渔户占渔户总数的92%。在阳江西区的沙扒渔区，1955年成立红光、海燕合作社和新风渔业队。1956年秋，红光、海燕合作社和新风渔业队转为高级社、渔业大队。1957年沙扒渔区基本实现高级渔业生产合作化，渔船网具折价归集体所有，结束股金分红，实行按劳分配。

全面推行“三包一奖”联产承包生产责任制（即包产量产值、包劳动工分、包生产成本，超额奖励），并按一定的比例提留公积金和公益金，用于扩大再生产和社员福利事业。

高级合作化运动曾一度出现波折。由于要求过急，搞得太快，加上公有化程度高，部分农民难以适应。再加上部分地区合作社干部文化素质低，缺乏办社经验，生产安排不当，劳动组织较差，财务管理比较混乱；虽要求按工种定额计工，但太过繁琐，多数地方工分报酬基本上是平均主义，致使部分农民收入减少，因此引起退社风波。1957年春，退社农民达数百户，占入社农户的3.6%。1957年4月，阳江县开展社会主义和资本主义两条道路大辩论，采取一系列措施，使退社户80%回了社。到1958年春，进行了一次大并社，把初级农业生产合作社全部转为高级农业生产合作社。高级农业生产合作社的建立，标志着农业社会主义改造基本完成。

二、边海红旗

（一）毛泽东对边海乡党支部的批示

1955年8月，阳江县委扩大会议，迅速传达毛主席关于加快农业合作化、批判右倾思想、组织合作化高潮的指示精神。阳江西区各区、乡认真贯彻会议精神，深入做好发动群众工作，迅速掀起了走合作化道路的热潮。其中，有“第一社”美誉的边海农业生产合作社不仅是阳江西区的榜样，也是全国农村的一面红旗，是全国农民战天斗地抓生产的典型。

边海乡位于儒洞河下游，原为一个沙泥冲积小岛，地势低洼，自然灾害频繁。旱天，大片稻田干裂，虽然四边是水，却无法引水灌溉；雨天，稻田里一片泥泞，禾苗浸在水里，积水无法排泄。全乡280户人家，九成以上生活都很困难。中华人民共和国成立前，这里十年九灾，村里人几乎年年要出去逃荒。土地改革后，农民生活虽有改善，但仍然经不起灾害横行，未能从根本上摆脱过去的贫困局面。1954年春天，该乡以劳动模范陈庆宜的互助组为基础，成立了边海第一社。

在边海乡党支部的领导下，边海第一合作社团结协作，组织集体力量改造自然。在1954年，他们虽然经历了4次自然灾害，仍然取得丰收。年初，大旱40天，禾苗种不下去。陈庆宜带领社员们从河里挑水插秧，每人每天担200担水，奋战20天，终于将50亩禾苗种下。禾苗种下后，又大旱40天，他们打了72口深井，日夜挑水灌溉。禾苗正当茁壮成长的时节，一连10天暴雨，洪水把整个边海村淹没，他们日夜塞堤、戽水排洪。7月，稻禾到了成熟期，12级台风引发的海潮把边海村又淹没，陈庆宜带领社员们立即进行抗灾抢险。他们提出口号:“早造损失晚造补，晚造损失冬种补。”晚造收获后，他们在稻田里种上小麦，互助组还组织人员搞副业，增加组员收入。边海人就是这样跟自然灾害作斗争，以人力战胜旱、涝灾害，发展农业生产，最后赢得了斗争的胜利。早造收成比上一年增产36%，晚造收成增产28%，通过搞副业，每一户社员的收入都有了增加。

边海合作社受灾仍然增产的事实，吸引了农民倾向合作化。1954年秋季，入社农户由17户增加到109户。边海乡党支部带领农民逐步走上农业合作化的道路，全力发展农业和副业生产，取得增产增收，顺利度过了第二年的春荒。

在第一农业生产合作社的带动下，第二农业生产合作社很快发展起来，入社农户49户；互助组由原来的2个11户，发展到8个74户。全乡组织起来的农民，已经达到总户数的89%。边海乡的互助合作运动迅速发展，乡党支部发挥了战斗堡垒作用。

边海第一社是农业合作化运动的一面旗帜。1956年1月，由中共中央办公厅汇编，人民出版社出版的《中国农村的社会主义高潮》公开发行。在该书材料汇编时，毛泽东主席对选编入书中的《在和自然灾害作斗争中成长起来的边海农业合作社》（王修平，载《华南日报》，1955年5月8日）一文加上按语：“这一篇写得有声有色，可以一阅。这个乡的党支部是一个模范的支部，它领导群众做了许多英勇的斗争，获得了群众的拥护。”[①]

（二）拦河筑坝，围海造田，发展农业生产

1969年边海乡总人口已接近2 000人，耕地总面积仅900亩，人均耕地面积不到0.5亩。而且，近千亩的耕地，灌溉全靠地下井水。

面对人多地少、耕作灌溉困难的局面，边海乡党支部做出了拦河筑坝、围海造田的决定，开始新一轮改造自然环境、发展农业生产的壮举。在时任边海乡大队书记陈成进与乡党支部全体党员的带领下，全乡群众出工出劳、不畏艰苦，投入到拦河筑坝、围海造田的建设会战中。

边海乡村民在儒洞桥（旧桥）上游100米处拦堤筑坝，工程很大，上级水利部门只拨了9万元作为工程款，按当时的工程量估算，堤坝建设需耗资上百万元，但是，他们就是攥着那9万元开工了。筑堤需要碎石，边海人民分配任务，一人20担。附近没有供碎石的花岗石，他们到二三十里外的山上挑。需要石块，他们自己到山上开采。石头没有汽车运，他们就用板车一车车地拉回工地。

历经近200天的日夜奋战，拦河堤坝终于修筑完成。堤坝南北长180多米，坎底宽为10米，坝面宽5米，体积近1.5万立方米。

---

① 中共中央办公厅编：《中国农村的社会主义高潮》（下册），人民出版社1956年版，第987—995页。

拦河堤坝的修筑，大大提高了边海乡抗涝防灾能力，为边海乡围海造田提供有利条件。

1970年夏，边海乡的围海造田会战开始。边海乡党支部带领全乡群众在村东面的海滩上挖泥挑土、修筑堤围，他们要在这片滩涂上围海造出近千亩的耕地，增加一倍的耕地面积。每天一大早，他们就已经奋战在工地，直到天黑才收工。边海乡的围海造田会战，得到县、地区领导的重视，县和地区选调了大批人员前来支援。数月后，一条长1 700米、土石方工程近12万立方米、环绕半个边海的长堤修筑完成。边海堤围修筑工程投入总劳力达16万人次，平均每人每天挖泥挑土超过1立方米。新围的田地反酸性强，需要引来淡水，把土地的咸气冲淡。另外，边海乡村民每年积几万担土杂肥，施在新垦的田地上。经过改良的土地，一造亩产700多斤，和1954年的亩产210斤相比，增长了2倍多。边海乡的粮食生产有了保障，农业有了新的发展。

三、工商业改造

工商业改造是阳江县解放初期“三大改造”运动之一。阳江县的工业生产和商业经营在1949年前都是私人所有。1950年2月，国家政务院颁布对资本主义工商业实行社会主义改造的号令，在全国实行工商业改造；将大型工商企业收归国有，纳入国家发展计划，对部分工商企业进行公私合营改造，逐步过渡；对个体工商业进行组合，组织合作社等。

阳江县的工商业改造运动从1950年4月开始，于1950年4月至1951年12月对全县的工商业企业进行调查登记。1950年5月，阳江县第一个国营企业——国营阳江县贸易公司成立，对当时平抑物价、活跃市场经营发挥了主导作用。1951年6月，阳江县供销合作总社成立，并在全县各区乡设有分社，使商业经销占领农村市场。同时，对私有盐场进行民主改造，收归国有，实行盐业专卖。对粮食经营实行统购统销，成立经营管理部门，取消私营，保障粮食供应。工业改造主要是对手工业的改造，包括对漆器工艺、刀剪制造、豆豉加工、酿酒、造船、建筑、食品加工、牛皮加工、竹木器制品、纺织缝纫、五金修理、铁器生产等行业进行公私合营改造；将个体手工业者组织起来，成立合作社，不愿入社的作为失业人员转回农村，政府发给救济粮和救济金。经统计，全县工商业改造中转回农村务农人员共有5 017人，政府补助大米50吨，救济金2.25万元。1952年12月，阳江县成立了该县第一个手工业生产合作社——毛巾社。全县先后成立漆器社、五金社、铁器社、木器社、造船社、盆桶社、缝纫社、食品社、豆豉厂、小刀厂、酿酒厂等共500多家合作社。1954年8月，阳江县手工业联社成立。阳江县工商业改造运动正式结束。

阳江西区各区、乡政府积极按照阳江县委、县政府的工作部署，开展手工业和工商业改造工作，并取得了显著成果:

一是在党和政府的扶持下，走合作化的道路，把分散的个体手工业者组织起来，转变为集体所有制经济。阳江西区原有手工业者1 000多人，从业人员2 000多人，主要从事竹木制造、农产品加工、制衣缝纫、五金、印染、棕草加工、造纸、榨油、爆竹等。经过改造，成立竹器社30多个、木器社20多个、建筑队20个、缝纫社35个，其他各类合作组50多个。

二是工业改造方面，把沙扒盐场、茂墩盐场、溪头盐场、双鱼盐场等制盐企业收归国有，从私营企业转为国有企业。商业改造方面，对粮食、棉花、油料、生猪、家禽、蛋品、水产品等实行统购统销。1952年，各区办起供销社、国营商店，统一销售百货日杂用品、肥料农药等，下设商业合作组，取代各种私营小商店。猪、禽、蛋开始由供销社购销，1955年起改由食品公司统一经营管理。粮食改由粮食管理部门专门管理。凡属统购统销的产品，农民在完成国家征购任务后，有余部分允许进入自由市场销售。自由市场成交的比重很小。1954年8月，手工业和私营工商业的社会主义改造基本完成。工商业的改造，有效建立了计划经济的管理体系。1958年4月，阳江县商业局、服务局合并为阳江县商业局。基层国营商店与供销社合并为供销商店。随后，公私合营商店、合作商店、合作小组亦并入国营商店，形成统一的流通渠道。

第三节 兴办学校与扫除文盲

一、建立公办学校，教育事业飞速发展

阳江县人民政府于1949年10月26日成立后，阳江县军管会于10月30日向中小学发出复课的训令。11月中旬，各中小学复课。阳江西区内的奋兴中学及各地的小学相继复课。全县逐步恢复了正常的教学秩序。

中华人民共和国成立初期，学校基本上沿用原有的办学条件，师资力量贫乏。1950年，阳江县积极贯彻“学校向工农开门”的办学方针，发展小学和扩大招收工农子弟入学。其时，小学适龄儿童入学率不足30%。至1952年2月，阳江县501所私办小学校改为公立学校，办学经费和教师工资由国家统筹解决。阳江西区私改公小学共有60所。12月，阳江县集中全县中学教师180多人往湛江参加粤西区中学教师思想改造运动。1953年7月，分3批整顿小学，至次年夏完成。1952年，小学生中的工农子弟占56.3%。1954年，阳江西区共有小学生约5 000人，其中工农子弟上升至80%。1955年4月，阳江县小学教师代表会议召开，成立小学教师联合会。至1957年，阳江西区有小学60所，其中18所小学开设了高小班。

中华人民共和国成立初期，阳江西区有2间中学：奋兴中学和上洋中学。1951年8月，上洋中学迁往儒洞，改为漠西中学；

1953年8月，并入奋兴中学，奋兴中学转为公立中学，并改名为阳江县第四初级中学。这是阳江西区唯一一所中学。学生500余人，学生中的工农子弟逐年增加。

1957年，随着合作化运动的发展，为了满足工农子弟的入学需要，大力发展民办小学，利用祠堂、庙宇或从地主家没收来的屋舍，就地聘请民办教师任教。在此期间，小学校数量增加了1倍以上。阳江西区的小学有130多所（含分布在各村的分校），适龄儿童入学率增加到45%。1958年开始，学校贯彻“教育必须为无产阶级政治服务，必须与生产劳动相结合”的教育方针，坚持“两条腿走路”的办法，掀起办学高潮。工农子弟踊跃入学，有些十七八岁未读过书的农家子弟也能进入一年级就读。此后，还举办了半农半读班，使成年人有机会读书。

二、开展扫盲运动，农民文化水平迅速提高

中华人民共和国成立初期，阳江西区农民文盲率达90%，革命老区的文盲率更高。随着土改后农村经济的恢复，农民的文化需求日益增加。为了满足农民学习文化的迫切需要，党中央号召开展扫盲运动。1951年冬，政府组织农民开展冬学运动，根据阳江县冬学委员会编印的冬学资料进行教学。农村小学教师兼任冬学教师。冬学以识字为主，利用农闲时间上课。这一举措，有效扫除了部分文盲。1952年，扫盲运动进一步开展。

1954年冬，阳江县文教科扫盲业余办公室配备干部下乡培训扫盲教师，分片包干，发动群众入学，把临时性的冬学转为经常性的扫盲班，依靠群众教师，开展群众性的扫盲教育，形成了扫盲运动的高潮。1955年至1956年，扫盲运动继续发展。老区村庄农民群众对学文化的积极性高涨。地处山乡僻野的梅花地、溢陂、冲口、金星、黄茅岭等老区村庄的贫苦群众，以往没有学文

化的机会，而今党和政府号召学文化，他们以高度的热情参加扫盲学习。在村里腾出一两间简陋的民房甚至牛栏间，就是临时教室。他们自带桌子凳子，有的拖儿带女，晚上挤到一处，点起煤油灯，正儿八经地学起文化来。扫盲教师则由本村或从外村请来有点文化的人担任，不拘学级，能者为师。采用上级统一编发的扫盲课本。既学识字，也教算术，特别重视珠算。经过几年的扫盲教育，青壮年农民群众30%达到初小水平，脱盲率达到70%以上。有些青壮年，原来是文盲，经过三四年学习，竟可以担任小社出纳、会计、记工员等，甚至可以写信了。1956年3月28日，阳江县第一届扫除文盲积极分子代表大会召开，表扬奖励23个先进单位和317名积极分子，成立了扫盲工作协会。

扫盲运动的成效十分显著，它改变了老区农民的精神面貌，明显提高了老区农民的整体文化素质，为实现美好生活树立了信心。

第四节 以农业为重点，发展农村集体经济

一、走集体化道路，推动大农业发展

1956年，手工业和工商业的社会主义改造完成，农业合作化运动迈向高潮。阳江县委贯彻中共中央的方针路线，推行一系列举措，旨在全面调动全县人民群众的积极性，开展社会主义建设高潮，以加快社会主义建设的步伐。

1958年8月，在中共广东省委和中共湛江地委的领导下，阳江县开展“大跃进”和人民公社运动。其时，阳江县和阳春县合并为两阳县。两阳县于1958年11月实现人民公社化。原阳江县建立超美、海陆、幸福、红五月、东风、英雄、大跃进公社，原阳春县建立7个公社。阳江西区为大跃进公社，是全县最大的人民公社，包括程村乡、织篢乡、溪头乡、塘口乡、蒲牌乡、上洋乡、儒洞乡和沙扒镇等8个乡镇5万户20万人（与今阳西县地域基本一致）。12月，大跃进公社分为织篢、儒洞2个公社。织篢人民公社含原织篢乡、程村乡、塘口乡、溪头乡、蒲牌乡；儒洞人民公社含原儒洞乡、上洋乡、沙扒镇。人民公社贯彻执行“鼓足干劲，力争上游，多快好省地建设社会主义”的总路线。合作社社员为人民公社社员。土地为集体所有，为此后农业基础设施的建设打下了基础。

阳江西区建立农村集体经济组织以后，开展乡与乡挂钩评比

竞赛，鼓干劲，促生产。从县领导到基层干部大搞高产试验田、丰产片。阳江县建立晚稻、秋薯、花生、甘蔗试验田和丰产片共4.25万公顷。

在发展农村集体经济的道路上，阳江西区老区人民相信党、拥护党，听从组织的安排，发扬艰苦奋斗的光荣传统，战天斗地，流血流汗，在所不惜。为了子孙后代能过上好日子，再苦再累也心甘情愿。西区广大群众在深耕改土、大积绿肥的同时，还大力兴修水利，修筑堤围。各乡村筑水陂、塞山塘、挖沟渠、改造山坑田和盐碱地等大批小工程全面开展。还有区内的新湖水库、茅洞水库、陂底水库等三宗中型水库工程同时兴建，不断抽调大量劳动力参加建设。大大小小的水库工程，投入的人力物力无数，老区人民为此作出了巨大的贡献。所建成的水利工程等农业基础设施为阳西县农业生产的发展奠定了良好基础，还为阳西建县后解决饮用水问题提供了优质水源。

二、调整发展思路，改善群众生活

20世纪50年代后期，天灾连年不断。连续三年的自然灾害造成食品紧缺，粮食生产青黄不接。

面对种种艰难挫折，老区人民在党的领导下，意志更加坚强，努力克服各种困难。1961年3月，撤销两阳县，恢复阳江县、阳春县建制。5月，解散农村人民公社各生产队公共食堂，分粮食到各家各户。恢复农村人民公社社员自留地，按耕地总面积5%分配，每个人约可分到0.3～0.4亩。同时恢复社员家庭副业和农村集市贸易。6月，阳江县召开四级干部会议，进一步传达贯彻中共中央“调整、巩固、充实、提高”的八字方针。同时，积极贯彻《人民公社条例》（修正草案）（即“农业六十条”）。年底，调整农村人民公社粮食征购任务，减轻农民负担。

阳江西区各农村人民公社的经济秩序调整后，老区群众在积极参加生产队集体劳动、完成各项任务的基础上，经营好自留地，既发展集体生产，也兼顾了家庭副业。大多数家庭重新建起猪栏、鸡舍、鸭舍，饲养起生猪家禽。一段时间后，老区人民生活有了改善，家庭收入有了增加，集体经济向前发展。

改革开放前，老区群众面对重重困难，毫不气馁，坚信党的领导，艰苦奋斗，为阳西人民积累了丰厚的物质基础和宝贵的精神财富。如：阳江西区的新湖水库、茅洞水库、陂底水库等多宗水利工程，织箦至冲口、新圩至东水、塘口至同由、塘口至横山等公路工程就是在这个时期建成的。这一时期，大多数老区大队到公社所在地的公路已经建好，每个大队都安装了有线电话，有线广播也安装到老区各家各户，大队和生产队有了一定的集体经济基础，老区群众的文化教育和医疗卫生也有了基本保障。

第五节 大兴基础设施建设

一、兴修水利筑堤围，旱涝保收促生产

中华人民共和国成立前，阳江西区没有大中型水利工程，只有零星分布于各乡村的水陂、山塘等。这些水陂、山塘多是群众自筹、自建、自养，以芒草、松木、石头筑成的临时工程。规模小，灌溉面积少，且抗灾能力极弱。据统计，1949年，有水灌溉的土地面积仅占9%，其余多为“望天田”。

阳江解放后，阳江西区各区、乡在阳江县委、县政府的领导下，为了实现农业增产增收，根据区域水旱灾害及河流分布等情况，因地制宜，大力兴修水利，修筑堤围，分期分批实施。20世纪50年代初期，以工代赈修复堤围，随后改建扩建原有水陂山塘，并新建一些水库和引水工程，抗旱防旱，改善生产条件。50年代中期，组织群众在沿江、沿海兴建一批联围、水闸，抗洪防涝、围垦造田和单造改双造，扩大耕地面积和提高复种指数。50年代后期至60年代初，全区掀起了水利建设高潮，“大中小结合，以小型为主，蓄水为主，社办为主”，兴建了一批中型水库和引水工程，使全区形成了以防旱、防涝并重，引、蓄结合的灌溉工程体系，较大地改善了农业生产条件。60年代中期至70年代，阳江西区贯彻“巩固提高，加强管理，积极配套，重点兴建，充分发挥已有工程效益”的方针，同时整治排灌系统，改造

低产田，促进农业生产的发展并做好移民安置工作。

20世纪50年代初至70年代末，阳江西区兴建中型水库4宗，小一型水库16宗，小二型塘库30座，灌溉农田面积约1.23万公顷；兴建单项灌溉面积达350公顷以上引水工程5宗，35公顷以上小型引水工程14宗，35公顷以下引水工程373宗，灌溉及受益面积约0.5万公顷；修筑单项捍卫耕地面积70公顷以上的江海堤围22条，总长88.21千米，捍卫耕地约0.54万公顷，其中单项捍卫耕地面积350公顷以上的海堤4条。此外，阳江西区还兴修了一大批微小型塘坝蓄水、引水、引潮、排涝防洪水闸及江海堤围等工程，为改善农田灌溉，旱涝保收，实现农业的增产增收发挥极大作用。①

在党和政府的领导下，老区人民群众通过肩挑手拉（手推车）的艰苦奋斗和夜以继日的集体会战，使水利建设取得了显著成果，农田灌溉得到很大的改善，基本上结束了旱天靠天、涝灾泛滥的现象，旱涝保收面积增加了30%～40%。1955年至1957年，农业生产连年取得增产增收。

（一）四宗中型水库水利工程

新湖水库　位于程村镇西北部塘口河流域中的叶容河上游。1958年冬动工，1960年初基本完成土坝工程，以后续建配套工程。该水库共有土坝26座，总长1 961米，集雨面积17平方千米，总库容达3 068万立方米，灌溉面积1 447公顷。库渠与马潭水陂相连接，成为引蓄结合的工程。

茅洞水库　位于石磊山东麓塘口河支流上；1958年冬兴建，1963年和1965年曾2次出险；到1965年底基本完成配套工程。该

① 阳江市地方志编纂委员会编：《阳江县志》（上），广东人民出版社2000年版，第308—324页。

水库坝顶高程36米，防浪坝高1米，集雨面积为21.7平方千米，总库容2 300万立方米。开通干渠5条、支渠12条、斗渠13条，总长128.4千米。沿渠结瓜小水库有7座。灌溉面积为1 213公顷。

陂底水库 位于新圩镇西北部，陂底河上长屈尾村旁。该水库于1958年冬兴建，1962年按低方案运行，1976年至1986年3次动工续建配套设施。主坝顶高程46.4米，防浪墙顶高程47米，顶宽4米，长550米。副坝有5条。陂底水库有东、南、西、北干渠和支渠28条，总长123.7千米。集雨面积为21.8平方千米，总库容为3 864万立方米，灌溉农田2 333公顷。

长角水库 位于儒洞镇东南的长角村背，于1964年冬开工，因受“文化大革命”影响，1971年才竣工。坝顶高程19.4米，集雨面积17.8平方千米，总库容2 110万立方米。长角水库有干渠支渠9条，总长60.1千米；供给来福园、乌石头、渡头、前步、新桥等5个行政村约750公顷农田和人畜用水。

（二）五宗引水工程

织篢河引水工程 1965年春建成。集雨面积150平方千米。设计引水流量1.5立方米/秒，灌溉长岐、平南一带农田420公顷。后因通过织篢圩的渠道常被阻塞，效益不正常。20世纪70年代水陂左岸被冲毁，加上陂上游淹浸矛盾大，已废弃。

儒洞河引水工程 又名边海陂。集雨面积457平方千米。1970年建成。引水流量1立方米/秒，设计灌溉边海和电白县大榜农田350公顷。

儒洞河木竹根引水陂 建于20世纪60年代。集雨面积50平方千米。引水流量1.5立方米/秒，灌溉农田面积400多公顷。

塘口河引水陂 于1964年建成，灌溉塘口镇农田约350公顷。

麻又车陂 原为无坝引水，后于1975年改为永久性水陂。集雨面积100平方千米。灌溉新圩、儒洞镇近400公顷农田。

（三）五宗海堤工程

白土联围　由谷围至踅家旱，全长9.4千米，涵闸6座，原是谷围的吴屋围、石涉的十少围、许屋围和白土围等小围联合而成，从1953年起进行整修加固而成，捍卫耕地约670公顷。

文笔岭围　由上洋文笔岭至双鱼，于1958年建成，全长0.9千米，堤顶高程5.5米，顶宽4～6米，外坡全砌护坡石，水泥砂浆勾缝，有涵闸3座。捍卫耕地约1 670公顷。

陇西围　由楼村山至西一盐灶，兴建于1974年，全长5千米，有涵闸9座。捍卫耕地约610公顷。

长芙围　由程村公路桥至瓦窑头，于1953年建成，并经多次加固。全长9.3千米，有涵闸10座，捍卫耕地约450公顷。

边海围　北接边海拦河坝，由边海村东北绕至村南面，全长1.7千米，兴建于1970年，后经多次加固。捍卫耕地约200公顷。

二、库区移民，安居乐业

中华人民共和国成立后，主要是1958年后，阳江西区兴建了一批中小型水库，库区的居民迁移安置工作十分繁重。据1978年底统计，原库区需要迁移的人口4 503人（含高州迁来人数）。当地政府划拨水利移民耕地276公顷，平均每人占有耕地0.06公顷。这些耕地土质较贫瘠，生产条件差。他们分别被安置在西区的7个镇（乡），建造移民村60条。其中程村镇7条村412人、蒲牌乡7条村551人、塘口镇20条村1 289人、新圩镇23条村1 941人、儒洞镇1条村107人、织篢镇1条村98人、上洋镇1条村105人。

当时由于大办水利，任务紧迫，对水库移民安置工作的复杂性认识不足，重迁移、轻安置，造成移民生产、生活上存在不少遗留问题。中共十一届三中全会后，阳江县采取各种有效措施，解决遗留问题。首先是落实家庭联产承包责任制和山林权属，解决土地和山林的纠纷，调动移民的生产积极性，并从生产资金和技术上给予支持，发展经济。其次是帮助移民修建住房，开路建桥，架线通电，使移民安置点的水、电、交通等设施都得到改善，移民的生产、生活水平逐年有所提高，人心日趋安定。最后，解决移民子女入学等问题。

三、修筑公路，促进老区发展

中华人民共和国成立初期，阳江西区只有广湛公路过境，约60千米，都是泥路，且路桥在解放战争中被毁。区、乡之间，条件最好的也只有牛车路，且断断续续，桥多数为松木搭起，上盖草皮。乡村之间，只有乡间小路，崎岖不平，出行靠徒步，货物多靠肩挑水运。

（一）国道省道

中华人民共和国成立后，人民政府重视公路建设。1953年，阳江西区境内的下店、儒洞两个渡口建成木桥通车。1956年至1957年，将广湛公路儒洞路段1.5千米削弯改直。从1960年开始，陆续以沙石和水泥加固路基，加宽路面，整治排水沟。公路路基加宽到12米，路面加宽到9米。1975年至1976年，改直、加宽和平整广湛公路织篢路段2.75千米。至1982年，广湛过境公路全线已用沥青铺设路面，实现了路面沥青化。1957年12月，织篢至塘口公路建成通车。1971年，由广东省、阳江县投资，建设儒沙线（儒洞至电白沙琅），全长40.7千米，先建儒洞至禾塘路段，后接通电白望夫、沙琅路段，1972年全线通车。

（二）县道

县道的建设，通过广东省、阳江县投资和地方集资，发动群众突击与组织专业队伍施工相结合的办法。至20世纪80年代中期，阳江西区内建成尖沙线、织溪线、织同线、织河线、塘龙线等5条公路，总长近百千米。

尖沙线，由尖岗至沙扒，全长17.6千米，1957年建成通车。

织溪线，由织篢至溪头，全长22.5千米，1964年建成通车。

织同线，由织篢至同由，全长18.8千米，1959年建成通车。

织河线，由织篢至河北，全长30.6千米，1970年建成通车。

塘龙线，由塘口至龙门，全长9千米，1985年建成通车。

20世纪50年代，阳江西区基本没有乡村公路。六七十年代，乡村之间逐渐建成可通手扶拖拉机的大路。改革开放以后，通过地方自筹，阳江县公路、农业、糖厂等有关部门援助、群众献工等办法，乡村公路建设加速发展。80年代中期，80%的行政村（管理区）可通汽车。乡村道路普遍加宽，可通手扶拖拉机，少数村庄可通汽车。

第六章

改革开放谱新篇

中共十一届三中全会的胜利召开，开启了中国改革开放和社会主义现代化建设新时期。阳江西区在阳江县委、县政府的领导下，大力发展经济，推行家庭联产承包责任制，发展农渔经济。随着经济和社会的快速发展，1988年，阳江县撤县设市，阳江西区改建为阳西县，开始谱写建设新阳西的壮丽篇章。1991年底，阳西县成为全市第一个“全国绿化达标县”，同年被评为“全国渔业先进县”。在建设社会主义市场经济体制与全面建设小康社会时期，阳西县委、县政府科学调整老区农业结构，发展民营经济，积极推进老区各项建设；大力招商引资，开发工业园区，发展五金、帽袋等传统优势产业；加快整合旅游资源，发展滨海及乡村旅游；致力打造广东能源基地，阳西经济跨越式发展。

第一节 拨乱反正与改革开放的起步

中共十一届三中全会完成了党的思想路线、政治路线和组织路线的拨乱反正，是中华人民共和国成立以来党的历史上具有深远意义的伟大转折，是改革开放的开端。阳江县委坚持贯彻中共十一届三中全会精神，推行家庭联产承包责任制和林业新政。阳江西区人民积极开发荒山种果，进行滩涂养殖，推行科学种养，同时大力发展民营经济。

一、拨乱反正，平反冤假错案

1976年粉碎“四人帮”反革命集团以后，中共中央及时对思想路线、政治路线、组织路线进行拨乱反正，系统清理重大历史是非问题，对历次政治运动中被错定的冤假错案进行平反。1978年5月，中共阳江县委根据中共中央的指示精神，为“右派分子”摘帽。1979年2月，中共阳江县委召开三级干部会议，4 097人参加会议，贯彻中共十一届三中全会精神，总结中华人民共和国成立以来的历史经验，统一全党思想，把工作重点转移到社会主义现代化建设上来。同时，会议传达贯彻中共中央[1979]4、5号文件，部署对地主、富农分子的摘帽工作。按中央规定对未摘掉帽子的地主、富农分子全部摘掉帽子，给予人民公社社员待遇，规定其子女在入学、招工、参军、入团、入党和分配工作等，不得歧视。1981年11月，中共阳江县委召开三级干部会议，

870多人参加，学习中共十一届六中全会通过的《关于建国以来党的若干历史问题的决议》。12月，中共阳江县委调整和加强落实干部政策领导小组，抽调一批干部审查和纠正历次政治运动错处的案件，并做好善后工作。

中共中央一系列的英明决策，使一批蒙冤受屈者得到平反昭雪。如1952年召开的阳江县第四次干部扩大会议，批判“和平土改”，对大多数当年参加革命的区、乡一级干部作为“旧基层”进行清洗、开除，先后错误处理了200多名干部，其中党员107人。1982年全面落实政策，对错误处理干部进行了复查平反。如：原六区委书记兼区长李世谋、原上洋乡乡长姚若崧、原儒洞乡乡长陈厚祥、武工队队员骆定方等，都一一给予平反，落实了政策，恢复了名誉。骆定方平反后，享受离休待遇。他写歌唱道：“离休回忆起从军，数劫余生入六旬。二八跟随党革命，没齿难忘是党恩。”

二、实行农村改革，推行联产承包责任制

（一）落实联产承包责任制

农村经济体制改革，首先从实行家庭联产承包责任制开始。经历了20多年大集体的实践，广大农民对人民公社“队为基础，三级所有”以及分配上“吃大锅饭”的管理体制的弊端，看得越来越清楚，它严重压抑了劳动者的积极性，使农业生产徘徊不前，农民生活改善缓慢。一些贫困地区，农民对集体化产生动摇和失去信心。从1978年开始，已有一些生产队分小队或作业组，实行包产到户或超产有奖。如儒洞公社蓝田大队把生产队分成小生产队。此举立即影响到周围邻近的农村。一些生产队自发分出小队、作业组甚至分户经营。1979年9月统计，阳江县共1.15万个生产队，其中分成5户以下的有1 365个，6～10户的2 022个，另

外分田到户的1 785户。由于缺乏具体指导，很多地方把不该分的集体财产如厂场财物和大型农机都分光了。1980年1月，中共阳江县委同意儒洞公社蓝田大队、上洋公社福湖大队、溪头公社蓝袍大队和北寮大队等4个人多地少、经济落后的大队推行包产到户，这4个大队在早造收获后就改变了吃粮靠返销、生活靠救济的状况。

1980年下半年，阳江县贯彻中共中央75号文件，推行包产到户和包干到户。对未包干到户或分田到户的生产队，按文件精神重新落实大包干。1981年6月统计，阳江县实行包干到户的有8 090个生产队，占总队数的70.5%。至年底，除个别队外都实行了大包干。1982年春，中共阳江县委根据《宪法》规定，全面落实沿海滩涂使用权，把沿海滩涂使用权下放到社队，推动滩涂承包开发。1982年初，中共阳江县委根据上级的指示精神，对完善生产责任制问题做了若干规定：农村土地是集体所有，农户承包的耕地只有使用权，并签订了承包合同，明确集体与承包户的责、权、利；集体财产要造册登记，社员承包的土地，不准买卖、出租、转让、建房、取土或荒废等。同时，要照顾好五保户和军烈属，管好农田水利设施。种种措施，使家庭联产承包责任制逐步完善，充分调动了农民的生产积极性，促进了农业生产大发展。1980年，粮食单产、总产实现历史性新高。1981年，虽然遭遇百年一遇的洪涝灾害袭击，但粮食仍获得丰收。1982年，粮食单产、总产分别比1980年增长16%和18%。1982年，阳江县召开三级干部会议，除县、社、大队干部参加外，还特邀农村万元户和交售万斤粮的社员参加。会议主要是学习中共中央文件《全国农村工作会议纪要》，总结推广生产责任制的经验，根据中央文件精神部署农村工作。

（二）初见成效

1983年，中共阳江县委贯彻中共中央文件精神，建立和完善多种经营责任制，把荒山、荒地、荒滩、小林场、小果场、水利工程和工副业等全面落实承包责任制。1984年下半年，中共阳江县委开展调整土地延长承包期工作，改承包期三几年为15年，改承包田零散为适当集中，改平均主义承包为按人按能承包，发展了“大耕家”，承包百亩以上的“大耕户”成倍增加。1987年与1978年相比，粮食增产35.8%，农村人均收入增长了8.6倍，基本解决了农民的温饱问题，部分农民走上了富裕道路。

农村联产承包责任制的实行，极大地提高了劳动生产率，解放了农村大量劳动力。劳动力多的农户，留下两个在家种责任田，其余的外出务工。这样，大批富余劳动力向外转移，到外地务工。其时，深圳特区刚刚建立，需要大批劳动力。富余劳动力大多参加到深圳、珠海等特区建设的行列里。从1979年开始，劳动部门把劳务输出作为一项重要任务来抓。阳江西区每年到外地务工的农民超过5万人，每年劳务输出收入超过2亿元。很多家庭收入猛增，成为当地的富裕户。少数人把握到先机，组织了工程队、建筑队，到特区承揽工程，成为包工头，后发展为成功的商人。

三、科学种养，发展老区多种经营

（一）种植业生机勃勃

阳江西区在全面落实联产承包责任制的同时，鼓励农民放手大干，利用本地的自然资源，大力发展种养业，发展多种经营。

阳江西区有耕地2.66万公顷，宜林荒山9万公顷，沿海滩涂2.8万公顷。开发利用价值极高。开发荒山种果和滩涂海水养殖，具有得天独厚的资源条件与广泛的群众基础。区域内瓜果种类较多，较大宗的有香蕉、荔枝、龙眼、柑橘橙、木菠萝、黄皮、西瓜等。尤其是荔枝、龙眼，种植历史悠久。

上洋、儒洞等地的气候土壤最适宜种植水果，上洋玉荷包荔枝远近驰名。当地党委政府鼓励农民承包山地种植荔枝。种植户承包面积从几亩、几十亩至百亩不等，规模大的达数百亩。资金与劳动力多的农户多种，各尽所能，各显神通，且引进了妃子笑、桂味、糯米糍、白腊、白糖罂等优良荔枝品种。一时间，当地掀起了包山种果热潮。除了上洋、儒洞，其他各乡镇也种有荔枝。阳江西区种果面积逐日扩展。荒山变绿，瘦地生宝，逐步收到生产效益，人们对此项投资充满信心。至1987年，荔枝种植面积发展至650公顷，年总产量达40万千克；此外，还发展龙眼80公顷、柑橘橙265公顷、香蕉400公顷。

上洋镇在发展荔枝种植的同时，大力推广西瓜种植，使西瓜种植初步形成基地化，每年种植面积达533公顷，总产量为2 000万千克，吸引了全国各地的客商前来收购。西瓜已逐步成为上洋农民的经济支柱。

（二）养殖业欣欣向荣

改革开放以后，由于中共中央调整了政策，大力鼓励发展养殖业，农村养猪、养鸡、养鸭、养鱼、养虾、养蚝等飞速发展。

养猪　由于党和政府放开了一系列生猪政策，大大提高了农民养猪的积极性。开始打破传统家庭只养一二头猪的习惯，出现了大大小小的猪场，家庭饲养量从几十头到几百头不等。政府的扶持，畜牧部门加强对良种繁育、推广配合饲料和疫病防治三个体系建设，更推动了生猪生产的发展。1987年，阳江西区生猪饲养量达40万头，存栏量22万头，比1978年分别增长80.7%和46.6%，比1949年分别增长8.17倍和6.31倍。

养鸡　1980年以前以饲养土鸡为主，饲养量少，死亡率高。1980年以后，畜牧兽医部门引进莆田鸡、清远鸡、三黄鸡等良种鸡苗，并传授技术，推广经验，进行科学饲养，大大提高了饲养效益。养鸡大户不断增多，大一点的鸡场一批出栏量数千只。1987年，阳江西区肉鸡饲养量达150多万只。

养鸭　沿海地区有养蛋鸭的习惯，因其有临近河、海的优越自然条件，小鱼小贝壳类动物多，最适宜蛋鸭生产。程村、织篢、儒洞等地养鸭最多，母鸭年存栏量达10万只，年产“红心蛋”150万千克以上。

利用沿海滩涂发展海水养殖业，20世纪80年代有了长足发展，并创造了可观的经济效益。

养蚝　阳江西区养蚝已有400年历史。传统的养蚝方法是以石头做附着物养殖。20世纪80年代，阳江西区养蚝技术进行了一次科技革命，结束了用石头养蚝的历史，改用水泥柱养殖。农民承包了滩涂，除了用水泥柱养蚝，还发明了棚架立体吊桩养蚝，加速了养蚝业的发展。1987年，阳江西区养蚝面积1 066公顷，年产量200万千克。尤其是程村镇红光（红木山村）蚝，肥美而味道好，远近闻名。

养蚶　1979年后，沿海农民承包滩涂养蚶试养成功，调动了群众耕海积极性，促进了养蚶业的发展。1987年，程村、溪头、上洋、儒洞、沙扒等地发展了多个养蚶场，面积达660公顷，总产量达80万千克。

养虾　1980年后，沿海地区陆续开发滩涂，建造虾塘，并不断摸索养虾技术，使养虾取得成功。1987年，阳江西区虾塘发展至650公顷，总产量达40万千克。

网箱养殖　网箱养鱼是改革开放后在港湾或浅海区新发展的水产养殖项目。它是用木或镀锌管以及尼龙绳等制成浮在海面的网箱，放养石斑、鲈鱼等优质鱼类，以小贝类、杂鱼等喂养。这既增加活鲜产品出口创汇，又可满足市场需要。1987年，阳江西区有鱼排网箱3 000个，面积1.8万平方米，产量50万千克。不少专业户积极筹集资金，购买网箱，扩大养殖面积，增加经济收入。

淡水养殖　中共十一届三中全会后，随着农村推行联产承包责任制，淡水养殖进一步发展。1987年，阳江西区淡水养殖4 000公顷，比1978年增加了3倍，年产量80万千克。山塘、水库、河涌等都成了淡水养殖基地。

四、小企业迅猛发展

农村实行联产承包责任制后，富余劳动力大批投向第二、第三产业，乡镇企业出现了新的发展局面，形成了乡镇办、村办、联户办、个体办的乡镇企业。县、镇、村各级领导积极贯彻执行中央人民政府颁布的政策法规，把发展乡镇企业作为农村治穷致富和振兴农村经济的重要抓手，加强对乡镇企业的领导，合理规划，积极扶持；并在筹集资金，引进外资，以及在税收、用地、用水、用电等方面提供优惠政策，促进乡镇企业迅速发展。至1987年，阳江西区的乡镇企业已发展至345户，从业人员达1.48万人；总产值1.3亿元，纯收入3 800万元，比1978年增长14倍。在乡镇企业的发展中，各地各有特色。

织篢镇以工贸结合为主，与外贸部门密切合作，大力发展外向型企业。1987年，全镇有乡镇企业114户，总产值4 460万元。其中外向型企业有五金厂、包袋厂、缝纫厂、帽袋厂等14户，年创汇413万美元。其中年创汇100万元以上的企业有3户。该镇生产的五金制品、包、帽、袋、竹木制品、工艺编织等6大类、150多个品种的产品，其中五金刀剪、帽袋畅销世界10多个国家和地区；织赁产的理发转椅行销广州、佛山等大、中城市的高档理发店。

儒洞镇多方面筹集资金，鼓励、扶持联合体、个体发展乡镇企业。1987年，全镇乡镇企业总产值1 805万元，已办起联合体、个体企业118户。其中塑料薄膜厂25户，果品加工厂18户，初步形成了塑料薄膜、凉果两个专业市场。有些个体企业还逐步走向联合，发展集团式企业。该镇永兴水产公司，主要经营水产品加工、鱼粉饲料，开办时10人入股，每股4 000元，1987年已拥有固定资产300万元，上缴国家税金26万元。

中共十一届三中全会后，允许私营企业存在和发展，作为国营企业和集体企业的补充。因此，私营企业迅速发展，至1987年，阳江西区有私营企业和手工业2 000余户，从业人员11 000人。此外，各乡镇还大办小水电。20世纪80年代，阳江西区先后建成陂底、东水、浸雾湾、石碧口、双水、山塘等12座水电站，年发电量1 100万千瓦时，其中东水电站装机容量4 800千瓦。

五、收入提高，生活提质

1980年至阳西建县前，国民收入逐年增加。1987年，阳江西区9个乡镇国民收入总计5.52亿元，比1980年增长151%，平均每年递增14%。其中农业收入2.97亿元，增长99.5%，年递增10.4%；工业收入1.15亿元，增长308%，年递增22%；建筑业收入1 350万元，增长1280%，年递增45%；交通邮电收入700万元，增长345%，年递增23%；商业饮食业收入0.31亿元，增长355%，年递增24%。1987年，人均国民收入为469元。阳江西区的经济历来以农为主，农业收入是国民收入的大头。随着第二、第三产业的发展，农业在国民收入中的比重逐渐下降，其他各业的比重则上升了。1987年与1980年比较，农业由78%降至60%，工业由

13.8%升至21.9%，建筑业由0.8%升至4.2%，交通邮电由1.4%升至2.4%，商业饮食业由6.0%升至10.7%。

改革开放以后，随着收入的逐步增加，老区人民群众生活水平不断提高，衣食住行有了极大变化。

食 粮食充足。1980年至1987年，由于落实了联产承包责任制，粮食连年增产。老区农民群众感恩中国共产党的英明政策，每年都按时按质完成国家征购任务，从不拖欠国家公购粮，然后再留足自家口粮，做到先国后家。并且，家家还有余粮。储备粮充足，也不用精打细算用粮了。普通家庭主餐吃米饭，粮食仍然有剩余。剩余部分多用来饲养牲口或到农贸市场出售。在农村，粮食解决了，肉菜就不是问题了。蔬菜自家常年种植，想吃就到菜园去摘。“三鸟”（即鸡、鸭、鹅）多为自养，自给自足。每逢赶集，村民还买一些猪肉回家。集市一片繁荣，农副产品应有尽有，而且价钱便宜。农民脸上无不流露出自信和自豪感。

住 居住环境逐日改善。吃饭问题解决了，手上逐渐有点钱了，老区村民首先考虑的是新建或改造住房。民国时期，除了部分地主富农有青砖屋外，其余都是泥砖房或茅草房，而且一座房子相传几代人。传过三代以后，一座房子就住着好几户了。那时候，建房是贫苦农民的梦想。20世纪六七十年代，新建了不少新房，但十之八九是泥砖房。村民以互相帮助、互赠人工的办法建房，打泥砖、做小工等都是“有食无工钱”（只在主家吃饭，不拿工钱），这样花六七百块钱就能建一座三间四廊屋了。这个时期，农村建房的不少，村民居住环境有了很大改善。不过，这种房子经不起台风暴雨的袭击。至80年代，村民建房材料大有改善，墙壁用青砖（也有少数用红砖）、杉木做桁桷，以方砖砌地板，上盖双重大瓦，大瓦之间的小瓦再粘灰砂浆。80年代初掀起了一股烧砖热。凡是想建房的农户，都是自己烧几窑砖。一家人同心协力，打柴挖土做砖全靠自力更生。奋战一冬春，多则一两年，愿望就实现了。至1987年，老区村庄的砖瓦房占了六成左右。村民住上宽敞的房屋，过着丰衣足食的生活，庆幸自己遇上了改革开放的好时代。

衣　20世纪六七十年代，穿着多有改善，但受“布票”所限，一般人添新衣较少。青年人穿上的确良、的确斜之类免证供应的新潮衣料。1983年12月，国家取消了布票后，各种布料货源充足，式样五花八门，穿衣打扮受到大城市的影响，出现了多种风格。不管男女老幼不再穿打补丁的衣服。流行款式有唐装、中山装、西装等，年轻人学着城里人穿牛仔裤、喇叭裤。冬天也不再受冻了。

行　村民出行逐步做到以车代步了。20世纪六七十年代，单车凭证供应，村里只有少数干部及国家职工家里有单车。村民出行基本上是步行。进入80年代，“红棉牌”“海鸥牌”“五羊牌”自行车大批量生产，放开供应，自由购买，山村里一下子增加了大量单车。家家户户都买了单车。劳动力多的农户买了好几辆。单车很快普及到千家万户。每逢集市日，单车队从四面八方赶来，那也是一道很美的风景线。至80年代中期，少数人购买了摩托车。

娱　20世纪50年代，老区山村村民基本上没有什么娱乐。日出而作，日落而息。夜幕降临，狗吠声起，很多人就上床睡觉了。六七十年代，每隔一段时间，公社电影队轮流到各大队放一两晚电影。都是放“老三战”（《地道战》《地雷战》《南征北战》）。很多青年人看不过瘾，第二晚又跟到邻近大队去看。那时候，“三转一响”（单车、缝纫机、手表、收音机）是衡量幸福家庭的标志。至80年代初，连放牛老伯都戴上了手表，收音机迅速普及了，收录机也很快普及了。黑白电视机开始进入普通家庭。至1987年，部分家庭已买回彩色电视机。

改革开放带给老区人民的是实实在在的好处。“出有车，食有鱼”，人们的幸福感普遍提高。

第二节　西区建县　继往开来

1988年1月7日，根据国务院的批复，阳江县撤县建市。在原阳江县域设立阳西县、江城区和阳东区。1988年4月3日，阳西县正式挂牌成立，下辖织篢镇、程村镇、塘口镇、溪头镇、上洋镇、儒洞镇、新圩镇、沙扒镇和蒲牌乡（1993年改为蒲牌镇，2003年撤销并入织篢镇）。从此，位处阳江西区的阳西县，掀开了历史发展的崭新画卷。

一、消灭荒山，老区披绿

20世纪80年代初期，老区群众利用农闲时间耕山种果，增加经济收入。但种果的地方一般都是离村庄较近且坡度小的山坡地，离村庄较远坡度大的荒山还是未被开发。阳西建县时，距广东省提出“十年绿化广东”仅剩6年时间。全县宜林面积7.13万公顷，而造林面积仅有3.4万公顷，绿化率还不够一半。时间紧，任务重，资金短缺，建县各项工作又千头万绪，加上境内半山半海，山岭分布零散，夏季暴风雨频繁。这些都给绿化工作带来了很大困难。为此，阳西县委、县政府发起了一场消灭荒山的攻坚战，鼓励有能力的家庭或个体户植树造林，拟用2年时间，消灭荒山。

在这场攻坚战中，阳西涌现出不少勇敢有为的耕山者。程村、塘口、新圩等地乡村，共有林业专业户200多户，约1 500

个劳动力，植树造林2万公顷。儒洞镇书村（今属沙扒镇）吴土旺，人称“吴百万”，是当地著名的林业专业户，他承包了鹰山一大片岭地，植树造林150公顷，并为群众提供苗木15万株。原林业部部长高德占视察他的林场后，题写了“鹰山林海”的勉励之词。织篢镇星光村赖开旭，承包荒山400公顷，造林350公顷，被评为阳江市植树造林先进工作者，阳江市“十杰”青年。新圩镇旧仓村妇女陈少英，承包荒山200公顷，造林180公顷，被评为阳江市“巾帼造林能手”。这些专业户的崛起，对绿化荒山起了关键性作用。

到1991年底，阳西初步实现了“荒山披绿，碧水长流”的目标，完成了全县绿化达标任务，在阳江市第一个走进全国绿化达标县的先进行列中。1995年底，阳西县被评为“全国造林先进县”。1996年3月，阳西县顺利通过省和国家的验收，成为全市第一个“全国绿化百佳县”。林业的发展，有效地改善了自然条件，保持水土，涵养水源，调节气候，大大促进了老区农业生产的发展。1996年，全县拥有森林面积7.13万公顷，其中松树林5万多公顷，桉树速生丰产林0.4万多公顷，荔枝、龙眼、芒果等水果生产基地0.35万公顷，橡胶林及其他杂树林1万多公顷，总蓄积量达100万立方米，年总蓄积生产量15万立方米。

更新观念，以市场经济为导向。阳西林业发展确立了“以经济建设为中心，林业经济效益生态效益、社会效益一齐上”的指导思想，注重调整林种结构，建立公益生态林和商品林两大经营体系，在塘口、蒲牌、儒洞、新圩等镇建立了20多个桉树、松树生产基地。从国内外引进并推广优良品种7个，其中雷林33号和刚果W5号无性系桉树速生丰产品种，在蒲牌、新圩连片种植近3 000公顷，第一年生长平均4.5米，平均胸径3.1厘米，成为广东省林业厅推广高标准种植速生丰产林的示范基地。在不断调整林业生产布局、实行基地种植集约化经营和科技兴林的同时，大胆地把林业推向市场。1990年，阳西县林业局和雷州市林业局合作兴建了年生产能力2万吨的儒洞木片厂和年产松香1 000吨的松香厂。此外，还开办林果发展公司等，形成林、工、企、贸多种经营，创造了较好的经济效益。

二、农渔并举，优化老区农业结构

阳西建县后，县委、县政府重视老区的建设发展。1990年11月24日，《阳西县革命老区发展“八五”规划》出台，大大加快了老区的建设与发展。在阳西县第十个五年计划中，县委县政府做出了“逐步转变农业的发展方式、推进农业结构调整、全面优化阳西农业布局”的战略部署，大力推进农业产业化、渔业捕养加工贸一体化全面发展。老区人民在县委、县政府的领导下，发扬艰苦奋斗、勇于开拓的光荣传统，因地制宜发展农业生产，不断优化农业的产业结构，推进老区农业产业化、专业化、基地化建设。1998年，县委、县政府号召全县干部群众开展大规模的耕山种果活动，利用荒山和闲置地种植荔枝、龙眼、柑橘和火龙果等水果，种植面积约6 000公顷，为老区人民发家致富起到了示范带动作用。

老区人民以发展特色农业为主要发展方向，巩固和扩大荔枝、龙眼、火龙果、柑橘、西瓜等特色水果的种植；发展和扩大北运椒的种植；引进和发展南药、花卉、苗木的种植；开发山地饲养，发展林下经济；利用近海滩涂发展蚝、蚶养殖，利用围塘养殖鱼、虾、蟹，发展高位池养虾和海水网箱养殖优质鱼等；利用山区水草丰富的优势发展养牛、养羊等畜牧养殖业，并大力推广秸秆氨化养牛新技术。老区的农业生产效益得到有效提高，商品农业得到快速发展。至2017年，已建成儒洞福安万亩高产连片荔枝基地，上洋双鱼城等万亩连片西瓜种植基地，程村红光、豪光等养蚝基地，溪头那湖、永安、十八村等万亩五彩薯连片种植基地，织篢、蒲牌等万亩北运椒种植基地，程村莲花等万亩南药种植基地，儒洞边海万亩水稻高产示范基地，新圩、塘口等镇的生猪、猪苗、“三鸟”养殖基地，程村、溪头、儒洞的蛋鸭养殖基地。与此同时，老区人民在县委、县政府的扶持和帮助下，因地制宜发展“一村一品”的种植业。如：塘口彭垌的黄皮种植，溪头马村双水、塘口竹迳等地的毛薯种植，新圩东水的土纸生产，新圩湴陂、塘口同由等地的香蕉种植，程村莲湖、上洋庚山等地的牛大力种植等。老区主要的农业品牌有：程村蚝、上洋西瓜和双肩玉荷包荔枝、溪头五彩薯、蒲牌北运椒、新圩的东水茶叶和东水竹笋、程村的黄鬃鹅和红心鸭蛋等。这些具有阳西特色的农产品远销全国各地和港澳地区。至2017年，阳西革命老区共有农产品专业合作社43个，专业协会8个。2017年，老区的农业总产值达到41.17亿元，占全县农业总产值的43.9%。

三、发展民营经济，促进老区经济新增长

建县至2017年，阳西革命老区先后兴办民营企业1 043家，企业产值占全县企业生产总值的76%。

1978年至2017年，革命老区先后投资建成东水水电站、双水水电站、里坪坡水电站、石挞水电站，及陂底、上大地、山塘、石碧口、金星等小型水力发电站32个，总装机容量25 650千瓦，年发电量2 932万千瓦时，年产值4 220万元。

织篢镇、塘口镇、程村镇等老区利用本地饰面花岗岩资源丰富的优势，兴办采石场和石料加工厂，共建有采石场13家、石料加工厂43家，年产饰面花岗岩石材5万立方米、石料板材60万平方米，年产值达4 000万元。

新圩镇东水村委会引进广东新江实业集团有限公司，整合东水山原有百年原生态古茶园优势资源，建立特色茶叶培植基地。扩大东水茶的种植面积，由原来的200公顷扩大到450公顷，同时购进现代化制茶设备，承传和创新制茶工艺，提高茶叶品质，打造“东水山茶”品牌。2015年，东水山荣获“广东十大茶乡”称号，东水红茶获评“广东十大名茶”荣誉称号。

织篢镇鸡乸塱村村民林进栈带领本村船队勇闯深海远洋捕捞，率先闯出阳西渔业发展致富的路子。在附近海域渔业资源日渐贫乏的情况下，林进栈于1989年率领船队首赴东海舟山渔场，他们发扬艰苦拼搏、团结协作的精神，克服船小抗浪能力弱的困难，齐心合力，追风头赶风尾，发现鱼群便集中船队围网捕捞，海捕产量获得大提升。2005年3月，村民合资成立广东顺欣渔业有限公司，投入资金对渔船进行更新改造，由小型渔船改为大吨位、大马力渔船，由木质渔船更新为抗风抗浪能力强的钢质渔船，组成拥有渔船200多艘的远洋深海捕捞船队，继续向深海、远海发展海洋捕捞业。与此同时，大力发展水产养殖和海产品、水产品深加工，发展对虾和罗非鱼养殖基地670公顷，建有9万平方米的顺欣水产品加工厂，加工、冷藏能力达250万千克。此外，还建有分散加工式渔网厂。该公司2014年实现了集团化运作，拥有固定资产4.6亿元，集团属下有4家子公司、2家分公司，有员工1 800多人。公司实行“公司＋海洋捕捞＋基地养殖＋渔户”的合作经营模式，鼓励和扶持村民参与捕捞、养殖和到所属厂务工，带动村民走共同致富的道路，实现经济和社会效益双丰收。2017年，村民人均年收入达9.8万元，部分渔户年收入超过100万元。2011年，公司荣获广东省重点农业龙头企业称号，被列入广东省现代产业500强企业。

2005年，阳西县委、县政府引进温氏集团，利用当地的山地资源和劳动力资源丰富的优势，建立禽畜养殖基地，发展养猪业和养鸡业。该集团公司在织篢和新圩两镇建立了2个养猪和养鸡基地。以“公司+农户”的发展模式，带动老区农户发展养猪养鸡业。据不完全统计，加盟温氏集团的养殖户有4 600多户，户均年增加经济收入6 000多元。

大力发展旅游业。2012年，县委、县政府把发展旅游业作为阳西县经济发展的五大经济发展平台之一，致力打造山、海、泉、湖、古迹的旅游品牌，形成古迹文化、宗教文化、温泉养生、生态休闲、滨海游玩齐头并进的旅游业发展新格局。沙扒镇以创建旅游强镇为重点，全力推进滨海旅游业的建设发展；投入建设资金2.5亿元，建设了月亮湾至新圩高速路出口的一级公路；投入7 000多万元，建设完善了旅游基础设施，使旅游景区景点升级提档。沙扒风情美镇的品牌进一步打响。2014年，沙扒镇被评为广东省旅游强镇。2017年，沙扒镇全年接待游客187.6万人次，旅游收入达10.2亿元，占全镇生产总值的31%。新圩镇以望夫山、东水山等自然景观和田园风光为重点发展旅游业，开辟农家游、休闲游。塘口镇以古堡群、回隆寺等名胜古迹和温泉热水资源引进资金建设旅游景区景点，得到县旅游局和宗教局的支持帮助，已完成回隆寺的修复重建工作。温泉旅游度假项目正在规划建设，完善设施。织篢镇在完善大垌山风景区和东湖咸水矿温泉度假山庄旅游设施的同时，结合七贤书院、太平古驿站、八元堂、大洲村等古迹文化，共同打造佛教圣景、革命遗址、历史文化景观、温泉养生和休闲度假的旅游重镇。

民营经济的发展壮大，助推阳西革命老区的经济发展跃上新台阶。

四、革命老区基础设施建设

阳西革命老区大部分地处边远山区，村庄分散。中华人民共和国成立后至改革开放初期，虽然对老区的基础设施建设有了较大投入，但整体而言，老区的交通、通信、供电、水利设施等依然相对落后，严重制约老区经济的发展。阳西建县后，县委、县政府结合老区的实际，精心做好区域协调发展规划，按照“同等优先，政策倾斜”的原则，采取向上争取、财政预算拨付、乡贤捐助、群众和单位集资、民办公助等形式措施，多方筹集建设资金，积极推进革命老区基础设施建设。

（一）公路路网建设

1949年，阳江西区仅有织篢到各镇开通低等级的泥土车路或马路，公路总里程只有172千米。中华人民共和国成立后，特别是“大跃进”年代，阳江西区的公路建设发展较快，乡村公路开始建设，与农场公路、水库公路和农村机耕路形成交通路网。改革开放后，阳江西区的公路建设进入高峰期，在“路通财通”指导思想的引领下，党和政府加大公路建设资金的投入和引进，对交通公路逐步进行建设、改造，以适应改革开放的经济建设需要。至1987年，阳江西区公路总里程达358.6千米，公路密度为每百平方千米25.6千米，325国道（今G228）50.6千米已改建成二级柏油路面，其余公路虽是沙土路，但都经过了裁弯取直，路面扩宽。

阳西建县后，1988年至2000年共投入公路建设资金7.13亿元，新建改建公路550千米，其中325国道于1996年由二级柏油路面改建成一级混凝土路面，省道电白沙琅至阳西沙扒（S282线）、阳春潭水至阳西溪头（S278线）的阳西段75.3千米于1997年由沙土路面改建为二级柏油路面，修建县道三、四级公路424.1

千米。1995年，修建了新圩镇东水至里坪、东水至葵水尾的盘山公路，总长17千米，结束了两地村民祖祖辈辈靠步行外出的历史，解决了村民行路难问题，促进了山区经济的发展。1998年实现了“市到县通一级公路，县到镇通二级公路”的目标，开通了溪头至河北、上洋至书村、旧寨至旧仓、横山路口至高木根村、程村至阳春河口、程村至阳江港、禾塘至东水、蒲牌至旧仓等公路。2001年至2017年，共投入公路建设资金9.3亿元，使全县公路除蒲牌至旧仓、新圩至塘口部分路段外，全部已改建为混凝土路面，实现境内公路硬底化。2012年，沈海高速公路阳西段建成通车。设有程村、阳西、新圩三个出入口。2014年，深茂铁路阳西段动工兴建，铁路自东向西穿越阳西县境，2018年7月1日建成通车。2015年，沙扒月亮湾至新圩高速公路出口一级公路建成通车。至2017年，全县有铁路1条、公路13条，公路总里程1 383.2千米，公路密度由建县前的每百平方千米25.6千米提高至每百平方千米201.5千米。公路网络形成三纵三横的交通格局。交通设施日臻完善，为老区经济的发展提供了重要的交通运输保障。

（二）乡村道路建设

清代以前，阳江西区有驿道和邮道通行，乡村道路都是人行小路。至1949年，只有一些大路通往各圩镇，村民出行主要是靠走小路、山路。中华人民共和国成立后，党和政府发动群众修建了一些乡村道路。在“大跃进”和“文革”时期，各生产大队都修建了通往公社的大路，部分较大的村庄修建了机耕路，逐步改善了乡村群众出行的交通条件。改革开放后，乡村的道路建设逐步增多，农业机械和交通工具也相应增加。至1987年，阳江西区已建有乡道47条，总长171千米。

阳西建县初期，阳西革命老区的道路都是沙土路、机耕路。部分道路不能通汽车，跨河道的桥梁大部分都是木桥、便桥或

“水中桥”。道路只通到行政村，除村庄较大的自然村有大路通村外，其他村庄都是小路，连手扶拖拉机都不能进入，有的村庄群众出行全靠步行，连自行车都难以通过。全县87个老区行政村中有62个未通公路。县委、县政府把解决老区村庄道路交通问题摆在重要议事日程上，制订了“村村通公路”的实施方案，采取地方自筹、有关部门援助、民办公助、村民献工等办法建设乡村道路。先后投入建设资金12.7亿元，新建和维修乡道、村道237条，总里程1 681千米。修建和改建桥梁93座，道路全部铺设混凝土路面，部分道路的路旁还种上风景树和观赏花木。1997年，全县138个行政村已实现“公路村村通”。2006年，实现镇通行政村道路硬底化。2012年，实现500人以上老区村通机动车路。2015年实现300人以上老区村通机动车路。

（三）供电通讯设施建设

1982年，少数老区村开始通电，但由于大部分老区村地处边远山区，加上电网负载容量小、电压低，部分农村还未能通电，老区人民生产生活受到影响。1983年，建设了织篢、上洋两座35千伏变电站。阳西建县后，于1990年新建110千伏织篢变电站。至2000年，全县已建成110千伏变电站1座、35千伏变电站9座。自此，形成以县城110千伏变电为中心、9个35千伏变电站为配套的阳西电网，并逐步完善；已建成10千伏及以上输电线路4 763.36千米，总容量7.08万千伏安。1990年实行农村电网改造，边远山区农村架设了输电线路，实现阳西电网城镇和农村全覆盖，同时实施城镇和农村用电同网同价。老区农村通电，解决了农田抽水灌溉、排洪等生产用电和老区人民生活用电问题。至2017年，阳西已建成拥有220千伏变电站2座，主变容量360兆伏安；110千伏变电站5座，主变容量60.5兆伏安。全县35千伏及以上高压输电线路24条，总长557.32千米；10千伏线路63条，总长

1 293千米；低压线路4 593千米；有配电变压器1 944台，总容量515.67兆伏安。

1952年，老区的小乡已开通了手摇电话。1963年至1987年，各乡镇机关事业单位、行政村及企业安装了电话，居民没有电话。当时的电话是有线电话，电话机为摇把式话机，通话靠电话总机接插连接。1989年10月，县城开通纵横制自动电话，电话号码为5位数。1993年4月，全县实现电话交换程控化，农村家庭长途电话可直拨全国各地和150个国家及地区。1995年，阳西县开通了模拟式移动电话，实现了全县模拟网络全覆盖；电话号码由6位数升为7位数。1996年，中国移动通讯阳西分公司成立，1997年，中国联通阳西分公司成立，开通了数字移动电话。至此，阳西固定电话、移动电话、电脑逐步进入城乡普通居民家庭，老区通信落后、信息闭塞的现象得到根本性改变。

（四）水利建设

在合作化和“大跃进”时期，老区人民响应党和政府的号召，大力兴修水利，修建山塘水库，筑坝蓄水，建设水陂、排渠和涵闸，修筑堤围河坝，建设农田灌溉、排洪泄洪、防洪防浪等水利设施。1955年至2000年，全县共兴建中小型水库52宗，总集雨面积为167.06平方千米，总库容量为1.75亿立方米；建设引水工程522宗，引水灌溉面积11 260公顷；建设堤围河坝38宗，保护农田84 080公顷，保护10.14万人口安全。阳西地处广东西南沿海，南亚热带海洋季风气候明显，常受洪、涝、旱、台风、暴雨、海潮等自然灾害的威胁。阳西建县后，县委、县政府把水利设施建设的重点放在防洪达标上，加强工程技术管理，按“五十年一遇”的标准对江海堤围、水库大坝、水闸、排灌设施进行技术改造和除险加固。同时按现代农业灌溉的标准要求，对符合连片的农田建设“三面光”排灌渠，结合排涝引水工程的整治，发展小水电。2011年，投入水利建设资金1.71亿元，对陂底、新湖、长角、黄颈、旱塘、独垌等20宗中小型水库进行除险加固；对9条护卫665公顷以上农田的海堤进行达标建设，加固堤围101.2千米；修复边海陂、白土联围旧涵闸等水毁工程。2013年，投入水利建设资金1.3亿元，对白土联围进行达标建设，并对黎头石等8宗小型水库进行除险加固，同时开展省级小型农田水利重点县的建设，修建“三面光”水渠54千米。2015年，投入水利建设资金1.25亿元，对文笔岭、陇西联围等8宗海堤进行标准化建设，完成堤围加固20千米，新建、加固涵闸38座；小型水库除险加固9宗；修建河堤7千米，清淤河道5千米；全县19宗省级小型农田水利重点县建设项目全部动工，整治渠道33.42千米，衬砌渠道32.36千米。2017年，投入水利建设资金4.5亿元，对长芙联围、陇西联围、三山联围、长坪联围、儒洞联围、边海联围、文笔岭联围、白土联围和渡头仔联围等9宗沿海联围进一步完善标准化建设或除险加固，建设加固围堤100千米；整治织篢河、儒洞河、三甲河等河流5宗；建设农田灌溉“三面光”水渠42.13千米。

五、发展老区教育事业

1957年以前，老区的中小学校数量较少，只有40多所，且校舍简陋，教学设施较差，大部分学校都是利用祠堂庙宇作教学场所。原阳江县西部地区的中学仅有阳江县第四中学（即奋兴中学）。“大跃进”时期，国家采取“分级办学”的形式兴办学校。各公社自筹经费在各大队人口集中的村庄选址兴建学校，师资除县教育部门调配少数教师外，大部分教师都是从社会聘请，此类学校称“民办学校”，教师称“民办教师”。至1966年，老区的中小学校增加到84所。20世纪60年代，各公社试办农业中学。60年代后期，各公社办起高中。1968年秋，小学开始附设初中班。70年代末，部分公社高中撤并，阳江西区仅保留织篢中学、儒洞中学，各小学也基本停设初中班，仅书村、横山、同由、禾塘、菩提等小学仍保留附设初中班。1976年至1988年，阳江西部革命老区增建了兴华中学、溪坎中学、书村中学等初级中学6所，新建小学12所。至阳西建县前，革命老区有中学14所、小学96所，共有学校110所，其中附设初中班的小学有5所。阳西建县后，实行集资办学，分级办学，分级管理。县管高中，初级中学和镇中心小学由乡镇主办，其余小学由各村委会主办。1988年至1994年，全县建设校舍楼房200幢，建筑面积28万平方米；1995年至2000年，对全县66所学校危房进行改造，新建学校楼房63幢，建筑面积共5.8万平方米；同时兴建仪器室、实验室、图书室、体育室、运动场等57万平方米，逐步完善学校的教育设施。2001年至2010年，全县校安工程建设达标，学校危房改造工作全面完成；实施九年义务教育，城乡中小学实行免费教育；中小学布局得到优化调整，新建高中学校2所、中等职业技术学校1所、小学3所。2003年，驻粤部队捐资援建岑村小学，后改称“八一希望小学”。2005年，中国平安人寿保险广东分公司捐资援建程村坡尾小学，改名为“程村团结平安希望小学”；完成了旧仓小学、谷围小学、禾塘小学、溪头中心小学等7所小学的校舍危房改造。2012年至2017年，新建小学2所和县特殊教育学校，扩建小学1所；全县8个镇实现教育强镇建设达标；阳西县成功创建全国义务教育发展基本均衡县和广东省教育强县，标准化学校覆盖率达100%。

六、老区基层建设

阳西县建县初期的经济十分困难，特别是老区村集体经济。

如村经济联社多数属于“空壳社”。不少村委干部因待遇低不安心工作，责任心不强，信心动摇。有的村干部或村支部书记，常到外地务工，以增加经济收入。针对这种现象，县委开展了农村党员干部的思想教育、整顿后进支部等工作。

农村社会主义思想教育从1991年 5 月开始，至1992年12月结束，阳西县共派出1批社会主义思想教育宣讲队和3批社会主义思想教育工作队（简称社教工作队）共147个。

第一批社教工作队：1991年8月10日至14日，中共阳西县委举办社教工作培训班，集中培训管理区党支部书记和第一批社教工作队队员共351人。8月15日，第一批社教工作队分别进驻溪头、塘口、蒲牌3个乡镇52个管理区开展社教。到9月，阳西县第一批社教点建立起社区经济组织，镇（乡）建立经济联合总社，管理区设经济联合社，自然村设经济合作社。11月，县委召开社教工作会议，研究帮助贫困管理区筹集资金脱贫的措施：一是开辟农村资金来源渠道；二是财政拨款15万元发展集体经济；三是银行贷款解决部分资金；四是部门支持一点；五是群众自已筹集一点。这些措施充分调动农民的积极性，掀起兴办集体经济的热潮。1992年1月10日，第一批社教工作结束。

第二批社教工作队：1992年3月10日至13日，中共阳西县委举办第二批社教培训班，参加培训班的有省、市、县、镇驻村干部和管理区干部370多人。3月15日，第二批社教工作队开始进驻儒洞、程村、新圩3个镇共53个管理区，历时4个月，至7月20日收队。

第三批社教工作队：1992年8月17日，阳西县第三批农村社教工作队266人，组成42个工作组，其中有省1个组、市3个组、县镇38个组，进驻织篢、上洋、沙扒3个镇的42个管理区开展工作，开展历时4个月的工作。9月下旬，儒洞镇在社教工作队的支持下，在革命老区村书村办起500亩蔬菜基地，成为当时阳西县规模较大、效益较好的蔬菜基地。

阳西县社会主义思想教育工作，历时一年半，在147个工作队中，有省、市、县、镇、村各级干部，农村后备干部，及省、市国有企业干部共1 043人参加；该项工作投入较大资金，全面覆盖全县所有农村管理区和镇（乡）居委会，解决了一些农村眼前的困难和一些社会治安问题，修建了一大批机耕路和水陂，方便了农业生产，有些村还创办了农村集体经济项目。经此，农村干部思想有所稳定。

为使农村更快更好地发展，根据上级党委的安排，1994年 4月开始至1997年12月，阳西县开展农村基层建设工作，共派出4批工作队。

第一批农村基层建设工作于1994年4月15日开始，驻点工作时间为5个月。基层建设驻点工作队共有11个58人，分赴全县11个落后管理区，其中大多是老区村。县委为加强农村基层建设工作的领导，规定党政领导班子成员挂钩建设点开展工作。

第二批农村基层建设工作从1994年 9 月开始至1995年1月6日结束。

第三批农村基层建设工作从1995年3月开始到8月结束。工作重点是培养和选拔德才兼备的领导干部，把全县各级领导班子建设成为带领群众进行现代化建设的坚强领导集体；按照“五个一”目标要求，抓好农村基层组织建设。

第四批农村基层建设工作共有54个工作队，包干56个管理区。其中省2个队包4个管理区，市4个队，县20个队，共213人。1995年9月8日，各工作队分别奔赴驻点管理区。第四批农村基层建设开始实施定点包干制度。

从1996年12月起至1997年底，县委对包干56个管理区分期分批进行验收。1997年11月，中共广东省委基层组织建设验收小组对阳西县进行抽检，结果全部达标。

从1998年3月起，阳西县开展新一轮农村基层建设工作。工作队驻村工作至当年12月结束。通过9个月的共同努力，全县25个工作队，经验收全部合格。1999年2月，县委派出第二批新一轮农村基层建设工作队。

从社教、农村基层建设到新一轮农村基层建设，历经10余年，派出工作队进驻到每一个管理区（村委会），教育了一批干部，也锻炼了一批干部，同时帮助修建机耕路、水陂等农业基础设施，扶持农村集体经济，建立了一大批集体经济项目。工作队还多方筹资捐款，为全县大多数管理区（村委会）新建或改造了办公楼，办起了党员电教室、群众文化室等场所，使农村基层党组织面貌焕然一新，促进了老区的建设与发展，涌现出一大批优秀的党员干部。如革命老区村塘口横山管理区支部书记刘星基同志，在20世纪90年代初，为建造横山村通往广湛公路、跨越横山河的一座水泥结构大桥，不顾自己年迈和集体经济几乎为“空壳社”的情况，发挥“领头羊”的作用，带领村中党员干部，多方奔走，争取市、县相关部门扶持帮助30万元，群众自筹资金10多万元，于1993年建起一座水泥大桥，解决了村民的出行难问题，为老区的发展做出了贡献。

为巩固农村基层组织，2003年6月起，中共阳西县委在全县实施固本强基工程，全面推进党的基层组织建设工作。2006年，儒洞镇边海村党支部被中共广东省委授予“固本强基先进基层党组织”荣誉称号。

在扶贫开发、脱贫攻坚、建设美丽乡村工作中，阳西县各级党委始终注重固本强基建设，把农村基层组织建设作为扶贫开发、脱贫攻坚工作考核的重要内容，并取得了显著成效。革命老区行政村集体经济稳步发展，村级办公楼整洁亮丽，村容村貌焕然一新，村组织活动阵地实现“五有”（有牌子、有活动场所、有电教设备、有宣传栏、有工作制度），各项民主管理制度进一步规范完善，一批政治素质高、群众基础好、工作作风硬、办事能力强的党员干部被培养成村“两委”班子成员，村党支部的组织基础、桥梁纽带、战斗堡垒和领导核心作用显著增强，党支部的战斗力、凝聚力和号召力进一步提升。2012年，程村镇红光村党支部被中共中央组织部授予“全国创先争优先进基层党组织”荣誉称号；儒洞镇南洞村党支部被中共广东省委组织部授予“广东省创先争优南粤先锋先进基层党组织”荣誉称号，为阳江市当年度获此荣誉的唯一基层组织。2016年，织箦镇石埗村党支部被中共中央授予“全国先进基层党组织”荣誉称号。

7

第七章

扶贫攻坚与美丽乡村建设

中共十八大以来，扶贫攻坚和精准脱贫深入推进，阳西老区人民在县委、县政府的支持和引领下，不断加快新农村建设步伐，实施老区农村脏、乱、差的环境整治，脱贫攻坚与美丽乡村建设取得喜人成绩，人民福祉明显增进，生态环境持续改善。

第一节 扶贫攻坚，脱贫致富

扶贫济困是中国共产党的一贯政策。从“大跃进”时期开始就建立了“五保”供养制度和社会救助的长效机制。中共中央和国务院先后制订了《十三五脱贫攻坚规划》《中国农村扶贫开发纲要》等一系列文件政策，先后开展了“千干扶千户”“规划到户、责任到人”“精准扶贫”等全国性的扶贫攻坚活动。

一、脱贫攻坚，帮助老区人民致富

改革开放以来，阳西革命老区人民温饱问题基本得到解决，但由于区域条件、经济基础等方面因素，阳西县仍属广东欠发达地区。特别是大部分革命老区村地处边远山区，受发展条件制约，经济和社会发展明显落后于珠三角地区，农民的生活水平较低，农村集体经济收入和农民人均收入未能达到广东省平均水平。

1992年，阳西开展县直单位挂村驻点帮扶活动，定点挂钩，经济扶持。县直单位干部驻点指导，帮助贫困户制订脱贫措施，规划种养项目，使贫困户的经济得到较大发展。

1997年，阳西组织全县3 000多名干部到贫困山区开展“千干扶千户”活动，以“一帮一”的形式与3 516户贫困户结对帮扶，帮助贫困户发展创收项目，增加经济收入。当年全县贫困户的人均收入达到了1 200元，使贫困户解决了温饱问题。

2005年，阳西落实农村基层固本强基工作，开展“十百千”干部下基层活动，帮助扶持贫困村建设基层组织，发展经济项目，帮扶老区村的教育、交通、水利等基础设施的建设，取得较好成效。

2009年，阳西贯彻中共十七大精神，开展扶贫开发“双到”活动。制定《关于实施扶贫开发“规划到户，责任到人”工作的若干意见》和《阳西县扶贫开发“规划到户，责任到人”工作实施细则》，提出“举全县之力做好扶贫‘双到’工作”。全县42个贫困行政村中，有30个行政村是老区行政村，占贫困行政村的71.4%。856条老区自然村有339条属贫困自然村，占老区村庄的39.6%。老区共有1 863户贫困户，贫困人口5 953人。2009年至2012年，阳西县共筹集帮扶资金2.88亿元，建立了主导产业园区42个，建立特色种养基地90个，帮助发展村集体经济项目368个，帮扶贫困户脱贫项目12 607个，使贫困村的集体经济收入年均达到14.7万元，有劳动能力的贫困户人均收入达到9 614元，42条贫困行政村和老区村的1 863户贫困户实现了脱贫目标。

2013年，在新一轮扶贫开发“双到”扶贫对象中，全县19个省定相对贫困村中，有13个是老区村，占68.42%。2013年至2015年，阳西县共投入扶贫资金1.67亿元，帮助19个重点贫困村建立发展村集体经济项目128个，帮扶贫困户发展脱贫经济项目9 850个，建立种养基地22个、面积387公顷。建设了星光幸福新村、黄什村等7条村庄被建设为新农村标杆村，建立和健全了村集体经济可持续发展和贫困户稳定脱贫致富的长效机制，贫困村的村容村貌发生了根本性改变。

2016年，阳西全方位开展精准扶贫。经调查、核实、筛选、建档立卡，全县有15个省定相对贫困行政村，其中老区行政村有13个，占86.7%；相对贫困户有5 317户，其中属老区的有5 212

户，占98%；贫困人口有11 841人，其中属老区贫困人口的有9 214人，占77.8%。2016年至2017年，经过市、县各级党政部门单位和省直、珠海市直有关单位及横琴新区、斗门区协作攻坚，精准发力，精准扶贫、脱贫取得显著成效——两年全县实现脱贫的贫困户共4 657户，脱贫人口9 817人；有劳动能力的贫困户年人均可支配收入达1.06万元，15个贫困行政村人均可支配收入1.02万元。贫困村公益性服务设施进一步完善，村容村貌得到有效整治，农村人居环境明显改变。

（一）实施产业帮扶，发展脱贫项目

在两轮“双到”扶贫工作中，阳西县按照“一村一策、一户一法”“一乡一品、一乡一业”“因户施策”的帮扶要求，结合贫困村的实际，帮助发展特色产业，建立了一批有带动力、有经济效益的脱贫项目。全县共投入帮扶发展资金1 880万元，发展蔬菜、水果、畜禽、水产等特色种养产业。帮扶儒洞镇新桥村建立西红柿种植基地；帮扶新圩镇田安村建设金银花种植基地和1 200头养猪基地；帮扶程村镇平原村建立甜玉米种植基地，陇石村发展蚝养殖基地，黄什村建立罗非鱼养殖基地；帮扶织篢镇星光村建立菊叶薯蓣种植基地，长江村建立香芋种植基地，联安村建立毛薯种植基地；帮扶上洋镇庚山村建立西瓜种植基地；帮扶塘口镇车湖村建立冬种玉米示范基地，中北村建立万头养鸡基地，平北村建立1.5万只养鹅基地和山药种植基地；帮扶织篢镇冲口村北建立运椒种植基地，星光村建立肉牛养殖场和走地鸡养殖场；帮扶儒洞镇新村村开发水产养殖基地；帮扶塘口镇牛南村建立养羊基地，平南村建立百亩红薯种植基地，上垌村建立香蕉种植基地和竹迳村建设不锈钢制品生产线等经济发展项目。

（二）抓基础设施建设，改善村容村貌

针对老区贫困村的基础设施比较落后，脏、乱、差现象突出，困难群众居住危房较多，部分老区村饮水安全、卫生环境、文化娱乐条件较差，农田排水、灌溉设施落后，行路难问题还未能得到根本解决等问题，2009年至2015年，全县共投入帮扶资金2.328亿元，帮助老区贫困村搞好基础设施建设，解决了老区300人以上自然村村民“行路难”问题和贫困村饮水安全问题。帮助新圩镇的旧仓村、织篢镇的联甡村等贫困村修建蓄水池、水塔等设施，铺设自来水管道32千米，让贫困村用上了自来水，使贫困村的饮水安全率达100%。帮助行政村新建办公楼和学校、卫生室、文化室、篮球场等公共服务、文体卫生设施项目共533宗。小型农田水利项目106宗，改善农田灌溉面积1 400公顷。建设农村机耕路70千米，修建陂头8宗，涵闸20个，“三面光”水渠257千米。有效改善农田灌溉和生产条件，提高农田综合生产能力。投入危房改造建设资金5 700多万元，完成2 065户贫困户危房改造，建设面积5.7万平方米，改善了贫困户的居住条件，惠及老区人口3.5万多人。新建了儒洞镇的南珠新村，程村镇的中北和平新村、莲湖村的黄茅岭自然村，织篢镇的星光幸福新村等老区示范村。

（三）领导挂点帮扶，落实工作责任

在精准扶贫期间，县、镇分别成立精准扶贫工作领导小组，25个县直职能单位挂钩贫困村，组成驻村工作组；同时结合扶贫的有关帮扶事项，相应出台了“1+N”精准扶贫配套方案等多个指导性政策文件。县四套班子领导成员和镇党政班子成员分别挂钩到村，挂扶1至2户贫困户。全县派驻32个工作组共154名驻村帮扶干部。建立了县、镇、村三级书记脱贫攻坚工作责任制。省直、市直和珠海市直单位挂驻贫困行政村69个，帮扶贫困户3 928户8 225人。在人力、物力、财力上全力投入扶贫，为全县贫困人口脱贫，改变贫困老区落后面貌，衔接省全面建成小康社会而努力。

（四）实施产业和就业以奖代补政策

推进就业帮扶工程和贫困户“一户一策”的产业精准帮扶工程。2016年至2017年，阳西县累计发放了贫困户产业和就业奖补资金208万元，帮助603户贫困户发展脱贫产业项目774个，涉及养牛、养猪、养“三鸟”、养鱼和种植南药、水果、辣椒、苗木、蔬菜等种植业以及购买农业机械等。开展劳动技能培训5 087人次，就业转移2 315人，其中聘请贫困户担任农村保洁员等公益性岗位就业120多人。

（五）创建脱贫长效机制，实现扶贫资金稳定收益

阳西积极探索资产收益扶贫，帮助贫困村、贫困户实现稳定资产收益，建立阳西特色的长效脱贫机制。2017年初，县统筹全县有劳动能力的贫困人口的帮扶资金5 828万元（每人8 000元）和珠海市横琴新区对口帮扶资金1 110万元，共6 938万元，入股广东粤电阳西双鱼（长角水库）光伏发电项目，可获25年分红收益。每人按入股比例，可获得稳定的红利收入，帮助贫困人口实现稳定脱贫；新圩镇东水村、上洋镇菩提村等9个贫困行政村统筹资金974万元，与阳江市宏伟农业有限公司合作，建设了73.3公顷牛大力种植基地，每年人均可增加收入1 600元，受益贫困户300多户、1 024人；儒洞镇统筹有劳动能力贫困人口600人的扶贫开发资金256万元，与阳西县西荔王果蔬专业合作社合作，建立了100公顷的果蔬种植基地，每年可为贫困人口增收2 000元；织篢镇统筹有劳动能力贫困人口1 191人的扶贫开发资金共317万元，与阳西县新农庄种养专业合作社合作，建起了34公顷南药种植基地，让贫困人口每年增收1 500元；珠海市横琴新区对口帮扶的织篢镇塘村筹集资金300万元，与珠海市十亿人社区农业科技有限公司合作，建设了12公顷的火龙果种植基地，每年可为贫困人口增收2 000元。至2017年，全县贫困村基本形成“一村一品”的特色脱贫新格局。

（六）落实保障性政策，贫困户生活得到有效保障

阳西县民政、教育、住建、人社、医疗卫生等相关职能部门落实“1+N”配套政策方案，在老区贫困人口中，符合低保、五保条件的100%享受五保和低保待遇，贫困人口100%参加了“新农合”，60岁以上的老人全部享受社会养老待遇。已完成了2017年全县建档立卡贫困户876户的危房改造，发放补助资金3 100万元；2016年秋季和2017年春季发放贫困学生生活补助金664万元，惠及贫困学生2 131人；2017年落实医疗保障资金241.16万元，惠及贫困人口13 398人；落实患重大疾病贫困户合规医疗总费用4 240万元，惠及贫困人口2 264人，合规医疗费报销比例达93.3%；落实低保、五保补助金6 800万元，60岁贫困老人社会养老保险金额1 440万元，惠及贫困老人5 223人；金融部门已发放帮扶贫困户发展生产的小额贷款59.8万元，惠及贫困户25户。

二、脱贫老区村新貌

织篢镇东村　东村村下辖17条自然村，共有801户、3 717人，其中贫困户35户、137人。帮扶前村民人均年收入为4 950元，村集体经济收入为1.2万元。2009年至2012年，中共阳西县委主要领导挂点，县邮政局、供电局、林业局组成工作组对口帮扶。帮扶工作围绕强基层组织、建基础设施、抓基础产业等中心工作开展帮扶。累计共投入帮扶资金685.67万元，发展村集体经济项目5个，帮扶贫困户项目37个，完成村道硬底化建设4.9千米，建设小型农田水利项目3宗，建成村文化室、卫生站、垃圾收集池、公厕、文化广场等公共设施，对35户贫困户进行了危房改造，解决了801户村民的饮水安全问题。组织了各种技能培训

64期，帮助转移就业37人，贫困户100%参加了新农合，符合低保条件的贫困户100%纳入低保，60岁及以上贫困老人享受新农保待遇。通过3年的对口帮扶，东村的集体经济年均收入达到11.8万元，贫困户人均年收入达9 613元，实现了脱贫达标。

织篢镇冲口村 冲口村是两阳地区知名的革命老区村，抗日战争时期震惊阳江国民党当局的“冲口起义”就发生在这里。2009年，全村下辖自然村10条，有366户、1 670人，有贫困户65户、171人，村集体经济年收入为5 700元，村民人均年收入为6 724元。2009年，由县人大领导挂点，县地税局、县审计局、县水务局组成帮扶工作组驻点对口帮扶。2009年至2012年，共投入帮扶资金642万元，帮助村发展集体经济项目4个，帮扶贫困户发展项目185个，修建混凝土村道3.7千米，建设小型农田水利项目5宗，解决了23户贫困户的“住房难”和366户村民的饮水卫生问题。同时还帮助建成了文化室、卫生站、垃圾收集池、公厕和文化娱乐广场等一批公共设施。组织各种劳动技能培训140人，推荐转移劳动就业53人。“普九”率、新农合参保率达100%，符合低保条件、五保条件的100%纳入低保、五保。60岁以上贫困人口100%享受新农保待遇。通过对口帮扶，冲口村的集体经济年收入达11万元，贫困户人均年收入达8 000元，实现了脱贫目标，村容村貌也发生了明显变化。

织篢镇山塘村 山塘村共有570户、2 357人，其中贫困户有110户、354人。帮扶前村民年人均纯收入仅4000元，村集体经济年收入为1.5万元。2009年起由广州市对外贸易总公司驻村对口帮扶。多年来在驻村工作组和广大干群的共同努力下，扶贫开发工作成效显著：累计投入帮扶资金685.61万元，发展集体经济项目11个，帮扶贫困户发展项目340个，建设村道硬底化道路5.2千米，解决了23户贫困户“住房难”和570户人口饮水安全问题。

组织劳动技能培训189人，经非农技培训转移就业128人；建设了文化室等一批公共设施，改善了村场卫生环境、交通环境和生产生活条件。适龄儿童入学率、贫困人口医疗参保率、五保低保纳入率均达100%。至2012年，村集体经济年收入达15.9万元，贫困户人均纯收入达到9 300元，脱贫率达到100%。

程村镇荔潭村　荔潭村辖11条自然村，共有295户、1 354人贫困户51户、93人，其中有劳动能力的贫困户31户、68人；有低保户23户，五保户5户。2009年以前，村集体经济收入低，年均不足1万元。村办公楼破旧窄小，基础设施薄弱，村民年人均收入不足5 000元。2009年，广州市广重企业集团有限公司挂点驻村对口帮扶，以郭建南为代表组成扶贫工作组进驻荔潭村实施帮扶。工作组根据县委、县政府的部署，以建立脱贫造血功能为重点，科学谋划，整合资源，与村干村民一起，团结奋斗，改变了老区村贫穷落后面貌。三年累计投入帮扶资金656.5万元，其中帮扶到户71.8万元。因地制宜发展了茶油树种植、何首乌种植、黄鬃鹅养殖、白鸽养殖、水产养殖等6个集体经济项目，帮扶贫困户发展经济项目102个。此外，当地组织村民开展种养技术培训，提高村民科学种养技能，建立脱贫的长效机制。帮助完善村基础设施建设，修建了小型农田水利设施“三面光”排渠3.7千米，建设硬底化村道2.1千米，完成了13户贫困户的危房改造，新建了村办公楼。建立了奖教奖学基金会，奖励优秀教师和优秀学生；建设、完善文化室、卫生站、公厕、垃圾回收池等公共设施，村容村貌和环境卫生明显改善。社会保障不断完善，村民医疗保险参保率达100%，符合低保条件的贫困户和五保老人100%纳入低保、五保供养，村60岁以上老人100%享受社保待遇。至2012年，村集体经济年收入达到15.5万元，有劳动能力的贫困户年人均纯收入达9 100元，脱贫率为100%。

溪头镇金星村 金星村也是革命老区村，解放战争时期，路南区武工队在金星村的大山田村集训时被国民党反动派包围，突围后，有4位武工队队员在国民党“清乡”时被捕，壮烈牺牲。现金星村辖18条自然村，共812户、3 540人，其中贫困户有156户、507人。帮扶前村集体经济收入为8 600元，村民人均纯收入为5 000元。广州市饮食服务集团有限公司挂村驻点帮扶。2009年至2012年，投入帮扶资金541万元（其中帮扶单位200万元）帮助发展村集体经济项目2个，帮扶贫困户项目290个，完成硬底化村道建设9.8千米，建成小型农田水利项目2宗，完成了27户贫困户的危房改造，解决了812户村民的饮水安全问题，建设了文化广场等一批公共设施，完善了农村社会保障体系等。一系列举措使得村基础设施得到完善，村容村貌明显改变，村民生活水平显著提高，贫困户实现了脱贫。2012年，村集体经济年收入达12.06万元，贫困户年人均纯收入达8 000元。

儒洞镇南垌村 南垌村在抗日战争后期和解放战争时期是地下组织和广东人民解放军第八团独立团活动的村庄。南垌行政村是1949年后从河垌行政村分出来的，现辖7条自然村，共217户、1 117人，有贫困人口62户、207人。该村帮扶前人均年收入为3 100元，村集体经济收入为4 000元，是老区比较贫穷的行政村之一。广州市珠江啤酒集团有限公司驻村挂点帮扶。2009年至2012年，驻村帮扶工作组坚持“造血先行，注重长效”的原则，把握产业扶贫主线，围绕增收脱贫目标，帮助发展村集体经济，帮扶贫困户发展种养业，帮助和鼓励村民安排劳务输出，帮助完善基础设施建设，完善教育卫生和社会保障事业，改善村容村貌等。帮扶工作成效显著。该村3年累计投入帮扶资金1 630万元，发展集体经济项目3个，帮扶贫困户发展种养项目124个，完成村道硬底化道路建设8千米，建设小型农田水利设施项目5宗，组织劳动技能培训61人，转移劳动就业45人，建设了卫生站、文化室、文化广场等一批公共设施，解决了24户贫困户“住房难”问题和217户村民饮水卫生问题；建设了南珠新村，帮助遭台风损毁房屋的村民解决了住房问题。2012年村集体经济收入达23.6万元，贫困户人均纯收入达10 000元，脱贫率100%。

新圩镇旧仓村 旧仓村是阳江县人民政府首任县长姚立尹参加革命和入党的地方，武工队曾两次在该村石仔岗与国民党反动武装发生激烈战斗，旧仓人民为党的革命斗争做出过重大贡献。旧仓行政村辖30条自然村，有882户、4 474人，有贫困人口22户、54人。帮扶前村民人均纯收入4 491元，村集体经济收入2万元。中共阳西县委一名常委挂点，县委组织部、县武装部、县海洋与渔业局组成扶贫工作组驻村帮扶。2009年至2012年，累计投入帮扶资金678.3万元，发展村集体经济项目5个，帮扶贫困户项目35个。开办劳动技能培训班9期，培训人数507人，转移就业16人；完成道路硬底化建设4.4千米，对朦胧垌600亩农田实施综合整治，修建了“三面光”排灌渠3.7千米，建设了文化站、卫生站等一批公共设施。解决了38户低收入住房困难户的“住房难”问题，建设村自来水厂，解决了全村的饮水卫生问题；完善了低保、五保、新农合参保等社会保障体系。2012年，村集体经济收入达10.5万元，贫困户人均纯收入达8 200元，脱贫率达100%。

塘口镇马山村 马山村是两阳地区知名的革命根据地，1949年2月，阳江县人民民主政府和广东人民解放军第八团成立于该行政村的梅花地村。现马山村辖8条自然村，有人口250户、1 118人，其中贫困人口101户、370人。马山村是老区较贫穷的行政村之一。2009年，贫困户人均收入仅1 955元，村集体经济收入仅为3 400元。2009年，广州市工业发展集团有限公司挂村帮扶。2009年至2012年，政府和帮扶企业共投入帮扶资金568.45万元，发展了村集体经济项目2个，帮扶贫困户发展项目86个，建设硬底化村道3千米，建设了5宗小型农田水利项目，帮助新建村办公楼，建设了文化室、卫生站、文化广场等一批公共文化卫生设施，解决了24户困难村民的“住房难”问题，完成了250户村民饮水安全工程；完善了低保、五保、新农合等社会保障体系。通过帮扶，改变了马山村贫穷面貌和设施环境，村容村貌发生较大变化。2012年，村集体经济达到11万元，贫困户人均纯收入达8 100元，实现了脱贫目标。

从2009年开展扶贫“双到”、2013年开展扶贫三年攻坚到2016年开展精准扶贫，各级党委、政府领导关心重视，全社会共同给力支持，通过老区人民的共同努力，经过8年多的扶贫帮扶，全县30个老区贫困行政村、339条老区贫困自然村全部实现了脱贫目标，村集体经济年收入和人均年收入均达到了脱贫标准。

三、“扶贫使者”——郭建南

郭建南，广州市番禺区人，广州市广重集团广东轻工业机械有限公司质检主管；2011年4月，受广重集团委派，到阳西县程村镇荔潭村挂点扶贫，挂任荔潭村党支部副书记；2012年11月22日，因劳累过度不幸去世，享年50岁。2012年12月2日，中共广东省委追授其为“广东省优秀共产党员”，广东省委组织部追授其为“优秀驻村干部”，广东省扶贫开发领导小组追授其为“扶贫使者”。

郭建南在扶贫“双到”工作中，牢记全心全意为人民服务的宗旨，不负重托，舍小家，顾大家，为改变驻村贫穷落后面貌废寝忘餐，出谋划策，团结带领村“两委班子”和群众探索发展路子。通过多方招商引资，因地制宜地兴办了6个集体经济项目，使荔潭村的集体经济收入从年不足1万元增加到15.5万元；引导村民发展科学种养，鼓励村民发展养蚝、养鱼、养猪、养鹅等养殖业，增加经济收入，带领村民自力更生脱贫致富。在他和驻村干部的带领下，荔潭村有劳动能力的贫困户100%实现脱贫，全村人均年纯收入达9 100元。为改善村民出行条件和农田水利设施多方奔走，筹措资金，新建了进村道路2条，修建了4个小型农田水利设施，解决了村民行路难和农田灌溉问题。

2012年郭建南被评为“中国好人”，以他的扶贫事迹为原型拍摄的电影《南哥》传遍南粤大地。

四、程村镇德来扶贫基金会

2006年8月，许德来一人独资成立程村镇德来扶贫基金会，由镇民政办管理运作，资助全镇所有满70周岁的五保老人、未满16周岁的孤儿和特困家庭。

许德来1965年出生于程村西一许屋村一个贫困家庭。他年轻时外出谋生，经多年的艰苦创业，成就了一番事业，现任珠海中珠集团股份有限公司董事长、总经理。

许德来的创业并非一帆风顺，在前进的道路上充满了艰难和困苦。当他的公司面临严重困难时，在党和政府的政策引导下，在乡亲和社会各界的关心支持下，精心经营，摆脱困境，使公司蓬勃发展。

许德来富裕以后，没忘记家乡的父老乡亲，积极响应党和国家的扶贫号召，以他个人的资金，成立扶贫基金会。他曾经感慨地说：“家乡是生我养我的地方，是家乡的父老乡亲看着我长大的。我今天取得的一点成就，是党和国家政策所造就，我一定要响应党和国家的号召，为家乡的扶贫和建设贡献自己一点微薄之力。”

程村镇德来扶贫基金会的资助标准为：孤儿每人每月150元（2013年2月后升为200元），五保老人每人每月100元（2013年2月后升为150元），特困户每月200元（2013年2月后升为250元）。基金会自2006年8月开始运作，当月发放钱款近7万元。当年，程村镇有年满70周岁的五保老人397人、孤儿71人、特困户40多户。自2007年至2018年，随着受资助对象的调整，基金会每年发放的钱款稍有变化，但都在80万元左右浮动。程村镇政府指定专人将每一笔钱款送到受惠人手中。

此外，许德来还通过程村镇德来扶贫基金会捐款25万元建设程村敬老院新楼，捐赠40多万元用于奖教奖学，捐赠近30万元建设西一小学和农家书屋。

自2006年8月程村镇德来扶贫基金会开始运作起至2018年底，许德来向该基金会捐款近1 500万元。许德来许诺，这样的“红包”还将继续送。但他从不张扬，非常低调，可谓是“桃李不言，下自成蹊”。

第二节　建设美丽乡村，营造美好安居环境

2009年阳西县委和县政府贯彻省委、省政府和市委、市政府的决策部署，提出“举全县之力打好扶贫开发攻坚战”的战略思想，实施扶贫开发“双到”工作。同时，拉开了建设美丽乡村的序幕。

一、开展美丽乡村建设，老区人民安居乐业

自实施扶贫开发“双到”工作后，特别是党的十八大以来，老区人民在县委、县政府的领导下，不断加快新农村建设步伐，通过扶贫攻坚和精准扶贫，逐步整治老区农村脏、乱、差的环境，加强和完善了村庄基础设施建设，改变了村民的居住条件，使老区农村的村容村貌更加亮丽，生活环境发生了巨变。不少外出创业富裕起来的老区乡贤，传承和发扬老区人“无私奉献”的精神，慷慨解囊，援助家乡建设，回馈社会，为家乡建设做出贡献，涌现出袁添、袁乾坤、陆达清、林进栈等知名乡贤支持老区家乡建设的典型。创建出咸水寨、鸡嶍塱、黄茅岭、石埗、南珠村、礼竹坑、会众坡等38条美丽乡村建设标杆示范村。2001年，咸水寨村被评为“广东省文明村”，成为阳江市第一个省级精神文明示范村。2012年，东水村被评为“2012年阳江市十大最美乡村”。2011年，鸡嶍塱村被评为“全国文明村”。南珠新村被评为“广东省美丽乡村”。石埗村被评为“广东名村”。黄茅岭

村、双鱼城村、南垌村被评为“广东省文明村”。

2011年9月6日，中共阳西县委、阳西县人民政府制定《关于加强社会建设的实施意见》，开展幸福村（居）创建活动，按照广东省创建幸福村（居）的“六个一”标准，推进社会主义新农村的建设，把推进宜居村镇、宜居村庄建设列入阳西县“十二五”发展规划；同时出台《阳西县2011—2015年农村低收入住房困难户住房建设总体方案》，采取农户自筹、政府补助、银行借贷、社会捐献、帮扶单位帮助等办法筹措改造建设资金。2014年8月27日，中共阳西县委、阳西县人民政府做出《关于加快建设美丽乡村的实施意见》，要求以农村人居环境整治为重点，实施富裕乡村工程、宜居乡村工程和和谐乡村工程，改善农村生态环境，提升农民生活质量，有条件的农村实施新农村建设整村推进，逐步推进城乡一体化，建设兼田园之美、具城市之利、村美民富生态优的美丽乡村，把美丽乡村建设列入每年全县10件民生实事督办落实；建立奖补激励机制，评选农村建设示范村，以点带面，推动全县社会主义新农村的建设。2014年至2017年，阳西革命老区有鸡乸塱、黄茅岭、石埗等38条老区村列入县创建美丽乡村建设示范村，有51条老区自然村列入广东省定贫困村创建新农村示范村。

二、乡村美丽，老区村庄换新颜

（一）“全国文明村”——鸡乸塱村

鸡乸塱村属织篢镇谷围村委会的自然村，面积为0.76平方千米，共有70户、382人。鸡乸塱村地处洋边海西岸，织篢河从村后汇入洋边海，村后海边有小码头，水路与青草渡、织篢圩、平岗九羌、丰头岛通航。该村在1949年前是一个贫穷落后的小渔村。解放战争时期，鸡乸塱村是游击队青草渡税站的堡垒村，是地下党往来于程村、织篢、溪头、平冈等地的海上秘密通道。20世纪90年代末，该村被评定为革命老区村。

鸡乸塱村属半渔农村，主要经济收入以海洋捕捞和农业种植为主，辅以滩涂养殖和水产养殖。鸡乸塱港是阳西的天然避风小港。党的十一届三中全会后，村民逐渐富裕起来。2005年，村民年人均纯收入为6.2万元，2017年村民年人均纯收入已达9.8万元，绝大部分渔户年收入超过100万元。全村家家户户盖起了小洋楼，部分村民还购买了小汽车。

富裕起来的村民不忘初心，积极捐资支持家乡新农村建设。村民林进栈和林炽兄弟主动承担建村的大部分资金，并发动组织村民捐资。从2006年开始，该村投入近千万元对鸡乸塱村进行改造建设，投入120多万元修建4.2千米进村公路和村牌楼，方便村民出行和鱼货交易，实施村巷道硬底化和环村公路建设；投入630万元建设村文化广场、篮球场、文化室和自来水工程，建设污水处理、生活垃圾处理池，建设村民别墅区和码头停车场；投入200多万元对全村实施“五改”工程，即改路、改水、改厨、改厕、改房，全村安装了路灯，种植风景树和花草等，绿化村场环境。全村建设既有城镇的风貌，又具农村特色，村民安居乐业。

鸡乸塱村的建设成效得到社会的认可，受到各级政府和各阶层的好评，2011年被评为“全国文明村”。目前，鸡乸塱村规划在村中建设休闲山庄，集观光、垂钓、红树林观赏于一体的旅游休闲景点，借以发展第三产业，增加村集体经济收入，拓宽村民就业渠道。拟打造一个老有所养，幼有所学，壮有所为，病有所医，富裕、文明、平安、和谐的社会主义新农村。

（二）“广东省文明村”——黄茅岭村

程村镇莲湖村委会黄茅岭村地处程村镇的北部山区，面积为

0.62平方千米，共28户、128人。1949年前，黄茅岭村是革命堡垒村，游击队、武工队经常在该村活动和驻扎。堡垒户陆荣富经常在家里接待武工队队员，帮助游击队送信，掩护武工队。1948年农历8月16日，国民党清乡团团长张民江率乡兵100多人包围黄茅岭村，“围剿”武工队，由于村民及时报信和掩护，武工队撤出了包围圈安全转移。伪团长张民江恼羞成怒，下令乡兵放火将整条村烧毁，烈火将该村烧为平地，使村民无家可归，流离失所。1949年后，在人民政府的帮助下，村民逐渐回原村用泥砖木竹建房居住，重建家园。由于地处贫困山区，房屋年久失修，全村80%的房屋被列入危房，每逢台风季节，常遭狂风暴雨和山洪袭击，威胁村民的生命财产安全。党和政府对老区人民的生产生活和安全十分关心，制定了黄茅岭村整村改造建设方案，于2009年开展对黄茅岭村的改造建设。陆荣富之孙陆达清，改革开放后在深圳打拼，事业有成。得知家乡改造建设，富裕起来的他不忘初心，传承和发扬前辈无私奉献的优良传统，慷慨解囊支援家乡建设，为改变家乡面貌贡献力量。2005年，他捐资30万元建设了黄茅岭进村硬底化公路；2009年，捐资500万元帮助黄茅岭村第一期工程建设；2016年，又捐资1 000万元建设黄茅岭村二期工程。黄茅岭村改造建设的90%的资金都是由陆达清捐赠，除县政府按政策扶持补贴外，不用村民出一分钱。

黄茅岭村的建设，经有关部门的规划设计，在原村地建设28幢二层半楼房，按现代农村宜居村庄标准建设。每幢占地200平方米，建设工程分两期进行。2009年，第一期工程动工建设，投入建设资金620万元将全村的旧屋拆除，平整村地，在原村地建起18幢二层半楼房，村场巷道全部硬底化，建设了环村公路、村前荷塘、凉亭、篮球场、文化活动中心，建设自来水和排污设施。扶贫“双到”时，驻村单位县水务局帮助建设了休闲小公园，安装了路灯，种植花草树木，还建设了垃圾收集密封屋。2017年第二期工程动工兴建，共投入建设资金1 000万元，建设二层半楼房10幢，文化娱乐广场1座，农村休闲生态旅游项目——鱼塘垂钓工程，建成招待楼1幢。脱贫输血型经济项目——14公顷黄榄种植基地和14公顷名贵树材黄花梨种植基地。

黄茅岭村的整村改造建设开创了老区美丽乡村建设的先例，做到规划统一、建设统一、建筑风格统一，打造成农村园林式宜居新村。2017年，该村在粤西片美丽乡村建设考核中，以97分的高分被评为优秀建设新村。该村乡贤陆达清，荣获“阳西县经济社会发展突出贡献奖”，受到中共阳西县委、县政府的表彰。

（三）“广东名村”——石塝村

石塝村是织箦镇石塝村委会属下最大的一条自然村，位于织箦镇的东南部约12千米处，村域面积为0.97平方千米，有284户、1 386人。村委会驻石塝村。

2009年，中共石塝村支部积极贯彻落实县委、县政府关于开展美丽乡村建设的决定，开展石塝村的建设，被县委、县政府列入全县第一批社会主义新农村建设的示范村。在省、市、县、镇领导的大力支持和扶贫“双到”挂点帮扶单位的帮助下，对石塝村的建设进行规划立项，制订建设方案，筹集建设资金；2009年，投入30万元，建设了硬底化环村公路。2012年，乡贤谭水养捐资150万元建设石塝村的文化长廊、文化室、篮球场。至2017年，相关部门及个人共投入930多万元，建设了村办公楼、卫生站、文化广场、农家书屋、农贸市场、剧场、休闲公园、自来水工程、村排污工程、村巷道硬底化工程、路灯、公厕、垃圾收集屋、美化绿化工程等。建设后的石塝村村容村貌发生了巨变，村场卫生整洁，绿树成荫，管理规范，村民文化娱乐丰富多彩，村民安居乐业。2015年6月，石塝村被广东省人民政府评为“广东名村”。

2017年，石埗村开始投入资金1 000多万元，整治石埗河和建设观光工程，在村的东面建设农家观光旅游景点，发展村的第三产业，吸引游客前来垂钓、观光、游玩。石埗村在推进新农村建设的同时，制定和完善了村规民约，成立了奖教助学基金会和关心下一代工作委员会。石埗村党支部在建设好石埗村的同时，自2012年起，又对所辖的牛尾石、麻良、清湾、田庄等4条自然村的进村道路进行硬底化建设，解决村民交通出行难问题，并对排污设施、文化室、自来水、公厕、垃圾屋、路灯等工程进行建设；创造出以点带面，推进行政村美丽乡村建设的经验和做法，得到省、市、县领导的肯定和高度评价，并在全省推广石埗村社会主义新农村建设的做法和经验。2016年7月，中共石埗村支部被中共广东省委评为“广东省先进基层组织”；同年7月，被中共中央评为“全国先进基层组织”。

（四）“广东省文明村”——咸水寨村

咸水寨村是程村镇罗岗村委会属下的自然村，面积为0.8平方千米，共有86户、396人。中共十一届三中全会后，村民乘改革开放的东风，在发展粮食生产的同时大力发展海水养殖和蛋鸭养殖，多种经营使村民逐渐富裕起来。1998年，村民人均年收入达6 300元。

富裕起来的村民“饮水思源”，不忘家乡建设。改革开放后在深圳打拼、事业有成的企业家袁添为改变家乡面貌，改善村民的居住环境和生活条件，提出建设咸水寨村的方案，得到村民的拥护和支持。为早日改变村容村貌，他慷慨解囊，捐资210万元援助家乡建设。村民们也积极捐资，共筹集建设资金250万元。1999年11月，咸水寨村的村场建设正式动工，至2001年5月各项工程全部竣工。咸水寨村的建设项目有：占地面积250平方米、建筑面积600多平方米的村文化室；2 000平方米的文化广场，包括篮球场；3.5千米的硬底化环村路和全村硬底化巷道；3 200平方米的村前人工湖；村自来水工程、村排污工程、路灯安装工程和2座纪念凉亭。

建设后的咸水寨村村容村貌焕然一新，改变了村场脏、乱、差的局面，村民告别了祖祖辈辈饮用咸碱水的历史，交通出行的条件得到极大改善，村民文体活动场所得以优化，村民有了自己休闲娱乐的场所。在村场建设的同时，加强村精神文明建设，设立农家书屋，成立村广播站，订立村规民约等管理制度，开展文明户、文明家庭、文明村民创建活动等。“思源”“思进”两座凉亭成为既是休闲场地，又是激励后人不断进取的纪念亭。2001年9月，咸水寨村被评为“广东省文明村”，2005年被评为“广东省生态示范村”。

（五）美丽乡村建设示范村——礼竹坑村

礼竹坑村是革命烈士王德符的故乡，是织篢镇太平村委会属下的自然村，面积1.5平方千米，共200户、800人，在社会主义新农村建设活动中被列入老区美丽乡村建设示范村。

大革命时期，王德符受命回织篢地区组织开展农民运动。1926年，王德符在本村的祠堂（镜泉书室）组织成立犁头军（农民自卫军），与当地反动势力开展斗争，打击土豪劣绅，开展减租减息运动；组织和发展了白水、石港、双水、马村、那坳等农民协会，让反动势力闻风丧胆，鼓舞了农民群众的革命斗争热情，成为当时阳江西区革命斗争的燎原之火。礼竹坑村是阳江西区大地革命时期农民运动的策源地，是当地农民自卫军的诞生地。中华人民共和国成立后，礼竹坑的村民不忘初心，在中国共产党的领导下奋发图强，锐意进取，在这片热土上勤奋耕耘，默默奉献。党的十一届三中全会后，村民们乘改革开放的春风，发展多种经营，村集体经济收入不断扩大，村民的生活越来越好。富裕起来的村民建起了一座座小洋楼，不少农户还购买了小汽车。

2011年，礼竹坑村的村民积极贯彻落实中共阳西县委、县政府关于建设社会主义新农村的决定精神，开始认真谋划村场建设。2012年，在镇政府和交通部门的支持帮助下进行了环村公路改造，2014年实现公路硬底化。2015年，当地筹措建设资金300万元，建设了王德符烈士纪念馆（镜泉书室）和休闲公园，对村场巷道70%实现硬底化，完成巷道排水、生活污水处理等设施建设，整治了村场环境，改变了村容村貌。2017年，当地开始规划礼竹坑村东区开发建设，逐步实施整村推进工程，工程预算500万元；已落实并平整了建村用地13 800平方米，计划建设楼房36幢，解决村民住房问题；拟建设农村生态休闲公园，建设荷塘、凉亭、观光长廊等设施，利用靠近县城和革命传统教育基地的优势打造具有本村特色的农庄旅游景点。

（六）“广东省美丽乡村”——南珠村

南珠村是儒洞镇南垌村委会于2012年新建的一条新村，位于南垌村委会西南的粮仓岭，面积为16 008平方米，建筑面积为3 440平方米，是一条兼具山村风情与城市特色的美丽新农村，全村共30户、204人。因是珠江啤酒集团援建、属南垌新建的自然村，故命名南珠村。

南珠村所在地南垌村是原广东人民抗日解放军独立团驻扎地，老一代村民为抗日和人民的解放事业做出了很大贡献，参加过解放战争的老共产党员陈洪恩就是南垌村村民。由于台风的破坏，南垌村很多贫困户房屋严重损坏，无法居住。中共阳西县委考虑到南垌村是一条具有光荣历史的老区村，为革命做出过很大贡献，因此想方设法开展帮扶工作。2009年，县委在扶贫开发“双到”活动中，安排广州市珠江啤酒集团有限公司等单位组成的驻村工作组，对南垌村开展帮扶工作。中共儒洞镇委、南垌村村委会和驻村工作组，共同谋划建设一条新村，解决南垌村30户贫困户的“住房难”问题。在中共阳江市委、中共阳西县委的关心支持和帮扶单位的帮助下，共筹措建设资金976万元，按照“环境清洁、村场美化、培育新风、造福群众”的社会主义新农村建设总体目标和统一设计、统一建筑风格、整体协调的要求实施建设。2012年4月正式动工，10月竣工，共建设32幢一层半结构的小洋楼。除两幢楼房规划用作村文化室和卫生站外，其余30幢楼房于12月27日全部分给了住房困难户。

南珠村由中山设计院规划设计。每幢楼房占地面积为70平方米，设四房一厅，门前建有小院子，按当地农村习俗单独设计厨房，统一安装水电，每户配备太阳能热水器和一台32吋液晶电视。村内巷道全部铺筑混凝土，安装32盏太阳能路灯，建有小公园，种植绿化花木，建有污水处理池和垃圾收集屋，各项基础设施建设齐全。南珠村成为粤西地区社会主义新农村的典型代表，先后获得“广东名村”“省宜居示范村”“省级卫生村”“广东省美丽乡村”称号。

（七）星光幸福新村

星光幸福新村位于织篢镇星光村委会东侧，占地面积为9 234.5平方米，建筑面积为2 688平方米，共有21幢楼房，全村21户、167人。因村处星光村委会一侧，取“村民告别危房，过上幸福生活”之意，所以命名为星光幸福新村。2013年，星光村被列入新一轮扶贫“双到”帮扶的贫困村。该村有20多户贫困村民居住的房屋都是泥砖危房，每逢刮风下雨，总是担惊受怕。挂点领导和驻村工作组的同志对此十分关注，经多次研究筹划，决定规划土地，集中建设一条安居新村，解决该村20多户贫困户的住房困难问题。2013年6月，星光幸福新村规划设计方案出台，利用建设村委会办公楼附近闲置的空地建村，按照统一设计、统一标准、统一结构、统一大小，建设21幢一层半小洋房。（设计每幢80平方米＋32平方米小院，按每幢四房一厅建设）新村建设资金则按照住户自筹、政府补助、银行借贷、帮扶单位帮助的办法筹集（县财政给每户补助房屋补贴资金25 000元，帮扶单位给每户资助5 000元）。通过多方共同努力，星光幸福新村于2013年7月动工建设，2014年2月竣工，2014年春节前21户住房困难户全部入住。

星光幸福新村是新一轮扶贫“双到”的帮扶成果，是继黄茅岭村、南珠村之后阳西县整村推进建设的又一条新村。该村按照“幸福安居工程”标准建设，巷道铺筑混凝土，建有垃圾回收屋，每户建有化粪池，全村建设了排污设施，种植了绿化花木，安装了路灯。村民入住后，告别了危房，刮风下雨再也不用担惊受怕。

第八章
山海阳西　魅力无限

1988年，阳西迎来了具有深远意义的历史转折：国务院、民政部批准设立阳西县，阳西儿女开启深化改革、艰苦创业、建设富裕文明阳西的新征程。

经历三十载筚路蓝缕，经过三十载的风雨兼程，阳西县在政治、经济、文化、社会、生态文明和党的建设等方面取得了辉煌成就！曾经的小城镇，已发展成为拥有“全国城乡交通运输一体化建设示范县”“中国小刀中心”“中国蚝乡”“中华绿色温泉养生示范基地”“中国塑料吹膜级色母粒生产基地”“国家级近江牡蛎吊养标准化示范区”等特色鲜明、知名度高、实力雄厚的多个国字号品牌县。过程是艰辛的，成就是骄人的！

三十而立的阳西，风华正茂，生机勃发。中国特色社会主义进入了新时代，党的十九大吹响了进军新征程的号角，阳西50多万人民在县委、县政府的坚强领导下，正紧密团结在以习近平同志为核心的党中央周围，不忘初心，牢记使命，发奋图强，励精图治，争当“以海兴市”排头兵，奋力谱写阳西高质量发展新篇章，为决胜全面小康，开创阳西社会主义现代化建设新局面而努力奋斗！

第一节　回眸三十载　风华当正茂

三十载风雨兼程，阳西县从一个经济基础薄弱、百业待兴的新建县建设发展成为三大产业均衡发展、各项基础设施完善、社会事业全面进步、发展前景广阔的新兴县。30年来，阳西县走过了建县初期的“垦荒”阶段，经历了计划经济到市场经济的变革转制，经受了国际金融危机的考验。县委、县政府历届领导班子认真贯彻党中央、国务院的方针政策，在中共广东省委、阳江市委的正确领导下，带领全县人民开展幸福追赶，实现阳西经济社会跨越式发展，使阳西成为粤西地区一颗璀璨明珠。

一、经济飞跃发展

阳西建县当年，全县地区生产总值只有3.04亿元，其中农业总产值2亿元、工业总产值6 644万元、第三产业3 736万元。三大产业的比例为65.7：21.8：12.5。县委、县政府结合阳西的实际，认真描绘阳西经济发展蓝图，规划了阳西经济发展的“三沿”经济带（即沿山、沿海、沿路），实施“工业兴县”战略，招商引资，筑巢引凤，调整产业结构，优化工业布局。至2000年，阳西县已形成外向型、资源型、传统加工型三大工业体系。阳西县深化经济体制改革，加快基础设施建设和新县城的建设，实现了“一年一大步，五年大发展”的目标。至2000年，全县地区生产总值达46.6亿元，是1988年的15.2倍。其中农业总产值达21.85亿元，是建县初期的10.5倍；工业总产值达18.1亿元，是建县初期的27倍；第三产业总产值达6.64亿元，是建县初期的17.5倍。三大产业的比例由建县初期的65.7∶21.8∶12.5优化为46.9∶38.1∶15。农（渔）民人均纯收入为3548元。

党的十七大以后，阳西县迎来了新的发展机遇，县委、县政府按照“抓机遇、深改革、促发展、保稳定”的指导思想，坚持以科学发展观统领经济社会发展全局，沉着应对国际金融危机，转变经济发展方式，优化产业结构，继续实施“工业兴县”战略，发展大工业，建设工业园区，主动承接珠三角产业转移，致力建设电力能源基地，使工业在阳西经济发展中逐步居于主导地位。同时调整农业结构，大力发展商品农业。整合和开发旅游资源，发展旅游业。结合县城扩容提质，推进城镇化建设，发展房地产业。实现了“三年大变化，十年大跨越”的目标。至2010年，全县地区生产总值达87.39亿元，比2000年翻了一番。农业总产值达63.1亿元，比2000年翻了约2.9倍；工业总产值达84.54亿元，比2000年翻了近4.7倍；第三产业总值达24.14亿元，比2000年翻了约3.6倍；三大产业的比例为37.9∶38.0∶24.1。农（渔）民人均纯收入为6 466元，是2000年的1.8倍。

2011年至2018年，是阳西县经济和社会发展成效最显著的8年。全县人民在县委、县政府的领导下，高举中国特色社会主义伟大旗帜，以马克思列宁主义、毛泽东思想、邓小平理论、“三个代表”重要思想、科学发展观、习近平新时代中国特色社会主义思想为指导，深入贯彻落实党的十八大、十九大精神，解放思想，深化改革，围绕建设三大产业协调发展的滨海工业强县和把阳西县建设成为“新型工业化、农业现代化、旅游特色化、城乡一体化”的“四化”目标，实施“工业兴县、园区带动和可持续发展”三大战略。夯实交通基础设施，推进产业园区扩能增效，实施中心城区扩容提质。以工业为主攻方向，以招商引资为突破口，以重点项目建设为引擎，打造电力能源经济、园区经济、临港经济三大经济板块，实施海洋综合开发，打造休闲旅游强县，提高经济增长质量和效益，实现经济社会平稳快速发展。2018年县委、县政府深入贯彻落实习近平总书记视察广东重要讲话精神，紧紧围绕“争当广东沿海经济带高质量发展排头兵”的战略部署，团结和依靠全县人民，坚持高质量发展要求，大力实施“兴海兴县、绿色发展”战略，以“项目落实年”为重要抓手，坚决打好“三大攻坚战”。由此全县振兴发展迈出了新步伐。至2018年，已形成五大经济发展平台，建立了电力能源基地、新型建材生产基地、海洋特色产业基地、中山火炬（阳西）产业转移工业园区、滨海旅游度假区。工业主导地位明显增强，第一产业比重下降，第三产业稳步上升。2018年，全县地区生产总值为235.32亿元，比2010年增加147.93亿元；规模以上工业增加值为34.72亿元；农业生产总值为89.6亿元，比2010年增加26.5亿元；第三产业总产值为102.4亿元，比2010年增加78.26亿元。三大产业比例优化为24.3∶32.5∶43.2。农村常住居民人均可支配收入为16 515.9元，比2010年增加了近1.6倍。

二、旅游业发展前景诱人

阳西县旅游资源丰富。建县以来，已开发建设了月亮湾滨海旅游度假区、沙扒海天度假村、东湖咸水矿温泉度假山庄、大垌山旅游风景区、南山海滨海旅游度假村、河北海滨浴场等景区景点。旅游基础设施不断完善，各镇结合本镇的旅游特色，开辟乡村农家乐、农村生态游等旅游项目和景点，结合人文景观、古迹文化、名山景色发展旅游业，前景广阔。近几年来，游客逐年增多，旅游收入成倍增长。2018年全县接待游客292万人次，实现旅游收入25.8亿元，分别比上年增长9%和11.9%。

三、基础设施日臻完善

经过建县以来的逐年建设，阳西县各项基础设施不断完善。至2018年，已形成纵横交通网络格局，过境道路及主要交通公路有深茂铁路、G15沈海高速公路、G228国道（原G325国道），S282线沙琅至沙扒公路、S278线潭水至溪头公路、丰头港至沙扒公路、县城至上洋公路、程村至阳江港公路等，拟建环县城和环县境“两环”交通圈，打通阳西经济发展的交通大动脉。拥有丰头港、溪头港、沙扒港、河北港、鸡乸塱港5个天然良港。全县有铁路1条、公路13条，公路总里程为1 383.2千米，公路网络密度为201.5千米/100平方千米。县城通往全县各行政村道路全部实现了硬底化，300人口以上的自然村通了硬底化公路。

水利设施建设不断加强。全县52宗中小型水库和46条江海堤围已按50年一遇标准实行了除险加固。60%的农田已按省级小型农田水利建设标准完成了衬砌三面光渠道、排灌渠清淤等建设工程。织篢河县城段的“一河两岸”工程已完成了工程量的60%。完成了儒洞河新圩段、丰头河塘口段、塘口河支流的三甲河河道整治工程。沙扒国家一级渔港建设工程竣工，并通过了国家验收。马村渔港建设于2014年竣工并投入使用。

四、社会事业均衡发展

中共阳西县委、县政府重视民生福祉，全力实施民生实事工程，教育、卫生、文化、社会保障、扶贫等社会事业得到均衡发展。建设了阳西县第一中学、阳西县第二中学、方正中学、阳西县第一小学、阳西县第二小学、实验小学等中小学校27所和职业技术学校、特殊教育学校。实施阳西三小、四小项目建设。完成了全县学校危房改造，创建了全国义务教育发展基本均衡县和省教育强县，在教育创强和推现工作中，荣获“广东省推进教育现代化先进县”称号，全县义务教育标准化学校覆盖率达100%。建成了县人民医院、县中医院、县妇幼保健院。各镇卫生院进行了改造建设，各行政村都建立了卫生站。县域医共体建设顺利推进，成立了县公立医院管理委员会；县医院集团八大中心挂牌运行，“六统一”管理目标工作基本实现；阳西县医院集团模式得到省、市的充分肯定。全县人民看病难的问题得到解决，医改和平价医疗服务有效减轻了群众就医负担。县城建成公园5个、文化广场3个，全县各行政村都建有文化广场、文化室、农家书屋，配备了健身器材；举办美食节、程村蚝节、风筝节、西瓜节、荔枝节、五彩薯节等大型节庆活动，促销老区特色农、渔产品；打造“月月有娱·欢乐阳西”“走公”等地方特色民俗文化品牌；经常组织举办山歌擂台赛、龙舟竞赛、运动会等全县性文体活动。阳西山歌入选省级非物质文化遗产名录，织篢镇大洲村入选广东省古村落名录。城乡居民社会保险和医疗保险实现全覆盖。多项底线民生保障水平达到或超过省定标准。

五、城乡建设亮点纷呈

建县初期，阳西县城（织篢镇区）面积为1.07平方千米，人口5.8万人。1988年4月，县政府拟定了第一次县城建设发展规划，委托广东省城乡规划设计院编制了1988年至1992年《阳西县县城总体规划》。随着县城建设和城市功能的发展变化，县政府于1995年对县城建设规划进行了第二次编修，按照阳西县政治、经济、文化和交通中心定位，以发展轻工业和第三产业为主体，城市功能齐全，环境优美的现代化城市标准进行建设。30年来，阳西县城建设已初具规模，县城美化绿化程度较高，环境优美，城市道路宽敞，交通顺畅，各项基础设施齐全。县城有公园5个、文化广场3个、学校12所、医院5家、幼儿园16所，有大型开发楼盘17个、大型城市综合体4个、星级酒店2家、4A级旅游景区1个。县城主要街道形成5纵9横的交通路网。2009年至2017年，随着县城人口集聚能力的不断增强，县城建设以扩容提质为重点，开展“三创”工作，先后对县城主干道进行了升级改造，扩建了排水排污管网。建设G325国道县城新过境公路。开通县城至工业园区通道，实现了“产城融合”。整治织篢河，进行“一河两岸”工程建设，逐步对县城旧区进行改造建设。至2017年，县城面积已扩展到16.5平方千米，县城人口增至13.5万人。阳西县县城的规划建设赢得了县外来客的一致好评。

镇村建设步伐加快。2011年，各镇对镇、村建设进行了总体规划，镇、村建设力度加大，全面启动名镇、名村、示范村的建设。结合扶贫“双到”和“精准扶贫”，社会主义新农村建设成效显著。至2017年，阳西县镇、村建设成效有：沙扒镇被评为“广东名镇”；鸡乸塱村被评为“全国文明村”；南珠村、石埗村等5条自然村被评为“广东名村”；咸水寨村、黄茅岭村被评为“广东省文明村”；有24条自然村被评为阳江市美丽乡村；红光村、东水村被评为“阳江市十大最美乡村”；福湖村、鹅渚埠村、元周岭村、会众坡村、双鱼城村、礼竹坑村、水口村、手网村、塱下村、添众村、乌石头村等58条自然村被列入阳西县美丽乡村建设示范村。

六、海洋渔业持续发展

阳西是渔业大县，拥有126.6千米的海岸线，海洋渔业资源丰富。有沙扒、溪头、河北、马村4个渔港，有丰头深水港和鸡乸塱天然避风港。1988年，全县有机动渔船2 110艘、非机动渔船

655艘，海捕总产量为5.96万吨。其中拖网2.75万吨，围网2.3万吨，流刺网6 050吨，刺钓作业2 265吨，定置网58吨，其他捕捞作业718吨。2017年，全县有渔业人口4.3万人；有各类大小渔船2 796艘，总吨位8.36万吨，机动渔船总功率为479.82万千瓦；渔业总产量为58.22万吨，产值为61.33亿元，占全县农业总产值的62.3%。1992年，阳西县被确定为广东省渔业重点县。阳西县的渔业海捕产量连续多年位居全省县级第二位。

阳西建县后，县委、县政府十分重视海洋渔业的发展。大力支持和鼓励渔民更新改造渔业生产设备，发展深海和远洋捕捞作业。1988年至2017年，新装100吨以上渔船187艘，购进各类渔船106艘，装机功率为82.6万千瓦，有船用雷达236台、卫星导航仪576台、对讲机630台、探鱼机839台、远洋单边带电台213台。渔业生产设备的更新改造，有效促进了阳西渔业的持续发展。县委、县政府还加大渔港建设力度，先后对沙扒渔港、溪头渔港、河北渔港进行建设，不断改进渔港后勤配套服务设施。2013年沙扒国家一级渔港建设竣工；2014年溪头省一级渔港建设改造完成，河北渔港码头扩建工程完工；2014年新建马村渔港竣工投入使用。同时对渔港航道和港池进行疏浚扩宽，改善渔船锚泊和鱼货交易环境。

海洋渔业生产条件的改善，大幅度提高渔民的渔业生产效益。2017年，渔民人均纯收入达37 100元。

第二节 展望新征程 共圆中国梦

阳西县地处粤西沿海，海岸线长，浅海滩涂面积广阔，海洋渔业资源、林业资源、矿产资源和旅游资源丰富。30年来，阳西经济社会发展取得了令人瞩目的成就，各项基础设施建设日臻完善，为今后的发展打下了坚实的基础。根据广东省发展粤东西两翼经济的规划，山海兼优的阳西县已被纳入大珠三角经济发展圈和珠江西岸先进装备制造业带，发展前景广阔。

2016年1月，阳西县制订了《阳西县国民经济和社会发展第十三个五年规划纲要》，按照全面建成小康社会的目标要求，立足经济发展新常态，围绕经济发展、社会民生和资源环境三大方面制订发展目标，明确提出居民收入、就业、文化、教育、卫生、社会保障等的奋斗目标和节能降耗、环境保护、生态建设等指标。9月27日，中共阳西县第八届一次会议提出“用十年时间，努力把阳西建设成为新型工业化、农业现代化、旅游特色化、城乡一体化的强县，实现经济提速、民生改善、社会祥和、富民强县的发展目标”。

2017年10月18日，党的十九大胜利召开，提出“承前启后，继往开来，在新的历史条件下继续夺取中国特色社会主义的伟大胜利”的号召，谋划出了“2020年全面建成小康社会，2035年基本实现现代化，2050年建成富强、民主、文明、和谐、美丽的社会主义现代化强国”的发展蓝图。

一、发展的指导思想

贯彻落实党的十九大精神，高举中国特色社会主义伟大旗帜，坚持科学发展观，共圆国家复兴的中国梦。以“创新、协调、绿色、开放、共享”为发展理念，以交通基础设施建设、产业园区扩能增效、中心城区扩容提质为抓手，实施“新型工业化、农业现代化、旅游特色化、城乡一体化”的“四轮驱动”发展战略，维护社会稳定和生态平衡两条底线，推动经济结构优化调整和产业转型升级，提升经济发展质量和效益，努力实现全面建成小康社会、人均GDP达到广东省平均水平的发展目标。

二、发展思路

调整和优化产业结构，提升县域经济实力。一是，坚持工业兴县，以工业化推动阳西现代化。推进中山火炬（阳西）产业转移工业园、新型建材产业基地、海洋特色产业基地的建设，完善基础设施和各项功能，增加集聚能力和扩能增效。推进传统产业转型升级，提升科技含量，擦亮五金刀剪、旅游帽袋、海产品等传统优势产业品牌。着力打造调味品、电力能源和新型建材以及海洋特色产业基地。以大项目、大企业为引领，推动工业发展迈上新台阶。二是，大力发展旅游产业、房地产业、现代服务业和现代物流业，推动第三产业的发展。加强滨江、滨海、高山林地“三大旅游带”和县城、沙扒“两大旅游产业核心区”的开发建设，规划建设乡村休闲旅游项目，做好旅游包装和宣传推介，创建旅游强县和省级全域旅游示范区。三是，发展特色农业和海洋渔业，加快发展现代农业，提升农业发展内力，推进农业供给侧结构性改革，发展南药、花卉、水果、蔬菜等经济作物种植，发展无公害农产品、有机农产品和绿色食品，扩大特色农业产业规模，发展农民合作社和家庭农场，推动农业向产业化、专业化、规模化发展。四是，推进新型城镇化和城乡一体化的建设发展，全力建设“三座新城”，拓展中心城区空间，增强集聚和辐射作用。继续实施美丽乡村建设工程，创建名镇、名村、示范村，建设“省级新农村示范片”，全面改善农村人居环境。五是，继续深入开展扶贫，实施精准扶贫，精准脱贫，让全县贫困村、贫困人口实现脱贫，经济收入达到省规定标准。

三、经济社会发展目标

经济发展目标：至2020年，全县生产总值达到316.02亿元，年均增长9%；人均生产总值达64 893元，年均增长8%；规模以上工业总产值达到321.22亿元，年均增长12%；农业总产值达到102.13亿元，年均增长4%；社会消费品零售总额达到86.89亿元，年均增长10%；三大产业结构比例为18∶40∶42；农村常住居民人均可支配收入达到20 280元。全县人口城镇化率达50%。森林覆盖率达到50%。

社会事业与民生发展目标：推进公共服务均等化，增进民生福祉。第一，优先发展教育事业，推进义务教育优质均衡发展，高水平、高质量普及9年义务教育，提升学前教育、高中教育的质量，高中教育达到省级以上示范高中标准。至2020年，普及小学到高中12年教育。第二，深化医疗制度改革，健全城乡医疗服务体系，提升医疗服务水平。实施镇卫生院、村卫生站标准化建设，努力提升基层医疗机构的服务能力。创建二级甲等医院2所，组建阳西县医院集团，实行“分级诊疗，双向转诊”制度，县域内住院率达90%。第三，健全社会保障体系，落实“全覆盖、保基本、多层次、可持续”的社保方针，建立统一的城乡居民社会养老保险制度。建立城乡居民最低生活补助、城镇职工最低工资保障、农村“五保”供养、城镇“三无”人员供养等标准的自然增长机制，提高社会养老待遇和服务水平。社会养老保险参保率达到100%，城乡居民医疗保险覆盖率达到100%，人口平均寿命达到78岁。城镇登记失业率下降至2%；城镇污水处理率达到81%，城镇生活垃圾无害化处理率达95%以上，近海水质保持一、二类水平。第四，发展公共文化事业，构建现代公共文化服务体系，实行公用文化服务设施免费向社会开放，建设一批文体设施，构筑一批具有现代化先进水平的文体活动平台。发展广电、传媒、新闻出版、山歌、曲艺、诗词、书画等文化产业，做好古文化和文物的成果转化，让文化艺术为广大人民群众服务。

四、城乡建设展望

继续完善阳西交通快速路网的建设。未来10年，阳西将建设“一桥三路”，即阳江港大桥、阳西高铁站至大泉一级公路、云浮至阳西高速公路和丰头至沙扒一级公路。“一桥三路”连接海洋特色产业基地、滨海电力发展基地、沙扒滨海旅游区、新型建材生产基地、中山火炬（阳西）产业转移工业园区五大经济发展平台，成为阳西经济发展的交通大动脉。

未来10年，阳西将发展建设“三座新城”（即中心县城、沙扒滨海旅游新城、溪头临港工业新城）。县城建设以扩容提质为主，优化县城空间结构布局，逐步向西、南扩展，建设六纵五横城市交通体系，建设好325国道过境公路，完善城市基础设施，美化亮化城市环境。未来的阳西县城各项功能将更加齐全，城市环境将更加亮丽，成为名副其实的“粤西明珠”。至2025年，县城将由现在的16.5平方千米扩展至21.5平方千米。沙扒滨海旅游新城以旧镇区为依托，推进月亮湾、海仔湖两个片区的规划建设。随着滨海旅游业的迅速发展，沙扒旅游新城的建设将不断加快，逐步完善市政基础设施工程建设。不久的将来，一座美丽的海滨新城将从北额岭旁拔地而起。溪头临港工业新城以丰头港和溪头渔港规划定位，已由广东省城乡建设规划设计院编制规划，未来十年，一座临港工业新城将在海洋特色产业基地建成。

建设韵味各异、主题突出、特色鲜明的人文新村。至2025年，阳西将建设100条美丽乡村、4个省级新农村示范片。

五、旅游业发展展望

未来10年，阳西旅游景区景点将建成4个4A级景区、3个3A级景区。县城核心区将完善建设东湖咸水矿温泉、大垌山风景区，规划建设大泉生态景区、南湖湿地公园。结合七贤书院、太平古驿站、净业寺、回隆寺、八元堂、礼竹坑、梅花地、大洲村、古堡群等人文历史、宗教文化、革命遗址、乡村生态等特色景点，组成县城核心旅游片区。沙扒滨海旅游核心区将以月亮湾、青洲岛、北额岭、沙扒湾的建设发展为依托，形成沙扒四大滨海旅游景区。以蓝袍湾、白沙湾、河北海湾和福湖岭地质公园的规划建设，组成滨海旅游休闲景区。不久的将来，阳西将是粤西地区滨海旅游、休闲度假、生态观光、温泉养生、宗教古迹的旅游胜地，将成为“全域旅游”的滨海优秀旅游强县。

附　录

附录一 大事记

1920年

郑家康、郑家珠、郑道麟、敖华耀等赴法国勤工俭学。

1925年

11月7日　国民革命军南路总指挥朱培德、第一路指挥陈铭枢率部收复阳江城。苏廷有残部向儒洞溃退。

1926年

7月　王德符加入中国共产党，后到广州参加毛泽东主办的第六届农民运动讲习所学习（旁听）。学习结束后受党组织派遣，回到阳江六区组建农民革命军，以国民党阳江县六区党部常委的公开身份为掩护，任六区农民协会常委、六区农民自卫军队长。

1927年

蒋介石发动四一二反革命政变后，阳江西区17个乡农会遭到严重破坏。王德符被捕。

1928年

9月5日　王德符与敖昌骙、谭作舟、陈必灿等15名阳江中共党组织和农民运动负责人被杀害于广州黄花岗。

1929年

2月　阳江党组织遭国民党反动派严重破坏，党员相继被捕，党组织联系中断，织篢圩支部和其他支部被迫停止活动。

1931年

10月　郑家康在上海被捕；1934年被敌杀害于南京雨花台。

1935年

5月4日　盐警总队在织篢圩以缉私盐为名，枪杀圩民2人，伤9人。

1937年

2月　廖绍琏、许高倬、冯军光（三人均是大革命时期的共产党员）等人从外地回阳江，开展抗日救亡宣传活动。

1938年

4月　阳江县建立4个基层党支部，其中有织篢圩支部，郑就兴任书记。

7月　中共阳江特别支部成立，书记为王传舆。

1939年

2月　中共阳江特别支部，安排党员林元熙、陈华森、许式邦、何瑞廷、曾素伟等10多人参加县政府农村巡回工作队，到织篢等地，进行抗日救亡宣传工作。

8月　党组织安排陈国璋到阳西儒洞明强小学任教，发展了陈厚祥入党，成立儒洞党小组，陈国璋、廖正纪先后任组长。同月，阳西奋兴中学成立党小组，柯杰超任组长。

12月25日　两架日军飞机轰炸织篢，炸死2人。

1940年

3月　撤销中共两阳工委，成立中共阳江县委，张靖宇任中共阳江县委书记。下属党组织有1个区委和11个支部。

秋　党组织在阳江西区横山乡建立据点，安排廖绍琏任横山小学校长。此后，又调林元熙任教师，并负责阳江西区党组织领导工作。不久，在横山小学建立党支部，林元熙任支部书记，此后还在横山发展了几个学生党员。

1941年

3月3日　日军从北津港入侵阳江，国民党当局闻讯而逃，日军进入阳江县城，大肆烧杀抢掠，史称“三三事变”。中共横山支部林元熙、廖绍琏利用统战关系，组织一支30多人的武装抗日自卫队。几天后，日军撤退。为避免过早暴露党的武装，保存实力，横山支部组织起来的抗日武装队伍解散。

1942年

1月　廖绍琏、廖正纪、庞瑞芳从阳江西区转移到阳春金堡开辟新的据点。

1943年

9月　共产党员陈历来起义，在当地发展了一批青年入党，秘密进行革命活动。

10月　陈国璋来到冲口仁和村，以樟木油厂老板身份，与当地进步青年接触，筹备发动武装起义。

11月　实行特派员制，停止组织活动，组织实行单线联系（直至1945年1月恢复党的组织生活）。

1944年

11月　谢鸿照率罗杰、陈华森到冲口，与陈国璋等会合，加强武装起义领导。不久由陈历又出资在上双村、土瓜村先后开办两间樟木油厂，作为秘密筹组抗日武装据点，陈国璋仍旧挂名当老板，秘密集结一批进步青年，准备随时接应起义队伍。

1945年

2月　田寮村武装起义夭折，谢鸿照、郑宏璋等参加起义人员迅速撤离先农乡，转到冲口仁和村八元堂，并在八元堂成立两阳抗日武装筹备领导小组，谢鸿照任领导小组组长，陈国璋、郑宏璋任副组长。

3月　陈国璋、吴新、陈历等在织篢冲口组织秘密武装队伍，称“漠南独立营”；吴新任营长，陈国璋任教导员。同月，漠南独立营在鸡笼笃村宣布起义，并加入广东人民抗日解放军第六团，编为六团第二连。

7月　广东人民抗日解放军司令部决定以六团为基础，扩编成“广东人民抗日解放军独立团”，团长为黎明，副团长为李龙英，政委为郑宏璋，政治处主任为赵荣。

8月　国民党三区区长范忠，率联防队、地方团队300余人合围独立团驻地儒洞乡南垌村。独立团在儒洞乡河垌村石龟山附近的由子村、羊坑村一带伏击，毙敌多人，范忠惊慌坠马、狼狈逃窜。

12月　赵荣根据刘田夫来信指示，率领从朗底战斗中成功突围的部分人员进入阳江，分散到沙扒、儒洞、织篢、太平、冲口、同由等地，藏好武器，找社会职业工作做掩护，进行隐蔽活动。

1946年

3月　国民党阳江县警与织篢自卫队对太平乡游击据点进行“清乡”，冲仔表村、仁和村遭受蹂躏。

4月　中共两阳党组织根据中共中区临时特委的指示，派陈庚到织篢将分散隐蔽的部队人员30多人集结于鸡笼笃，建立游击队，进行自卫斗争。同时通知姚立尹返回部队。不久，赵荣回到阳江，负责部队的全面工作，为加强党对部队的领导，建立武装党支部，支部书记为陈庚，委员为姚立尹、冯锦、冯超、梁福生。

8月　国民党织篢自卫队逮捕了按“双十协定”精神复员回家的广东人民抗日解放军六团二连副连长陈朝波，并将他杀害于织篢圩。

1947年

3月　根据中共广东区党委决定，恢复公开武装斗争。

11月底　在龙门上泷建立了彭湃队，队长为陈发，姚立尹负责该队全面领导工作。

1948年

3月　中共漠南县工委成立；李信任书记，赵荣、姚立尹为委员。随后，两阳武装队伍改编为漠南独立大队；姚立尹任大队长、赵荣为政委。

4月　国民党广东省七区保安司令刘其宽率领反动武装1 000多人大举进攻阳江西区游击区，漠南独立大队在马山阻击来敌，激战数小时后安全撤出阵地转往漠东。

5月　中共沙扒特别支部、中共织篢区委相继成立。

8月　漠南独立大队主力驻在旧仓乡石仔岗村，阳江县警敖华林中队和阳江县常备自卫队第六中队江玉麟部共200多人进犯，在白石岭激战一昼夜，打退了敌人的进攻。之后，部队转入漠东。

11月　支队司令部决定把大部队留在司令部，从漠南独立大队和原东征部队六连挑选30名精干人员，配机枪3挺，由赵荣、姚立尹率领返回漠南坚持武装斗争。

1949年

2月　撤销中共漠南县工委，相继成立中共阳江县委、阳江县人民民主政府。县委书记为赵荣，委员为姚立尹、陈国璋、梁昌东；县长为姚立尹，副县长为陈国璋。

2月　漠南独立大队扩编为广东人民解放军广阳支队第八团，赵荣任团长兼政委，冯超任参谋长，梁昌东任政治处主任。同时成立八团党委，书记为赵荣，委员为姚立尹、梁昌东、冯超。

2月下旬　金横区工委成立，区委书记为邝炎培，副书记、组织委员为黎新培，武装委员为胡斌，经济委员为林儒逊。

3月12日　八团驻在厚幕山村。国民党阳江常备自卫队第六、第九两个中队和程村卫队共300多人进犯八团。八团将士登上大岗岭伏击敌人，激战整整一天，最后击溃敌人。此役击毙国民党阳江县常备自卫队第六中队长江玉麟，俘敌1人。八团排长许惕牺牲。

3月　路北区、路南区工委成立。路北区委为书记陈明，委员为吴恭、程启民、陈德伟。路南区委书记为梁文坚（女），副书记为陈碧，委员为李世谋、杨兆东，后增加曹河。

5月　罗琴区工委成立，罗秋云任书记，陈清任副书记，钟勋、敖卓魁为区工委委员。

7月7日　为避敌锋芒，转移敌人视线，由姚立尹率八团第一连和电白独立连向西转移。西征部队经过7天7夜的行军，与敌周旋，战斗10多次，返回阳江西区新圩的白石塱村与坚持就地斗争的同志会师。至此，敌四六一团对漠南主力部队的“扫荡”阴谋彻底失败。

9月初至10月初　为阻滞国民党广州之敌向西南逃跑，以便南下解放军追击歼灭，广阳地委书记、二支队司令员兼政委郑锦波亲自布置任务，金横区委、路南区委、路北区委和罗琴区委分工负责，把白沙至儒洞路段的主要公路桥梁及其他重要交通设施烧毁或破坏。

10月23日　八团及地方武工队在阳春潭簕河边与解放军右路军先头部队会合。

10月24日　中共粤中区临时区委决定，成立新一届中共阳江县委，书记为杨子江，副书记为赵荣，委员为姚立尹、陈国璋、林良荣、陈中福。

同日　在八团和各区武工队的配合下，解放军左、中、右三路部队分别进入阳江城和白沙圩等地，形成对逃至阳江地区国民党军的三面包围。

10月25日　粤中纵队司令员吴有恒、第二支队司令员郑锦波率领部队进驻阳江城。

10月26日　阳江县人民民主政府从塘口马山梅花地村迁到阳江城办公，成立阳江县人民政府，姚立尹任县长，陈华任副县长。阳江县人民民主政府同时被撤销。

10月26日　拂晓，解放军四兵团前线指挥部向左、中、右三路部队下达了总攻的命令。中午，阳江围歼战胜利结束，阳江县全境解放。

附录二 漠南地区革命人物、革命先烈

一、革命人物

（一）周天行

周天行

周天行（1914—1992），广东省开平市塘口镇里泒湾底咀村人。学生时代曾就读于开平开侨中学（初中）、广州市一中（高中），中学时代便开始参加革命活动。1937年7月，周天行加入中国共产党。1938年5月，周天行被选为中共开平特支宣传委员；8月，中共开平特支改为中共开平区工委，周天行改任区工委委员；11月，建立中共开平县工委，周天行担任工委委员。1939年至1941年1月，周天行曾先后任中共开平县委宣传部部长、县委书记。1941年2月至1943年3月，周天行担任中共恩平县委书记。

1942年3月，周天行受中共中区特委书记刘田夫的委托，以特委特派员身份，前往两阳了解地下党组织问题，10月被特委任命为中共两阳特派员，直接领导两阳的工作。1944年7月，抗日战争开始转入战略反攻阶段，周天行和其他特派员一起，为准备和发动武装起义进行了一系列工作：加强在织篢、横山、太平等地组织人民武装起义的领导工作，由陈国璋、陈历等人秘密组织武装队伍，准备起义。1945年3月，周天行秘密到织篢冲口八元堂召开会议，宣布中共中区特委关于地方党组织和武装部队分开领导，发展地方党组织，配合部队开展武装斗争等重要决定。此后，周天行历任中共中区特委宣传部部长、粤中副特派员、中共中区地委委员兼新高鹤区工委书记、新高鹤地工委书记、粤中临时区党委委员兼高鹤地委书记。

中华人民共和国成立后，周天行先后任江会（江门、新会）区军管会主任、书记，新会县县长，湛江市委副书记，北京航空学院党委书记，飞行研究院党委书记，广东省科委副主任、科技干部局局长，广东省政协常务委员。1992年4月13日因病在广州逝世。

（二）郑宏璋

郑宏璋（1911—1983），阳春先农乡白坟寨人。1932年至1933年1月，郑宏璋进入广东省立第一职业学校土木工程科读书；1939年7月，在阳春参加中国共产党；1940年1月，任中共阳春特别支部组织委员；1941年2月至1942年1月，任中共两阳特派员属下阳春分支委组织委员；1945年2月，在织篢冲口八元堂，任两阳抗日武装筹备领导小组副组长。

郑宏璋

1945年3月，郑宏璋在阳春发动的革命队伍与陈国璋在阳江县冲口、旧仓、同由等地秘密组织的樟木油厂的几十人会合，组成广东人民抗日解放军第六团，郑宏璋任六团政委。

1945年9月，郑宏璋调任台山县委组织部部长。1946年4月，他奉组织命令赴香港准备随东江纵队北撤，6月底随东江纵队乘美军舰撤往山东省烟台市。

1946年12月，郑宏璋到冀鲁豫中央局土改工作团任组长；1947年1月至1951年到中共中央华东局党校、华北局党校、中央马列主义学院学习；毕业后，任马列学院一分院教务主任。“文革”中郑宏璋受到迫害。

1978年8月，郑宏璋复出，任中共中央党校科学社会主义教研室主任、教授；1982年12月，退居二线，成为顾问、研究员。

1983年10月20日，郑宏璋因病逝世于北京。中共中央党校在八宝山革命公墓开追悼会，悼词称其为“中国共产党优秀党员，忠诚的党的理论教育工作者”。

（三）陈国璋

陈国璋（1921—1963），阳江县雅韶乡合浦村（今阳江市阳东区雅韶镇合浦村）人。他于1938年秋参加中国共产党；1939年夏到儒洞，以教师身份为掩护，发展中共党员，建立儒洞党小组；1940年先后在阳江精武小学、阳春屯堡小学任教，任中共阳春县组织委员；1944年，任中共阳江地下组织负责人。1944年8月，陈国璋在织篢、仁和村和八元堂建立了交通联络站，并由党员和积极分子集资，在仁和、土瓜及茅坪村办起樟木油厂，以樟木油厂为据点，秘密组织游击队。1945年初，与阳春发动的队伍合在一起组成两阳抗日武装——广东人民抗日解放军第六团，任六团政治处主任。

陈国璋

抗战胜利后，陈国璋留在织篢地区，协助分散隐蔽武装队伍，做好隐蔽人员的安置工作。1946年，陈国璋任新兴县特派员；1948年，任阳东特区委书记；1949年2月，任中共阳江县委委员、阳江县人民民主政府副县长，阳江解放后任中共阳江县委宣传部部长；1950年初，调中共华南分局党校学习，学习后，留党校工作（后改名为广东省委党校），任组织科长、班主任、校党委委员、教研室副主任等职；1960年起患病，1963年3月逝世。

（四）谢鸿照

谢鸿照（1917—1966），广东开平人，抗日战争初期加入中国共产党，早期在粤中地区从事革命活动，曾任中共新兴县委书记。1944年7月，被中共中区特支委任命为两阳党组织指导员，频繁来往于中区党组织和两阳之间，领导两阳工作，与两阳领导人郑宏璋、陈国璋筹划组织武装。1945年2月，谢鸿照与郑宏璋、陈国璋等人一起前往阳春轮水田寮村筹划武装起义，由于敌人的搜捕破坏未获成功。随后，谢鸿照、郑宏璋、陈国璋、罗杰等转至阳西织篢冲口，在冲口八元堂召开会议，会议决定成立中共两阳抗日武装筹备领导小组，谢鸿照任组长。1945年3月中旬，谢鸿照调任中共新兴县特派员。解放战争时期，谢鸿照先后任中共恩平县特派员、中共英德县委书记、中共清远县委书记；中华人民共和国建立后，曾任中共新兴县委书记、西江地委组织部科长、粤中地委组织部科长等职；1966年病逝。

谢鸿照

（五）陈历

陈历（1924—1999），又名陈天衮，阳江县织篢太平乡仁和村（今阳西县织篢镇冲口行政村仁和村）人。陈历于1939年参加

陈历

中国共产党，曾任中共织篢支部组织委员，先后在阳江县奋兴中学和韶关省立艺术专科学校读书。1944年8月，根据上级党组织的指示，以陈国璋为挂名老板，陈历筹资在土瓜村、茅坪村及仁和村开3个樟木油厂作掩护，秘密组织武装队伍。1944年10月，接受地下党的指示，打入太平乡任副乡长。1945年2月，陈历以接待樟木油厂老板及来往商人名义，将地下党两阳人民抗日武装领导小组成员及一批党的干部，安排到冲口附近的八元堂居住，负责全部人员的伙食。陈历以副乡长身份，做通当时太平乡乡长的思想工作，将该乡冲口村公偿的10条步枪取了出来，供人民武装队伍使用。以后，陈历仍以地下党身份工作。1945年冬，陈历调入台山县工作，负责台山地下党统战工作；中华人民共和国建立后，先后调任江门、佛山，仍继续负责统战工作；“文化大革命”后，任佛山市政协副主席；1985年离休；1999年病逝。

（六）赵荣

赵荣

赵荣（1920—2009），广东斗门（今天广东省珠海市斗门县）人。赵荣于1938年2月参加革命，同年4月参加中国共产党。1942年2月参加敌后游击队，从事革命武装斗争；抗日战争时期，在珠江纵队和粤中人民抗日解放军中，担任过中山八区大队政治处副主任，独立团政治处主任。解放战争时期他没有北撤，留在两阳地区坚持斗争，曾担任中共阳江县委委员兼宣传部部长，活动在阳江的织箦、蒲牌、程村、塘口、横山以及阳春的金堡、龙门、岗尾、轮水一带。赵荣曾担任漠南独立大队政委，后来部队发展成立粤中纵队第八团，他担任团长兼政委，1949年2月起，担任中共阳江县委书记，直至阳江解放。

中华人民共和国建立后，赵荣先后担任阳江县委副书记兼组织部部长，粤中地委代秘书长，广西壮族自治区东兴县县长、书记，钦州县委书记，北海市委书记，钦州地区行署副专员等职务。党的十一届三中全会以后，赵荣任广东省教育厅副厅长，直至1983年底离休。

离休以后，他仍关心青少年的教育成长，担任广东省教育厅关心下一代工作委员会副主任。他还经常参加编修地方党史、军史等工作。

（七）姚立尹

姚立尹

姚立尹，原名姚乐尹，1922年10月28日生于阳江县塘口乡湾仔塘村（今阳西县塘口镇同由行政村塘湾村），参加革命后，刘田夫（时任广东人民抗日解放军政治部主任）将他的名字改为姚立尹。从桐油高小毕业后，他以优异的成绩考上县立中学读免费初中。在校期间，他受进步思想影响参加抗日救亡活动。初中毕业后，他考上香港迁到恩平县的一间师范学校。1943年参加革命工作。1945年2月秘密加入中国共产党，并参加广东人民抗日解放军，先后任六团二连、独立团一连政治指导员。

1945年8月，抗日战争胜利后，国民党发动内战，姚立尹奉命在两阳坚持武装斗争。他于1946年在同由、上泷（双）建立游击基地；1947年春建立金（堡）横（山）区游击根据地；同年11月，成立彭湃队，负责该队全面工作。1948年3月，漠南独立大队成立，姚立尹任大队长、副政委。1949年2月，阳江县人民民主政府在塘口梅花地村宣告成立，姚立尹任阳江县人民民主政府县长、八团党委委员兼第一营教导员。1949年10月上旬，人民解放军南下进入广东，阳江解放在即，阳江县人民民主政府成立支前司令部，迎接解放军进入阳江，姚立尹任支前司令员，动员力量投入紧张的支前工作。1949年10月24日，阳江解放。阳江解放后，姚立尹历任阳江县人民政府县长，湛江专区中级人民法院办公室主任、副院长，湛江专员公署办公室副主任、财委副主任兼粮食局局长，中共湛江地委副秘书长，海康县委书记。“文革”时期，姚立尹受审查，1975年下放阳春硫铁矿任矿长；1978年落实政策，1979年调任廉江县委书记，1981年12月调任中共湛江市委副书记，1983年地市合并后被湛江市第七届人民代表大会选为市人大常委会主任，1988年任期届满，受聘为湛江市人民政府顾问；1990年离休。

（八）罗杰

罗杰（1925—2018），原名罗材秩，阳春河塱人。罗杰1939年参加中国共产党，1944年夏在两阳中学高中毕业；1944年秋冬，参与两阳地下党武装斗争的筹备工作；1945年2月，跟随两阳抗日武装斗争领导小组，从阳春先农转到阳江织篢一带，继续组织和发动武装队伍。1945年3月，广东人民抗日解放军第六团成立后，罗杰继续留在阳西，化名罗林秋，负责阳西地下党工作；1946

罗杰

年9月，奉命调入香港，1947年奉命回新（会）、高（明）、鹤（山）游击区，参加武装斗争；1947年中挺进三罗，任营教导员、团政治处主任等职。阳江解放后，罗杰在广东省委党校任教育科长；1953年调入鞍山钢铁厂；1958年调入武汉钢铁厂；1963年调入中南局计委任处长；1969年调入韶关钢铁厂；1970年调入瑶岑钨矿；1972年任韶关地区副专员；1978年任中国科学院广州地质新技术研究所党组书记，1980年任省科委处长、秘书长；1983年任广东省科委主任、省人大常委；1993年离休。

（九）廖绍琏

廖绍琏（1901—1986），阳春县河口乡肖背迳村（今阳春市河口镇石河行政村石迳村）人。1927年3月加入中国共产党，同年12月11日参加广州起义。1929年春，中共阳江党组织被破坏，他与许高倬同赴香港寻找中共广东省委请示工作，因没有找到而与党组织失去联系。抗日战争爆发后，廖绍琏与许高倬筹组“大中文化社”，投身抗日救亡工作；1939年9月，经林元熙介绍，重新参加中共组织。1939年下半年至1949年，先后任阳江县抗日动员委员会干事、横山小学教师、金堡小学校长、中共金堡支部书记。

廖绍琏

（十）梁文坚

梁文坚，阳江平岗良朝人，1922年7月生。梁文坚1938年春在阳江城参加抗日救亡工作；1938年10月参加中国共产党；1939年秋，调入阳春战工团工作。1940年2月至1943年底，先后在阳春先农中心小学、荔枝林小学、春湾小学等校任教师，党内任阳春县地下党妇女委员。1945年1月至3月，梁文坚参加两阳抗日武装的组建工作，任两阳抗日武装筹备领导小组妇女部部长；1945年3月至年底，先后在广东人民抗日解放军第六团、独立团和第一团任政工队队长；1946年秋，在新兴县布坪小学教书，党内负责掩护中共新兴县党的领导机关，并任村党支部书记；1948年冬，调至阳江任漠南独立大队民运组组长；1949年春至年底，任中共阳江县路南区委书记。

梁文坚

阳江解放后，梁文坚历任中共阳江县委妇委书记、粤中地委妇委会委员兼阳江县妇联主任；1951年到华南分局党校学习；1953年起，先后任华南分局组织部部长秘书，华南分局纪检会科长，中共广东省监委科长，广东省委党校研究员、教研室副主任，中共广州市委宣传部理论教育处处长，广州市革委会学习毛著办公室负责人，广州市委党校教务处处长，广州市化工局政治部主任。1980年起，梁文坚任广州市妇联会副主任。1983年离休，离休后曾担任省妇运史编委会委员，广州市妇运史编委会主任，珠江纵队、粤中纵队、女战士联谊会副会长，广州市妇女工作者联谊会副会长，广阳支队联谊会副理事长及省革命老区建设促进会理事、常务理事等职务。

（十一）陈碧

陈碧（1919—2004），又名陈朝碧，阳江县织篢太平乡仁和村（今阳西县织篢镇冲口行政村仁和村）人。1944年，阳江党组织负责人陈国璋在冲口以樟木油厂为掩护，组织抗日武装队伍，陈碧经陈天衮、陈国璋介绍参加革命队伍。他于1945年参加中国共产党，当陈国璋的交通员，年底调至阳春轮水当郑宏璋的警卫员。冲口武装起义后，陈碧跟随起义部队，转战漠阳南北，

陈碧

先后当联络员、警卫排排长；1945年10月，恩平朗底战斗后回乡隐蔽；1946年7月，任织篢篢南区武工组组长、锄奸队队长；1949年任路南区委副书记、区长兼区队长。同年农历七月初一，在新圩石仔岗战斗中，他多处受伤，仍坚持战斗，带领队伍胜利突围。

1949年11月，陈碧任阳江县农协主席、土改大队队长；1953年任阳江县水产公司经理、东平镇镇长；1957年任阳春县龙门公社社长、书记；1958年任阳春县河口公社社长、书记；1967年“文化大革命”期间，下放阳春马水公社粮管所工作；1971年调任潭水水泥厂书记；1974年任河西氮肥厂工会主席、生产科长；1978年离休。

（十二）李世谋

李世谋（1922—1982），阳江县蒲牌冲仔表村（今阳西县织篢镇冲口行政村冲仔表村）人。1940年他在奋兴中学读书时参加中国共产党，是阳江六区最早的几个共产党员之一。1944年，李世谋高中毕业，服从党的安排，回家乡以教师身份为掩护，深入农村，组织民众宣传抗日救亡，参与冲口八元堂“两阳人民抗日武装领导小组”工作，秘密筹建武装队伍；1946年，受党组织委派到阳春西山，发展党员，开辟西山新区；1948年调回织篢区委，任区委委员，带领武工人员在织篢周边的蒲牌、篢北、篢

李世谋

南展开对敌斗争。1949年3月，在八团领导下，成立了路南游击区，李世谋任区委委员，带领桥溪港武工队开展工作，直至阳江解放。

阳江解放后，李世谋担任阳江县第六区委书记兼区长；1952年，受错误处理被开除出党，撤销一切职务，直至1962年重新入党，后任新圩公社党委副书记兼副社长；1978年，调任中国建设银行阳江县支行副行长；1982年病逝。

（十三）陈庚

陈庚（1926—2004），阳春春城人。陈庚于1940年6月参加中国共产党；曾任两阳武装工作委员会成员，阳春春北独立大队政委，广东人民解放军广阳支队第六团政治处主任；中华人民共和国建立后，曾任梅州市交通局副局长等职。

陈庚

1946年4月，陈庚奉命秘密进入织篢地区，将隐蔽在漠南地区的姚立尹、冯超、冯锦、梁福生等武装人员集中起来，成立武装党支部，陈庚任支部书记，姚立尹任支部委员。陈庚带领武装队伍30多人，到织篢、同由等地开展宣传活动，揭露国民党内战的阴谋，打击反动势力，惩治反动乡保头目，保护游击队员和家属的生命安全。陈庚带领武装队伍，强攻国民党同由圩乡公所，破门进入伪保长家，打开粮仓，将稻谷分给贫苦农民。

（十四）陈发

陈发，1922年出生，广东中山人，曾任珠江纵队排长；1945年12月，随赵荣从恩平秘密进入织篢地区，此后在漠南进行革命

陈发

斗争。

1946年，漠南革命进入隐蔽斗争阶段，陈发与姚立尹、陈励、陈碧等人隐蔽在上泷（双）山区，建立上泷游击基地，度过了极其艰难困苦的岁月。

1947年春，恢复公开武装斗争，陈发带领武工组在金堡、横山地区活动，发动群众，组建革命武装队伍，壮大武装力量。

1947年11月，武装队伍——“彭湃队”成立，陈发任彭湃队的队长。1948年3月至1949年2月，陈发任漠南独立大队彭湃连副连长；1949年2月至7月，任广东人民解放军广阳支队第八团第二连连长，1949年8月至1950年1月，任中国人民解放军粤中纵队第二支队第八团第二连连长。

（十五）熊光

熊光（1914—1949），广东梅县人，阳江县太平乡自卫队队长。1949年3月4日，经八团和冲口地下党的教育策反，熊光率乡兵和职员（包括乡中第七、第八两保的保长共32人），携带长短枪35支、子弹千余发，开仓分粮500余担给贫苦农民后，率部起义。起义后任八团作战参谋，6月病故。

（十六）姚若崧

姚若崧（1906—1973），阳江县塘口乡秧地岗村（今阳西县塘口镇同由行政村秧地岗村）人。1945年6月，他由姚立尹介绍加入中国共产党；1949年任路南区上洋武工队队长兼党支部书记。他与李世谋、伍星辉、黄飞、何宗武等武工组同志，在漠南的旧仓、古井、星光、蒲牌、上洋等地开展武装斗争，多谋善断、作战勇敢，威震敌胆，三打上洋姚乃熊联防中队，逼敌最后向中共部队缴械投降。他为解决游击队的给养，带领武工队在敌人控制下的上洋、蒲牌等圩场收税，独闯上洋大地主姚雁秋大院，将其制服，令其交纳军粮。经手掌管的钱粮不少，但他廉洁自律，从不占用公家一分钱，是一个钱粮“好管家”。

1949年10月，阳江解放，姚若崧任上洋乡乡长；1952年受错误处理，被开除党籍及公职。“文革”中受到迫害，他不幸去世。中共十一届三中全会后，党组织为他平反，恢复名誉。

（十七）陈厚祥

陈厚祥（1921—1958），阳江县儒洞乡大村（今阳西县儒洞镇大村）人，1939年参加中国共产党。他在当地先后发展了10多名党员，还发动一大批农民子弟参军。抗战胜利后，部队分散隐蔽，陈厚祥利用大村小学校长的身份，安排了李碧夫妇、陈牧汀夫妇、梁文坚和黄其邦等一批从部队出来的干部和战士在当地隐蔽下来。解放战争期间，他利用担任儒洞副乡长职务的便利，获取了国民党联防大队的大量准确情报，保护了儒洞武工队的安全，使八团顺利攻下儒洞区署及联防大队部。阳江解放后，陈厚祥任儒洞乡乡长。1952年，受错误处理被开除党籍及公职。1958年4月因病逝世。1984年，阳江党组织为陈厚祥冤案平反，恢复名誉。

（十八）黄飞

黄飞，广东化州人。1948年5月，黄飞随南路东征部队到阳江，任蒲牌武工队队长。在开辟游击区斗争中，他和姚若崧、李世谋、伍星辉、何宗武等人组建了200多人的武装队伍，在1949年反“扫荡”中，转战上洋、蒲牌、旧仓、古井、星光等地，有力地打击了敌人的

黄飞

嚣张气焰。

1952年，黄飞受错误处理被开除党籍、队籍。1984年，冤案得到平反。

二、革命烈士英名录

（一）土地革命战争时期

1. 王德符（1902—1928） 阳江县织篢太平乡礼竹坑村（今阳西县织篢镇太平行政村礼竹坑村）人。在县中学就读期间，他立志投身革命，参加了共青团。王德符于1925年参加中国共产党，同年到广州农民讲习所学习，后回阳江参加农民运动，任阳江国民党六区党部常委、农民协会常委、六区农民自卫军队长。在他的领导下，阳江西区成立了白水、蓝袍、双水、马村、那坳等乡农会，农民运动如火如荼。

王德符

1927年，国民党发动四一二反革命政变，阳江农民运动遭致严重破坏，王德符被捕，押送广州监狱。1928年9月5日和阳江党组织领导人谭作舟、敖昌骙、陈必灿等15位革命志士被杀害于广州黄花岗。

2. 冯自福（？—1927） 阳江县溪头白水乡（今阳西县溪头镇白水行政村白水村）人，生前是农运骨干，1927年5月，被杀害于溪头。

3. 冯成汉（1898—1928） 阳江县溪头白水乡（今阳西县溪头镇白水行政村白水村）人，乡农会主席，1928年8月24日因执行革命任务被抓捕，后遭敌人毒打，头部、内脏大量出血，医治无效身亡。

4. 郑家康（1898—1934）　阳江县程村石牌村（今阳西县程村镇陇石行政村沙岗村）人，毕业于阳江县立中学（丙班）。1920年，与邑人郑家珠、郑道麟、敖耀华等前往法国勤工俭学。留法期间，他到过德国办刊物。1924年9月25日，中国共产主义青年团旅欧区委宣传部成立编译委员会，郑家康是八个委员之一（李富春任编译委员会主任）。同年他加入中国共产党，后因参加革命活动，他被法政府驱逐出境；1925年7月赴苏联学习，毕业后在莫斯科中山大学、苏联国家政治保卫局（格伯乌）等单位工作。

1928年，郑家康从苏联莫斯科中山大学回到上海，参加中共特科工作；1931年10月在上海不幸被捕，后被敌人杀害于南京雨花台。

1952年，他的女儿郑志坚（郑慕贤）收到中央人民政府颁发的《革命牺牲工作人员家属光荣证》，享受烈属待遇。

（二）解放战争时期

1. 林元熙（1910—1945）　阳江县平冈石柱村人，1938年参加中国共产党。1940年9月，受党组织委派，林元熙到横山小学任教，建立中共横山小学党支部，并任党支部书记。1941年初，日军侵占阳江城，横山小学党支部组织一支30多人的抗日武装队伍，随时准备抗击日本侵略者。不久日军撤走，中共阳江县工委研究，为避免过早暴露，保存力量，才把队伍解散。1943年，他奉命参加珠江三角洲的抗日游击队；1944年秋，随部队主力挺进粤

林元熙

中，开辟新恩两阳游击基地，任司令部警卫连指导员。1945年2月22日，在新兴县蕉山村，部队被国民党反动军队包围，突围中他为抢救战友，不幸中弹牺牲。

2. 马光（1927—1948） 广东遂溪人。1948年9月，漠南独立大队设在阳江县蒲牌乡石榴田村的病员组遭敌袭击，马光作为病员组长，为掩护伤病员撤退而被俘。10多天后，在织篢圩赶集日，敌人用竹箩抬着马光游街示众。马光宁死不屈，高呼口号，在织篢牛坡慷慨就义。

3. 陈德宇（1912—1948） 阳江县蒲牌乡石榴田村（今阳西县织篢镇冲口行政村石榴田村）人，是地下党的堡垒户。1948年9月，漠南独立大队设在石榴田村的病员组遭敌袭击，陈德宇来不及转移而被俘。10多天后，他被敌人杀害于织篢牛坡。

4. 张启光（1918—1949） 又名张光，广东吴川人，中共党员。1944年1月14日，张启光在家乡经张炎介绍参加南路人民武装起义，失败后转赴香港；1948年1月，随赵荣从香港返回阳江参加武装斗争，同年任漠南独立大队彭湃连连长；1949年建立青草渡税站，任站长，为部队征粮征税、筹集钱粮、清匪，维护社会治安；1949年7月，在青草渡征税与敌激战，身中数弹不幸牺牲，时年仅31岁。

5. 陈朝波（1913—1946） 阳江县蒲牌乡大塱村（今阳西县织篢镇星光行政村大塱村）人；1944年参加革命，同年加入中国共产党。1945年3月，陈朝波带领武装队伍加入广东人民抗日解放军第六团，整编为二连，他任二连副连长。

1945年10月，日本投降之后，国民党积极反共，挑起内战，对岭南抗日解放军进行“围剿”。陈朝波所在部队经恩平朗底突围之后，进行分散隐蔽，陈朝波奉命在家乡进行隐蔽斗争。1946年6月，国民党织篢“防剿”区主任江玉麟带兵包围了大塱村，陈朝波不幸被捕。敌人对他进行严刑拷打，逼他供出其他隐蔽的同志。陈朝波英勇不屈，后被敌人杀害。

6. 胡明水（1929—1949） 阳江程村（今阳西县程村镇）人。1949年春，为保证部队给养，广东人民抗日解放军第八团建立青草渡税站，胡明水为税务人员。1949年7月28日，税站站长张启光带领税站人员驾船在织篢河青草渡收税，遭伪装的国民党商船60多名伏兵袭击，在河中经过一番恶战，因寡不敌众，张启光、胡明水等4人壮烈牺牲。

7. 陈日宽（1929—1949） 广东化州人，八团武工组队员。1949年7月28日，武工组在织篢青草渡征税，遭伪装的国民党商船60多名伏兵袭击，陈日宽英勇牺牲。

8. 周道生（1926—1949） 广东阳春人，八团武工组队员。1949年7月28日，武工组在织篢青草渡征税，遭伪装的国民党商船60多名伏兵袭击，英勇牺牲。

9. 陈昌（1917—1949） 阳江县沙扒乡（今阳西县沙扒镇）人，八团武工队队员；1949年8月被捕，后在沙扒被国民党杀害。

10. 薛子庇（1925—1949） 阳江县塘口乡（今阳西县塘口镇）人，八团战士；1949年8月，在电白县境内战斗中牺牲。

11. 关丽（1901—1949） 阳江县程村乡（今阳西县程村镇）人，八团下辖的金横区交通员。1949年8月，武工组在程村田垌怀村活动，遭国民党自卫队包围。关丽被捕，受刑不屈，9月8日被杀害于程村叶屋寨。

12. 李仕进（1918—1949） 阳江县新圩乡（今阳西县新圩镇）人，八团下辖的武工队队长；1949年9月，在程村长岭被国民党杀害。

13. 周允（1922—1949） 阳江县溪头乡（今阳西县溪头

镇）人，漠南独立大队溪头区队战士。1949年9月中旬，溪头区队集中在龙高山脚大山田整训，遭国民党阳江县警包围，部队分散撤离，后在敌人“清乡”中被抓捕，遭国民党杀害。

14. 刘谷（1916—1948） 阳江县程村（今阳西县程村镇）人，金横区武工队员。1948年8月21日，刘谷与廖北松一起下乡收粮，在程村石湖村被前来“扫荡”的国民党自卫队抓捕，9月11日被杀害于程村晒谷坡。

15. 廖北松（1918—1948） 阳春县河口乡石迳村（今阳春市河口镇石河行政村石迳村）人，金横区武工队员。1948年8月21日，他与刘谷一起下乡收粮，在程村石湖村被前来“扫荡”的国民党自卫队抓捕，9月11日被杀害于程村晒谷坡。

16. 许惕（1926—1949） 阳江县双捷乡（今阳江市阳东区双捷镇）人，广东人民解放军广阳支队第八团排长。1949年3月12日，八团在程村元岗村大岗岭与敌人激战，许惕在战斗中壮烈牺牲。

17. 陈德修（1924—1949） 阳江县儒洞乡寿场村（今阳西县儒洞镇寿场村）人。1947年参加杨兆东武工队。1949年6月12日因李康生病，在寿场养病，陈德修和梁振丰、卢其光一起去沙扒给李康买药，从寿场坐船过沙扒时，在海上被国民党沙扒盐警抓捕，押在沙扒白额乡公所，后遭杀害。

18. 胡明瑜（1907—1948） 阳江县程村（今阳西县程村镇）人，漠南独立大队武工队队员；1948年8月被捕，9月在织篢被国民党杀害。

19. 王世传（1911—1949） 又名王世全，阳江县织篢（今阳西县织篢镇）人，八团织篢站工作人员；1949年5月被捕，后被国民党杀害于织篢牛坡。

20. 陈执（1921—1949） 阳江县新圩（今阳西县新圩

镇）人，八团战士。1949年7月，为粉碎敌人的“扫荡”阴谋，随八团一部主力向茂名、电白西征，引敌向外，陈执在电白坡头战斗中牺牲。

21．詹存（1927—1949） 阳江县蒲牌（今阳西县织篢镇蒲牌）人，八团战士；1949年6月15日在织篢被捕，28日在程村被国民党杀害。

三、部分烈士英名录一览表

（一）解放战争时期

姓　名	籍　贯	牺牲年龄	生前职务	牺牲年月	牺牲地点
柯竹林	程村	39	战士	1945.10	恩平朗底
梁之模	高州	28	进步教师	1946.9	织篢
李嘉	电白	28	中共党员	1946.9	织篢
陈德宇	蒲牌	37	交通员	1948.8	织篢
谭杏初	双捷	27	战士	1948.9	望夫山
林德球	溪头	34	战士	1948.9	溪头
冯统旺	溪头	51	战士	1948.9	溪头
梁焕衡	溪头	30	战士	1948.9	溪头
冯广华	溪头	29	战士	1948.9	溪头
张瑞高	塘口	34	炊事员	1948.1	黄竹塘
司徒尚谊	蒲牌	20	班长	1949.3	新圩
卢　旺	儒洞	24	民兵队长	1949.6	儒洞
陈木恩	蒲牌	35	民兵	1949.7	蒲牌

（续上表）

姓　名	籍　贯	牺牲年龄	生前职务	牺牲年月	牺牲地点
熊光	梅县	35	参谋	1949.7	旱塘山
李德	上洋	21	战士	1949.1	阳春
田到	蒲牌	36	战士	1949.1	儒洞

（二）保卫新生政权（剿匪）期间

姓名	籍贯	牺牲年龄	生前职务	牺牲年月	牺牲地点
陈德经	蒲牌	27	副排长	1950.1	大王泉
林来好	上洋	27	副班长	1950.1	紫罗山
许世晓	程村	22	战士	1950.1	紫罗山
陈宗水	塘口	18	战士	1950.1	紫罗山
谢观启	程村	24	队员	1950.3	骑敖
姚章万	溪头	30	民兵队长	1950.3	河北港
陈志光	蒲牌	21	乡干部	1950.3	蒲牌
占文有	儒洞	33	班长	1950.7	河北港
康里珍	上洋	22	队员	1950.7	河北港
冯圣喜	上洋	25	乡队副	1950.7	河北港
林　球	上洋	34	战士	1950.7	河北港
张里庭	上洋	41	队员	1950.7	河北港
余东荣	溪头	28	炊事员	1950.8	南鹏
梁　俭	程村	36	乡队长	1950.3	近河骑鳌
陈学恒	儒洞		民兵		
黄田兴	上洋		上洋乡农会会长	1950.3	上洋
王定钦	新圩		陂底村村长	1950.3	新圩古井

附录三　历史文献[1]和红色诗词歌赋

一、《漠南报导》影印件

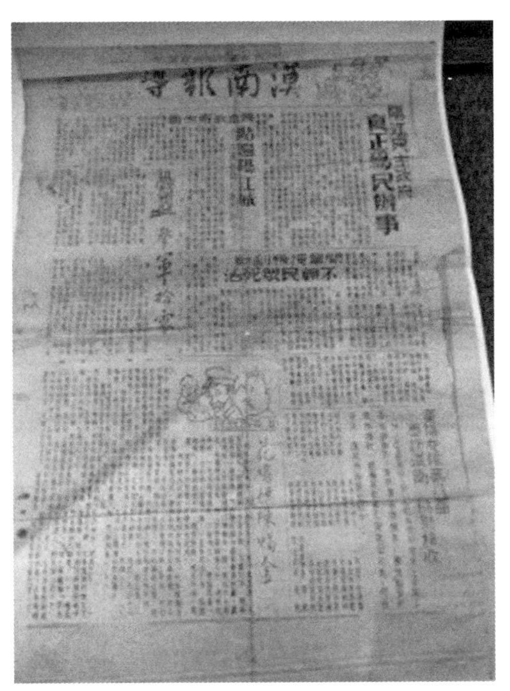

漠南報導

中国人民解放军粤中纵队第二支队第八团政治处编印：《漠南报导》第一期，1949年4月6日

《漠南报导》第一期内容摘要

1. 民主政府布告贴遍阳江城——各伪机关已收到训令

我军于二月初六日（按：即阳历3月5日）派出工作人员

① 历史文献为原文照录，原文若有错漏之处，敬请读者谅解。

直入阳江城张贴阳江县人民民主政府布告，并向各机关学校银行法院等分送民主县政府训令代电等处，接收条例、惩办战犯命令等文件。第二天早上，街头巷尾警岗学校及县府门口等处，群众在拥挤着，争着看人民政府的报告，大家非常兴奋，知道伪政府就要倒台，人民快要解放了。

警察伪军也挤到人丛中去看布告，XX（原文如此）的校警见了布告，跑去对校长说:“我们不用拿枪守卫了。”校长问道:“为什么？”他说:“民主政府要来接收了，还守什么卫。”

伪县长关巩一早到办公厅，看到民主政府叫他移交的公函，吓得他惊慌失措。一会儿，伪镇长、乡长相继拿了民主政府的布告去见他，关巩见着，恼羞成怒，大骂道:“你们哪里取来的？”吓得这些伪乡镇长抱头鼠窜。

自人民政府布告贴出之后，小胆的伪府官儿慌作一团，而且互相吵闹，你说警戒疏忽，他说治安不力，也有怕作战犯的，纷纷找门路搭线云。

（又讯）我们警告这些反动分子，搭线是不能赎罪的，只有立功才能减轻或赦免你们过去的罪状，否则你们决逃不了人民的审判。

2. 阳江民主政府真正为民办事

阳江人民民主县政府，自奉命成立以来，深得民众拥护，县长姚立尹、副县长陈国璋更关心人民疾苦，如指导各地工作人员，协助贫苦民众借粮度荒，反对反动政府残酷抽剥以及清除地方匪患，历著功绩，故获得各方人士赞誉信赖。农历二月十一日（按：即阳历3月10日），XX（原文如此）村农民黄某，于深夜被土匪十余人，冒用解放军名义，劫去耕牛五头、猪一头、鸭八只、土枪一支，另衣被等物。

该农民以春耕时节，耕牛谷物被劫一空，势将陷于绝境，遂向民主政府报讯。姚县长一本治境爱民之旨，面允力为办理，即派出干员追案究办，率将该劫匪数人拘获，并追回耕牛、土枪、衣被等物，唯猪、鸭等物则在该匪当晚行劫后食去，故无法起获。该农民见耕牛、衣被等被追回，生存有望，感动得流下泪来。又讯：该劫匪等经县府拘获审讯后，直认行劫不讳，请求从轻办理，姚县长以彼等初次行劫，且大多为穷所迫，情有可原，经教育后交由该村父老绅耆具保释放云。

3. 广阳支队第八团奉调漠南协助接收

阳江民主县长姚立尹，目前为便利接收，呈请上峰增调团队，现经获准调第八团进驻漠南协助接收，该团某部经已开抵目的地，布告安民，探其布告原文如下：

华北解放大军　经已面临长江
集结雄师百万　军威虎奋龙腾
即将南下百粤　协助华南解放
广东反动势力　不久便告灭亡
本团全体将士　奉命解放两阳
配合民主政府　接收反动武装
举凡匪伪团队　亟应及早投降
勿做战争罪犯　致遭严重惩创
我军纪律严明　民众不受损伤
清除地方匪患　切实维护乡邦
保护工商各业　深为各界赞扬
仰我两阳民众　各安所业勿皇

团长兼政委　赵　荣
政治处主任　梁　虎（梁昌东）

二、《1945年8月15日，阳江三区儒洞乡河垌村（石龟山）反顽自卫斗争顽我战术的采用及我战斗之部署总结》（部分）

《1945.8.15.阳江三区儒洞乡河垌村（石龟山）反顽自卫斗争顽我战术之采用及我战斗之部署总结》部分复印文件（阳江市档案馆复印，原件存中央档案馆）

战略上：

顽：战略上是反共进攻战。

我：反顽自卫的防卫战中之进攻战，被动战中的主动战（游击战术中主动性的原则）。

战术上：

顽：分进合击、四周堵截。

我：绕出包围圈，伏击其主力之一路，以粉碎其合击与……这是游击战术中反包围的具体运用。

顽军兵力之部署及番号人数配备与进攻路线：

A. 顽军计划：

（1）上洋、南石、北额三乡（自卫班约40人），14日下午5时前集中独垌，由上洋乡队附（副）梁××指挥，于15日上午5时开始由独垌向南垌进攻。

（2）联防独立中队（70余人）及第五区队（10余人）集队于15日上午5时由河垌向南垌进攻。

（3）儒洞（自卫班约二三十人）由队附（副）黎华珍指挥，于15日上午5时由尖岗向南垌进攻。

（4）织篢镇、篢南、篢北、太平、港水、滑桥、溪头、蒲牌（每乡四五人，约四五十人）于14日下午5时前集中于蒲牌，由蒲牌乡队附（副）杨宏均指挥，三区各联防队500米跟进，为预备队，余（范忠）之位置在预备队之前。

（5）第二联乡队（薛望如部约20人）及四新旧仓两乡（每乡自卫班四五人）于14日下午6时前开抵马历，由第二联乡队长指挥（陈世凤），在马历陂底附近要道布防准备截击以断归路。

（6）塘口（薛望如部26人）由队附（副）杜益浪指挥，于14日下午6时前开抵鸡笼笃塘角附近要道布防抵击，断其归路。

（7）各团队出发时要备7天以上伙食，并限于15日正午12时进达南垌会攻。

（8）如吹二声或三声哨不到，作退缩论。（如下图A）

B. 番号、兵力配备之统计：

（1）主力为联防独立中队七八十人，均步枪。

（2）第一联队10余人，第二联乡队40～50人，均步枪。

（3）15乡之自卫班或联防队共约120人，均步枪。共230—250人。

C. 兵力部署与进攻路线：三路进攻两点堵截

（1）主力联防队及织篢等八乡自卫队（预备队）120—130人，由织篢至蒲牌……主要的这路兵力（从蒲牌来的联防队）在14日下午6时许才抵达蒲牌，而在该夜12时才由蒲排（牌）向儒垌（洞）推进。这都是他要求的秘密的具体处置。当时我们看透了他这点，于是我们就放出了助探，是两线式的。另派出了潜伏哨，这是防他的侦探或其他不意的突袭。直至我们派出黄昏后入圩的助探，连夜赶回，以便证实他的行动。这是关于游击战术中秘密性的原则在情（报）工（作）上的具体运用。

这样的运用，也求得了手段的灵活与内容的了解（如敌行动的时间、所经的道路、兵力及企图等）。

（2）埋伏地点的选择：我们曾由李同志这样重要的干部去亲自了解地形，而这个地形的选择是相当适合的，对于下列的原则是不会违背的。（一）便于发现敌人，而不便于敌人发现自己的天然隐蔽地。（如当时那面临开活<阔>地后有高山的实地）。（二）便于出击敌人而不便于敌人展开兵力火力顽抗及攻击自己的隘路、山谷等地。（如那对面有小山可两面设伏的小山谷）。（三）有良好的观察所。（如高山与设伏的山头都可清楚地瞭望）。（四）有能发挥其火力以压制敌人，掩蔽突击队的突击。（如我们当时机枪阵地设有适合地点）。（五）埋伏地点的周围要有便于突击队的撤退道路。（六）有被敌搜索兵发现之可能时，则埋伏地点可选择靠近后方，是适当地点。待敌搜索队通过后，再行接近敌人。

五六两点是因地形上的限制而不完全的，但当时对这两点也没有大的问题。也不须求得十全十美。

（3）我对敌人了解的详尽，他的计划我们能全部知道。所以能给予牵兵制胜是我有利的根据。……我的弱点是：新同志的成分多（以战斗次数计），战斗动作的低能，不惯于采用白日战，而我在战略上是处于潜伏战，我非战斗员之成分较多。我班以上指挥员对野战指挥之能力弱，所以我们须采用集中兵力伏击其一路，以瓦解其围攻的战术。

最后是由于我们游击战熟悉了地形、在群众中的政治影响提高了，也是我采用游击战术的基本有利条件。

这是对我军方面的根据。

这就是游击战术中“知彼知己”的具体运用于战术采用的根据之上（原文如此——编者）。这就是我们决心下达的基本根据条件。没有这客观的了解而下决心，就会犯了军事上的主观主义，是会遭受到主观错误应有的军事挫折的收效的。

总括地说，“知彼知己”是从敌我两方的战术、人数、配备、素质、战斗力、指挥员的指挥能力及条件、地形对比、战斗习惯甚至生活情况与习惯等各方面去了解、分析、研究避敌之长（与我之短）和攻敌之短（用我之长），这样去作战术采用的根据。战斗的部署也应如此。

行动之后（伏击）的具体问题、伏击前之准备工作：

（1）侦察情报工作——为使胜利不致落空，或反遭敌所暗算，应严密地进行侦察与搜集情报。这次我们因为平时注意到情报工作，所以提先两天就得到了顽军整个的进攻计划。但为了周密的侦察与恐反遭敌之暗算，所以我们除了不动声息，以惑敌之外，还在不断地与敌人展开情（报）工

（作）的斗争。通常我们的侦察工作是在每天下午3时前就收回助探了（这因为时间与路程的限制所致）。顽军知道了我们的规律性，所以他的计划是各路兵力的集中时间都规定在下午3时之后，同时他也不断派人到河垌去了解我们。

战术采用之根据与决心而下达。（知彼知己的根据）

A. 由于顽军之战术是“分进合击”与“四周堵截”。我们就应采用主动的伏击战，打垮其一路，以瓦解其包围。一方面须绕出其围攻圈，以免被动地应战，而另一方面粉碎其一路，不至于三面受敌。这两者是联系起来的，才能获取反围攻的胜利。

B. 由于顽军兵源是雇佣的（每个贼兵每天140元或160元），其主力联防独立中队也是范忠到了之后重新由3个中队合编而成的，所以他（们）的战斗力是十分脆弱的。特别是他们之间的复杂系统不一，指挥混乱，同时是无组织无训练的乌合集团，是经不起我们的突然打击的。

C. 由于顽军对我们战术与战斗力的轻视，以为我们是不堪一击，或一击即溃，或闻风而逃的，所以重点于他的轻敌，在他们的布置上也可说是相当周密的，但由于不了解自己恶念熏心，以为一举可聚歼我们。于是不须考虑，不顾一切地长驱直进，这是有利于我的条件之一。

D. 由于他是乌合之众，指挥不一，特别是不愿打内战的情绪高涨（要收买未有人去），所以他的配合是很难如期的，这给我们有利于先击垮其一路来应付其他的可能。

这是关于顽军方面的根据。

E. 其次由于我之战术是游击战与习惯于游击战。我对正规战之不可能采用（不熟悉与无条件）我的战略只能是防御战中的进攻战，被动战中的主动战。所以我们应该只许运用伏击战术。

F. 由于敌我兵力对比的悬殊（顽战斗兵多我两倍，与之相比这是有利于顽）、武器配备的悬殊［我有机枪3挺，顽只（有）步枪，这是有利于我］，所以我们应采用这一战术。

G. 由于我敌兵力的使用：顽兵力之分散，我兵力之集中，也是有利于我。所以我们要击垮一路。

H. 由于我士气之旺盛与政治素质，陂底之战已基本提高了全体指挥员的信心与战斗指挥能力，有利配合着，于我有充裕的部署时间与有利地形，所以我们的伏击应是正确的可取的。

……

三、郑家康烈士家信

郑家康在上海从事地下工作多年。他不断接到家里父母来信，诉说双亲年事已高，体弱多病，很想见他。妻子也给他来信，说女儿自懂事以来，从未见过爸爸的相貌。但是，他每次复信总是说工作忙、没时间。现摘录他寄回家的3封书信。

一

红的小孩，是初升的太阳。从黑暗的长夜，开始走到光明的世界。旧的境地现在崩坏了，逼得要走到新的地方去。我们在造桥，很快会把你们——红的小孩，引导过对岸的乐园里。那边，有小鸟唱歌，只有红的小孩，才能听得懂的。那里，还有很好的生活资源，亦只有你——红的小孩，才能享受到。你现在努力读书吧！识多几个字，等到不久的将来，再来上海。

二

我离开家已多年了，使你们整天望，只管望、难过，我也当然知道。不过实在没有办法，屋顶未曾盖好，下不得地来。我们现在正在做着一张大蚊帐，等这张大蚊帐做好之后，你们青年人再不受蚊咬了。这张蚊帐非常大，可以盖住20多个省的人，所以要好久好久才能成功。我讲的话，你明白了吗?

三

子曰铺里边摆的书，如《先进》《学而》等等，切不要读它，至少读熟了也不明白，徒然费了时间，学校里的国文教科书等，宜多读、多看、多写，读熟了将来便大有用处。我现在写首打油诗给你读：

一阵乌鸦噪晚风，生徒叫得好喉咙。
张蓝李白钱周郑，天地玄黄宇宙洪。
天子重贤豪念熟，人之初又去无踪。
《大学》看来全不懂，呱呱又读起《中庸》。
山梁雌鸭煲薯仔，鲍鱼之肆买虾公。
狗无骑得骑猪易，孔丘孔明算老宗。
馆仔先生穷过鬼，十年窗下不通风。

四、红色诗词歌赋

（一）郑锦波诗词

纪念八团建立四十周年

漠南阳东举义旗，革命政权由此起。
人民军队忠于党，前赴后继把敌歼。
转战全阳经五载，蒋家王朝覆灭期。
社会主义新阳江，屹立南粤光寰宇。

（二）杨子江诗词

忆八团反扫荡胜利（满庭芳）

北枕崇山，南濒大海，丘壑连绵。
蜿蜒高路，荒径草芊芊。
战地哀鸿何处，只留下断续残烟。
西风紧，寒鸦数点，落叶满江边。
俄而东岭上，红旗漫卷，剑拔鞭悬。
猛冲下山来，勒彼燕然。
打出英雄气概，反扫荡，宁卸仔肩。
歌声起，凯旋归来（原文如此——编者），
正是漠南团。

（三）赵荣诗词

七律·八团成立四十周年寄怀

转眼光阴四十秋，漠南往事绕心头。
连天烽火征尘恶，遍地哀鸿百姓愁。
奋起军民齐策力，屡歼顽敌创新猷。
缅怀壮志情难已，碧血丹心照九洲（州）。

赠姚立尹同志

抗日战争我识君，漠南携手建奇勋。
家乡父老如相问，遥念天涯海角人。

（四）姚立尹诗词

赠赵荣同志

轮水相逢喜若狂，红旗跃过漠阳江。
挥鞭直指龟山侧，立马横戈上下双。
叱咤风云千叠浪，蹉跎岁月几沧桑。
东篱采菊身犹健，走笔丹青入画廊。

悼赵荣同志[①]

随君征战岂能忘，勇举红旗战漠江。
唯有英雄挥碧血，敢摧腐朽谱新章。
十年浩劫呈忠骨，一笔丹青耀画廊。
不幸西飞骑鹤去，荣归史册永流芳。

悼陈庚同志

回首春江征战日，难忘风雪夜归人[②]。
君今骑鹤西飞去，唯见云灵泪染痕。

（五）抗战时期战士常唱的一首歌：

离家别子去从军，
为了国，为了家，
我拿着枪，骑着马，
生活在战斗的黑夜里，
也驰骋在火热的阳光下，
战斗四年了，我没有回过家，
眼前是金黄一片，
又是收割的时候了，
回去吗？不！
我不能把枪放下！
我不能把枪放下！

（六）红色歌谣

1．1948年，漠南独立大队积极发展人民武装，同时伺机袭击地方反动势力，发动群众深入开展破仓分粮斗争，使不少断炊的村民分到粮食，在程村群众广为流传这样一首歌谣：

---

① 赵荣同志于2009年因病逝世，姚立尹作此诗寄托哀思。

② 风雪夜归人，是指1946年隐蔽斗争时期，两阳武工委的5位成员，分别是：马平、曹广、姚立尹、陈庚、陈枫。

可恨国民党当道，八方穷人闹饥寒。
蒋军拉丁又勒索，地主逼债更猖狂。
害得穷人陷绝境，离乡背井去逃荒。
程村来了游击队，分粮济贫有声望。

2. 1949年，敌人兴师动众，对我漠南游击区进行为期3个多月的“扫荡”，最后彻底失败了。广湛公路的阳西路段大桥，都被武工队烧毁，截断了敌人南逃海南和向广西逃窜的退路。武工队员骆定方吟唱：

烧桥干劲猛如雷，
漂竹大桥已化灰，
撞到护桥兵二百，
被我四人打退回。

3. 1949年3月12日，程村“三山战斗”，击毙国民党阳江县常备自卫队第六中队中队长江玉麟，当地群众无不拍手称快，作诗曰：

八团军威震四方，击毙江匪敌胆寒；
为民铲除一大害，三山战斗凯歌还。
漠南人民庆胜利，穷苦子弟参武装；
拿起刀枪投革命，誓把漠南来解放。

附录四 革命文物

八团团长赵荣使用过的指南针、八团关防印模和赵荣佩带的胸章：

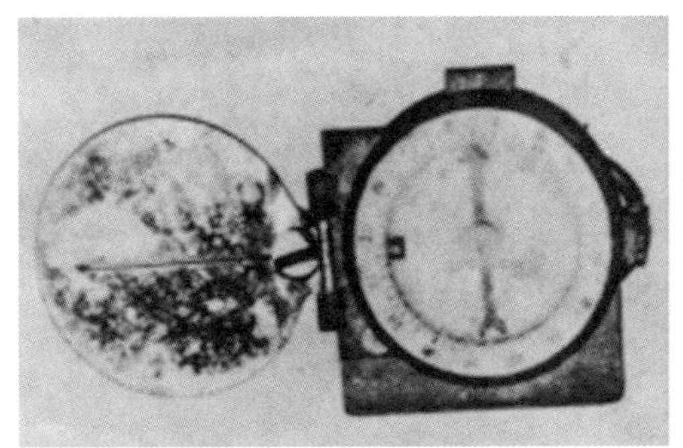

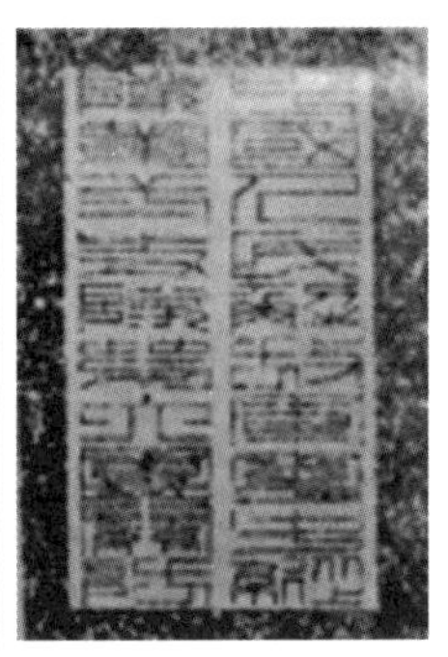

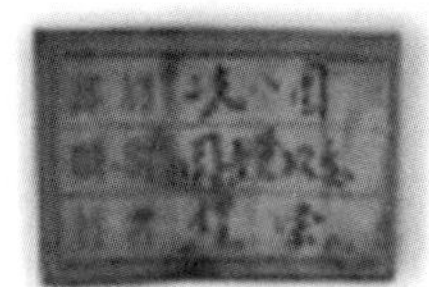

八团建立时期赵荣同志佩戴胸章

八团建立时期的关防印模

王德符烈士生前穿过的大衣和用过的木箱：

王德符烈士参加革命穿过的大衣

陈国璋用过的手表、图章：

中国人民解放军粤中纵队第二支队第八团战士转业时，中华人民共和国国防部颁发的“解放华中南纪念章”：

姚立尹赠送给同由村的革命纪念章（部分）：

附录五 阳西县革命旧（遗）址名录

序号	旧（遗）址名称	地点	现存情况	发生时期	爱国主义教育基地级别	旧（遗）址保护单位级别
1	镜泉书室——阳江六区农民协会遗址	织篢镇礼竹坑村	好	1926年		
2	中共织篢支部遗址	织篢镇奋兴路136号	改建	1928年		
3	王德符烈士故居	织篢镇礼竹坑村六巷3号	较差	1928年		
4	郑家康烈士故居	程村镇陇石沙岗村	较好	1934年		
5	中共儒洞支部遗址	儒洞镇儒洞圩正街东	改建	1939年		
6	中共横山小学支部旧址	塘口镇横山村泰安堡内	在建红色展馆	1940年	市级	县级
7	同由乡革命青年秘密联络站旧址	塘口镇同由村竹松书室堡内	较差	1943年		县级
8	中共两阳抗日武装秘密训练基地遗址	仁和樟木油厂——织篢镇仁和村；茅坪樟木油厂——织篢镇茅坪村；土瓜樟木油厂——织篢镇土瓜村	改为生产用地	1944年		
9	八元堂——两阳抗日武装筹备领导小组旧址	织篢镇冲口村委会仁和村	保存完好	1944年	市级	市级

（续上表）

序号	旧（遗）址名称	地点	现存情况	发生时期	爱国主义教育基地级别	旧（遗）址保护单位级别
10	织篢由子坳交通站遗址	织篢镇由子坳村	改建	1944年		
11	姚立尹同志旧居	塘口镇同由塘湾村21号	较好	1945年		
12	漠南独立营起义和恢复自卫斗争武装人员集结地遗址	织篢镇牛岭鸡龙村	差	1945年		
13	旧仓战斗战场遗址	新圩镇旧仓村	改建	1945年		
14	石龟山反顽自卫斗争战场遗址	儒洞镇南垌村东北面	植树	1945年		
15	梁之模、李嘉夫妇烈士墓遗址	织篢镇织篢河北岸烟墩岭	迁电白	1946年		
16	陈朝波烈士故居	织篢镇星光大塱村	较差	1946年		
17	塘口屋背冲交通站遗址	塘口镇马山英南村	差	1947年		
18	程村破仓分粮遗址	程村镇程村圩东南	较差	1948年		
19	织篢宝元栈交通点遗址	织篢镇南闸街	改建	1948年		
20	中共沙扒特别支部旧址	沙扒镇阳江盐场沙扒分场	较差	1948年		县级
21	漠南独立大队医疗组遗址	织篢镇冲口石榴田村	差	1948年		
22	阳江县人民民主政府遗址	塘口镇马山梅花地村	差	1949年		
23	袭击黄什乡公所战斗战场遗址	程村镇黄什圩东边	好	1949年		
24	“三山”战斗战场遗址	程村镇新光元岗村大岗岭	植树	1949年		

（续上表）

序号	旧（遗）址名称	地点	现存情况	发生时期	爱国主义教育基地级别	旧（遗）址保护单位级别
25	袭击儒洞圩战斗战场遗址	儒洞镇儒洞圩	改建	1949年		
26	石仔岗战斗战场遗址	新墟镇旧仓石仔岗村西面	植树	1949年		
27	青草渡战斗战场遗址	织篢河与黄什河入海交汇处		1949年	市级	
28	阳西县烈士陵园	织篢镇新屋地村	好	1953年建	市级	
29	狮子岭青草渡革命烈士纪念碑	程村镇豪光村西面狮子岭	一般	1977年建		
30	阳江县人民民主政府纪念亭	塘口镇马山梅花地村	好	1999年2月建	市级	县级

后记

《阳西县革命老区发展史》公开出版发行了！这是阳西老区和老区人民的一件大喜事！

《阳西县革命老区发展史》是《全国革命老区县发展史（丛书）》的分册，其出版发行，再现了阳江西区的革命前辈、革命先烈和老区人民在中国共产党的领导下创建革命根据地，为革命做出重大牺牲和贡献的奋斗史；讴歌了革命老区在社会主义现代化建设和改革开放中取得的巨大成就；为传承红色基因、借鉴历史经验和教育后人提供了鲜活的历史素材；为全面建成小康社会、实现中华民族伟大复兴提供了强大的精神动力。

本书的编纂工作自2018年初起，从成立编委会及其办公室、组建编写组，到编写人员分组到县内革命老区村庄走访和到相关部门、单位收集资料，起草初稿，到对初稿多次进行审读、修订，再到主编、顾问的审核，直到书稿印发编委会召开审稿会征求成员的意见，经历了两年的艰苦努力后，才最终成书并由出版社审核付印。

本书从大革命时期开始描述，时间跨度近百年。编纂时以党的十一届三中全会后《关于建国以来党的若干历史问题的决议》为政治准则，以市、县既有的党史、文史和地方志书以及党政相关部门提供的资料、数据为参考依据，以革命老区和老区人民的奋斗史为重点，以中共十八大以来革命老区取得的巨大成就和发展变化为亮点，尊重历史事实，秉笔直书。

本书的出版发行，自始至终得到中共阳西县委、县人民政府的重视与支持。市委常委、县委书记孙波亲自策划编纂工作。县委副书记关英芬任编委会主任；县委常委、办公室主任陈荣欣，副县长钟基建和县老促会会长贺石明任编委会副主任。编委会领导亲自召开编纂动员会、编审会，多次过问编写进展情况和经费就位情况。从编纂工作的协调到编写人员的抽调、聘请，编纂经费、出版经费的保障等都离不开县委、县政府的大力支持。县委办、县府办、县财政局、县交通运输局、县水务局、县党史研究室、县志办等编委成员单位为采编人员提供了大量编纂素材；不少编委成员对书稿进行认真审改或提出修改、补充意见。

本书的编写，凝聚着编纂人员的智慧和心血。由于该书所述时间跨度长，阳西建县前又属非完整县级行政区域，历史资料、数据残缺不全，加上时间紧、任务重，编写难度相当大。但编写人员集思广益，既分工负责，又通力协作。他们经常奔走于县内老区和有关单位采集素材，回来后再加班加点整理资料；为了得到佐证材料，他们不顾年高体弱，多次不厌其烦地到市、县档案馆搜寻、求证；为了弥补白天工作时间的不足，他们夜以继日地加班写稿。特别值得一提的是，已届97岁高龄的原阳江县人民政府首任县长姚立尹和原中共路南区委书记梁文坚带病对书稿进行了审改，并提供了不少史料和图片；本书编委会副主任、主编贺石明带病审稿，两次病倒住院；远居广州的阳江市文史专家、原阳西县文联主席吴邦忠，对本书的编写倾注了满腔热情和心血，除提供了大量参考书籍和资料外，还对书稿的编写、修改提出宝贵意见；阳江侨报社阳西工作站阮马超对全书进行认真统稿。在此，对上述支持和参与本书编审的各级领导、各有关单位和人员，深表谢忱！

由于编者水平所限，编写时间仓促，加上历史资料不健全，书中错漏之处在所难免，祈望读者批评指正。

《阳西县革命老区发展史》编委会

2019年9月